若者が考える「日中の未来」vol.2

日中経済交流の次世代構想

― 学生懸賞論文集 ―

元中国大使
宮本 雄二 [監修]　日本日中関係学会 [編]

日本僑報社

まえがき

　2015 年に募集した第 4 回宮本賞（学生懸賞論文）の受賞論文を一冊の本にまとめることができました。昨年に続き、2 回目の出版となります。受賞したいずれの論文にも、若者らしい斬新な切り口と興味深い分析が溢れており、これから日中関係を発展させていくうえで、貴重なヒント、手掛かりを提供するものと確信いたします。

　日本日中関係学会（会長：宮本雄二・元中国大使）では、2012 年から「宮本賞（学生懸賞論文）」をスタートさせました。日中関係は、これから日中両国にとってだけではなく、この地域全体にとってますます重要になってまいります。とりわけ若い世代の皆さんの果たす役割は大きいものがあります。若い世代の皆さんが、日本と中国ないし東アジアの関係に強い関心を持ち、よりよい関係の構築のために大きな力を発揮していただきたい。日中関係学会などの諸活動にも積極的に参加し、この地域の世論をリードしていってもらいたい。宮本賞はそのための人材発掘・育成を目的として創設いたしました。

　テーマは日本と中国ないし東アジアの関係に関わる内容の論文、レポートとなっております。分野も政治・外交、経済・経営・産業、文化・教育・社会、環境、メディアなどと幅広く設定しております。

　2012 年の第 1 回には合計 12 本、2013 年の第 2 回には合計 27 本の応募がありましたが、質量ともにまだ十分なレベルには達しておりませんでした。そこで 2014 年の第 3 回では、中国大陸の多くの大学の学生さんにも幅広く応募を呼びかけるとともに、「学部生の部」と「大学院生の部」に分け、学生の皆さんが応募しやすくしました。こうした改善策が奏功し、第 3 回では「学部生の部」で 29 本、「大学院生の部」で 20 本、合計 49 本の応募を得ることができました。また第 3 回の受賞論文 12 本を日本僑報社のご協力を得て、一冊の本にまとめ、出版することが出来ました。

　本書では 2015 年に募集した第 4 回宮本賞の受賞論文 13 点を全文掲載しております。第 4 回宮本賞では、「学部生の部」で 24 本、「大学院生の部」で 27 本、合計 51 本の応募があり、前年をさらに上回りました。中国大陸の多くの大学からも応募がありました。論文のレベルも年々向上著しいものがあります。

　2016 年の年明け早々に 6 人の審査委員が集まり、厳正な審査を行った結果、「学部生の部」では、方淑芬さん（日本大学商学部）ら 6 名の執筆による「日中経済交流の次世代構想〜華人・華僑の新しい日本展開をめぐって」論文を

最優秀賞に選びました。「大学院生の部」では残念ながら最優秀賞の該当者がおりませんでしたが、龍蕾さん（広東外語外貿大学東方言語文化学院）ら4人を優秀賞に選ぶことができました。

2016年1月20日には、神田・学士会館にて表彰式を行いました。さらに5月には、受賞者による「発表会」を行う予定です。

このように宮本賞はすっかり軌道に乗り、日中の若者による相互理解を深める上で、大きな役割を発揮し始めています。2016年も第5回宮本賞の募集を行います。皆様方のご協力を得て、よりすばらしい「宮本賞」にしていけたらと願っております。

日本日中関係学会会長・「宮本賞」審査委員長
宮本雄二

◇目次◇

まえがき ………………………………………………… 3

最優秀賞

日中経済交流の次世代構想
~華人・華僑の新しい日本展開をめぐって~

方淑芬（日本大学商学部3年＝研究代表）、董星（同4年）、関野憲（同3年）、
陳文君（同3年）、小泉裕梨絵（同2年）、姜楠（同2年）………………… 7

優秀賞

日中映画交流の歴史と意義~高倉健の事例を中心に~

幡野佳奈（山梨県立大学国際政策学部4年）…………………………… 33

日本企業は中国リスクをどう捉えるか
~中国労働者の権利意識に関するアンケート調査からの示唆~

倪木強（日本大学商学部3年＝研究代表）、
佐藤伸彦（同4年）、趙宇鑫（同3年）、韓姜美（同3年）、林智英（同2年）……… 51

在中日系企業の中間管理者の確保に関する一考察

福井麻友（明治大学経営学部4年＝研究代表）、
高橋裕貴（同4年）、栗原亮（同4年）、戸梶修豊（同4年）………………… 69

陸軍中将遠藤三郎の「非戦平和」思想と日中友好活動

張鴻鵬（名城大学法学研究科博士課程後期3年）…………………………… 83

中国清朝末期における福沢諭吉認識への一考察

龍蕾（広東外語外貿大学東方言語文化学院日本語言語文化研究科博士課程前期2年）……… 113

中国在住の日本人ビジネスパーソンらの
異文化社会適応のアスペクト
− Swidler の「道具箱としての文化」の理論を援用した考察−

堀内弘司（早稲田大学アジア太平洋研究科博士課程 2015年3月修了）………129

日中韓三国の排出権取引制度のリンクについて

胡優（立命館大学大学院政策科学研究科博士課程前期2年）……………145

佳作

日中企業の評価制度比較と企業経営への影響

西野浩尉（明治大学経営学部4年）……………157

戦後国民党対日賠償放棄の出発点についての研究
〜蒋介石「以徳報怨」の方針と賠償請求権の放棄をめぐって

艾鑫（北京師範大学外国言語文学学院4年）……………169

21世紀初頭における日本経済界の対中認識について

盧永妮（北京外国語大学北京日本学研究センター社会コース博士課程前期2年）……………181

中国人の爆買いをめぐる一考察

宋鄧鵬（広東外語外貿大学東方言語文化学院
日本語言語文化研究科博士課程前期1年）……………191

中日関係における国家中心主義及びその衝撃

李書琴（北京外国語大学北京日本学研究センター社会コース博士課程前期2年）……………207

付録……………216
　日中関係学会主催「第4回宮本賞（学生懸賞論文）」募集……………216
　これまでの主な応募大学一覧……………219
　第4回宮本賞：審査委員会・推薦委員会・実行委員会メンバー……………220
　第1回宮本賞受賞者（2012年）……………221
　第2回宮本賞受賞者（2013年）……………222
　第3回宮本賞受賞者（2014年）……………223

最優秀賞

日中経済交流の次世代構想
～華人・華僑の新しい日本展開をめぐって～

日本大学商学部
方淑芬（3年＝研究代表）、董星（4年）
関野憲（3年）、陳文君（3年）
小泉裕梨絵（2年）、姜楠（2年）

はじめに

　日本と中国の間では古くから経済交流があり、国交正常化以降は密接な関係を構築してきた。近年とくに着目されるのは、日本における華人・華僑の活躍である。現在の複雑巨大なグローバル経済の中で奮闘する姿は、かつて裸一貫からビジネスを育てた「白手起家」の先人たちの苦労と成功の物語を彷彿とさせる。それとともに、ＩｏＴ[1]の世界的展開や日中間の政治に関する諸問題のなかで新たな顔をものぞかせている。本論文は、華人・華僑が新たな時代の日中経済交流を構想するためのキーパーソンになるのではないかという着想から研究を進めてきたものである。

　多くの先行研究では、日中国交正常化以前と以後の老＆新華人・華僑について詳しく分析しており、第１章の１節でその概要を説明する。２節では新華人・華僑の現状について、入国管理局のデータ、全日本華僑華人連合会[2]と日本中華総商会[3]の訪問から得た情報をまとめる。このようにして新華人・華僑へのアイデンティティの変容を考察する。

　第２章では華人・華僑が創業する企業の日中経済交流に与える影響について理解するため、４つの華人系企業を訪問した取材メモを紹介する。

　４社への取材を通じ、蓄積してきた技術を糧に様々な分野に進出する華人・華僑企業の日本展開の状況が見えてきた。そこで、第二段階の研究として「在日華人・華僑の発展についてアンケート表」を作成し、日本にいる華人・華僑の方の職業、日本人に対して思うこと、日本でのビジネスに対する考え方などについて、アンケート調査を行った。集計の結果は、第３章で分析する。

　最後に、華人・華僑は異なる文化を持つ日本で創業する際に、どのようにして両国の文化やコミュニケーションの壁を克服し、家族のような協力関係が築けるのかを明確にする。そして、アンケート調査の分析に基づき、今後の華人・華僑の新しい展開について構想していく。

1　　Internet of Things：モノのインターネット。コンピューターなどの情報・通信機器だけでなく、世の中に存在する様々なものに通信機能を持たせ、インターネットに接続したり相互に通信したりすることにより、自動認識や自動制御、遠隔計測などを行うこと。

2　　2003年に会員8団体（華人華僑の団体）で「日本新華僑華人会」を成立し、2013年に改名した。

3　　在日華僑華人経営者を主会員とする経済団体である。

第1章
日本における華人・華僑のアイデンティティの変容

1-1 老＆新華人・華僑に関する先行研究

　華僑とは、中国政府の定義によると、「中国・台湾・香港・マカオ以外の国家・地域に移住しながらも、中国の国籍を持つ漢民族」を指す総称である。一方、華人とは、「移住先の国籍を取得した中国系住民」を指し、国籍を取得していない華僑とは区別されている。

　過放（1999）は「華僑を、日中国交正常化の1972年を境にそれまでに来日した人々とその子孫を『老華僑』、それ以後の人々を『新華僑』とに分ける」と定義している。当時、日本社会の制度などにより、華人はいなかったが、現在では、一部の老華僑が日本の国籍に変更したため、「老華人・華僑」という区分が生まれた。老華人・華僑はより若い時期に日本へ渡っているため、中国に関する知識は不足しているが、祖国への愛国心は持ち続けている者が多い。一方、新華人・華僑はその多くが中国での学生生活を終えてから、日本へ留学という形で渡った者が多く、中国の文化を十分に理解したうえで移住している場合が多い。彼らは留学生活の中で日本の文化についての理解も深めているため、日中両国に関しての豊富な知識を有している。

表1　在日華人・華僑のアイデンティティの変遷モデル（1997年）

モデル　項目	年配の華僑（戦前の世代）	中高年の華僑（日中国交正常化前の世代）	若い華僑（日中国交正常化後の世代）
年齢	70歳以上	45〜60歳前後	20〜45歳前後
世代	1〜2世	2〜3世	3〜5世
社会生活に入った時期	戦前〜1945	1945〜1972	1972〜現在
日中関係	戦前・日中戦争	冷戦時代・国交非正常化	国交正常化
モデルの類型	強い出自志向型	双方向ジレンマ型	重層的・多様型
アイデンティティのパターン	エスニック・アイデンティティ（ethnic identity）①中国人のアイデンティティ	ナショナル・アイデンティティ（national identity）①中国人のアイデンティティ②ダブル・アイデンティティ（中日型・日中型）③日本人アイデンティティ④マージナル・マン（どちらにもつかない）	トランスナショナル・アイデンティティ（transnational identity）①中国人のアイデンティティ②ダブル・アイデンティティ③日本人アイデンティティ④マージナル・マン⑤トランスナショナル・アイデンティティ（アジア人、国際人、地球人など）

　　　　出所：過放（1999）「華僑のアイデンティティの変容」 p.171（一部）

表1は戦前から1997年までの華人・華僑のアイデンティティの変容を世代別に表したものである。この表では主に、老華人・華僑の特徴について分析されている。老＆新華人・華僑の定義によると、表中の年配者と中高年層の華人・華僑は老華人・華僑である。モデルの類型は新華人・華僑より単純だと言える。アイデンティティのパターンは1世から3世の間に著しく増加した。日中国交正常化後は、5種類にまで増加している。「老」や「新」を別として、華人・華僑は来日してから日本の社会生活に慣れ、日中両国の異なる文化を吸収・統合し、独自のアイデンティティのパターンを生み出している。

1-2　在日華人・華僑の現状〜データとインタビューより〜

中国国務院華僑事務弁公室、華僑大学、社会科学文献出版社が日本の法務省、厚労省、文科省の最新統計資料を利用して編集した「華僑華人研究報告（2013）」の報告は、「日本の外国人留学生や外国籍の専門技術者だけでなく、外国籍の単純労働者や配偶者の面でも、最も多いのが中国人である。在日華人・華僑の職種は各種専門技術の分野から、政府関連の分析にまで広がっており、社会的地位も日に日に高まっている。」と指摘している。この点の実証性を明らかにするため、我々は全日本華僑華人連合会を訪問し、華人・華僑の進出分野について取材を行った。

表2　全日本華僑華人連合会の会員一覧表

1. 北海道華僑華人連合会	11. 日本華僑華人文学芸術界連合会	21. 在日中国律師連合会	31. 日本福建経済文化促進会
2. 北京同郷会	12. 日本華人教授会議	22. 中部日本新華僑華人会	32. 日本浙江総商会
3. 長崎新華僑華人協会	13. 日本江蘇発展促進会	23. 中国留日同学会	33. 日本海南総商会
4. 吉林省同郷会	14. 日本中華総商会	24. 湘潭大学日本校友会	34. 日本甘粛同郷会
5. 遼寧同郷会	15. 日本山西同郷会	25. 日本湖南同郷会	35. 日本電影協会
6. 留日博士専家団	16. 留日陝西同郷会	26. 在日華人女性交流会	36. 日本新疆同郷会
7. 日本温州同郷会	17. 在日四川同郷会	27. NPO法人日本黒龍江省経済文化交流促進会	37. 全日本華人花芸協会
8. 全日本華人書法家協会	18. 在日天津同郷会	28. 日本重慶同郷会	38. 日本大連同郷会
9. 全日本中国人博士協会	19. 西日本新華僑華人連合会	29. 日本華人管理科学学会	39. 中国留日同学総会
10. 日本国際文学芸術連合会	20. 在日中国科学技術者聯盟	30. 日中文化センター	

出所：全日本華僑華人連合会

表2のように、現在連合会には39団体が会員として所属している。これを見ると、華人・華僑は大学教授、科学技術者、芸術界、弁護士などの多岐にわたる分野に進出していることが分かる。連合会が成立された当時は、「日本新華人華僑会」という名称であったが、華人・華僑間での能力や待遇の差異を感じさせないために、現在の名称に改名した。

図1　経営・投資在留資格総数と中国人経営・投資在留資格総数の10年推移データ
単位：人

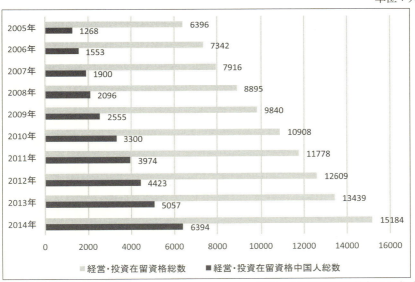

出所：入国管理局の情報より作成

　図1は投資・経営の在留資格を持っている外国人全体と中国人の数を比較したものである。2014年に投資・経営の在留資格を持っている中国人は6394人であり、日本で投資・経営資格を持つ外国人全体の約42％を占めている。前年度と比較してみても、1337人もの増加が見られる。

図2 2010年と2015年の日本中華総商会の会員社数の業種に占める割合の比較表
単位：％

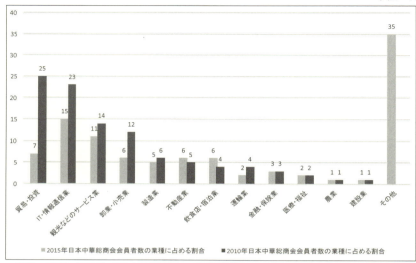

出所：崔晨（2010）「日本華僑華人の商業活動とその社団組織」（http://www.cocs.takushoku-u.ac.jp/nl/nl9.pdf）および日本中華総商会の情報により作成

　一方中国新聞網によれば、毎日1社ずつの新しい華人・華僑企業が驚くべきスピードで日本に誕生しているとのことである。この目覚ましい発展と在日華人・華僑経営者の増加から彼らへの期待を抱き、我々は日本中華総商会を訪問した。2010年に崔晨（2010）が発表した「日本華僑華人の商業活動とその社団組織」という論文では、日本中華総商会が提供した情報をもとに華人・華僑の発展を分析している。それとの比較を容易にするために、我々も日本中華総商会から業種についてのデータ収集を行った。図2は2010年と2015年の日本中華総商会の会員社数の業種に占める割合の比較表である。

　図2を見ると、2015年の各業種に占める割合は2010年より減っているように見えるが、会員社数は86社増加しているため、最も割合が大きい貿易・投資分野の集中度も分散してきている。会員企業298社のうち、その他の割合は35％である。その他の中には、芸術美術に関わる事業や公益財団などもある。様々な情報から確認できたのは、日本で発展遅れと捉えられ、単純労働者が多いと言われている華人・華僑のイメージとは大きく異なり、今後は彼らによる経済発展への貢献が大きく期待できることである。

　第一章では老＆新華人・華僑の定義、変容から在日華人・華僑が発展して

きている現状について、先行研究や連合会と日本中華総商会への訪問調査で得た情報から明らかにした。第2章では在日華人・華僑が創業している企業の詳細について概要や事業内容を明示する。そして、実際に日本で創業している華人系企業4社への訪問調査から得られたことを分析していく。

第2章　日本で活躍している華人系企業

2-1　華人系企業について

　日本に在住する中国人の数は年々増加してきている。そして、日本中華総商会事務局長の朴文傑氏によれば、華人・華僑は日本での生活に慣れ、次第に愛着が湧き、日本で創業をしたいという考えに至る者が多いという。前述のように、実際に日本中華総商会に会員として所属している華人系企業は現在298社も存在し、日中経済交流に大きく貢献している。

　総商会の会員企業である株式会社キングテックの創始者、王遠耀氏は日本で起業をする際に、足場を築くことの過酷さをつくづく感じたそうである。同時に彼は、日本企業が中国に進出する際に現地事情を充分に把握できていない状況も感じていたという。そこでキングテック社は2009年に日本中華総商会に加入し、在日中国人企業と日本企業の協力の橋渡しをし、共同でアジア市場を開拓することに力を注ぎ始めた。当企業に限らず、華人系企業には日本企業の中国進出の援助や、中国企業の日本でのマーケティング支援を事業としている会社が多くある。

　華人系企業によるこうした企業連携を推進する力強さの中に、私たちは日中経済協力の近未来の可能性を垣間見ることができるのではないかと考えるに至り、創業者が中国人である中国系企業4社（株式会社チャイナ・インベスト・マネジメント、株式会社イービジネス、株式会社ＳＪＩ、ＥＰＳホールディングス株式会社）を訪問した。

　これらの企業（表3参照）は、研究メンバーの知人が勤める会社のほか、インターネットで調べた規模の大きい華人系企業が選定されている。株式会社チャイナ・インベスト・マネジメントと株式会社イービジネスにはメンバーの知人が勤めているため、その方を介して社内の方々に我々の訪問を打診していただく形で今回の調査を実現させた。一方、株式会社ＳＪＩとＥＰＳグループについては、自ら電話で交渉し、我々のゼミナールの紹介や研究内容について説明することからはじめた。そして我々の研究目的について理解してもらった後、人事部の方とメールで日程についての話し合いをし、よう

やく訪問を行えることとなった。

表3　4社の事業内容

チャイナ・インベスト・マネジメント社
中国人個人旅行者の訪日支援、日本企業の中国ビジネスコンサルティング。

イービジネス社
システム開発を主な業務としたIT企業。

SJI社
システム開発、ソフトウェア製品を主とするIT企業。

EPSグループ
主に医薬品・医療機器の開発のサポートの事業を行っている企業。

　取材方法は、4社それぞれに質問用紙を訪問前に送付し、訪問時にそれに答えていただく形で進めていった。質問内容としては華人系企業としての強みやビジネスの成功の要諦を理解するためのものを主に設定した。今回はささやかな予備調査に留めることとし、ここで得られた調査結果を基に、今後より本格的な研究を組み立てることを企図している。第2章の以下の節からは1社ごとに華人系企業ならではの特徴を分析していく。

2-2　事例1：　チャイナ・インベスト・マネジメント社

会社名	：株式会社チャイナ・インベスト・マネジメント
創業者	：沈 焱
設立日	：2002 年
事業内容：FIT の訪日支援や日本企業の中国ビジネスのコンサルティング	

　チャイナ・インベスト・マネジメント社は2002 年に元中国人留学生である沈焱氏によって創業された華人系企業であり、FIT[4] の訪日支援や日本企業の中国ビジネスのコンサルティングを行っている。東京・新橋に本社を構え、関連会社は中国・上海に４社設立されており、現在会社の上級管理層には創業者である沈焱氏に加え、日本人の阿部道広氏がCOO として在籍している。

表４　全事業に占める各事業の展開比率　　　　　　　　　　　　　　単位：％

事業 ＼ 比率	全事業に占める各事業の展開比率（％）		
	第１段階：創業時（2002 年）	第２段階：現状（2015 年）	第３段階：将来像（2017 年）
メディア事業	0	40	20
訪日旅行事業	0	40	55
マーケティング支援、投資支援事業	100	20	20
文化交流事業	0	0	5

出所：作成したアンケート用紙より抜粋

　表４はチャイナ・インベスト・マネジメント社が展開している４つの事業に対し、それぞれにどの程度の比重を置いて取り組んでいるかを創業時、現状、将来像の３つの段階に分けて比較したものである。創業時と現状で０となっている事業は、その段階には展開していなかったことを意味しており、当社が会社の発展に伴って事業の多角化をしていることが分かる。それを可能にしたのは日本人と中国人の協業である。

　創業時は日本企業の中国進出のサポートとしてマーケティング支援事業のみを行っていた。当時、会社は中国人社員のみで構成されていたこともあり、日本のクライアント側からはなかなか信用してもらえず、会社の経営は倒産寸前だったという。

　そこで沈焱氏は学生時代の友人である阿部氏に共同出資の話を持ち掛け、日本人との協業という形でこの逆境の乗り越えを図ったのである。阿部氏も

4　Foreign independent tour 個人または小人数で設定された旅行。

中国ビジネスには以前から興味があり、中国人である沈焱氏と協業できるのは一つのチャンスと感じたそうだ。阿部氏をはじめ現地ビジネスのノウハウを持つ日本人社員を加えてからは、クライアントとの交渉から要望に対しての適格な対応まで一通りこなせるようになり、会社は息を吹き返した。その後は、会社を更に成長させることを意識し、新たなビジネスに目を向けるようになった。それが現状（第二段階）でのビジネスの柱とも言える「訪日旅行事業・メディア事業」である。

そのきっかけはマーケティング支援の一環として中国企業向けに日本でのホテルの手配、通訳などを引き受けた際に、予想以上に利益を上げられたことにある。「このサービス（訪日旅行事業）を急増している中国人日本旅行者向けに行えば、どれだけ利益を上げられるだろう？」かと会社全体で考えた。そこから当社の日本人と中国人の強みを活かしたビジネスが始まった。

日本人社員は観光団体や自治体などに顔が利くことから、この利点を生かし格安の旅行プランなどを作成することに専念している。最初は九州を重点とし、地元自治体とともに観光地や遊園地を安価で巡ることのできる鉄道旅行プランを策定し、FIT の獲得に成功した。現在では関西にも協力団体を有しており、事業の範囲を広げている。

一方、中国人社員は自身の人的なネットワークを最大限に活用し、上海にある旅行代理店や VISA 代行会社にガイドブック配布の協力を要請した。こういった企業にガイドブックの宣伝及び設置をしてもらったことで、1 年間でおよそ 20 万部が FIT の手元に届いたのである。加えて、中国人社員は日本の旅行プランを検索できるポータルサイトの運営もしている。このサイトのユーザーは数百万人に上り、旅行者獲得に大いに貢献している。以上のような両国社員の宣伝業務（メディア事業）は FIT を増加させ、会社を大きく成長させた。将来的（第三段階）には宣伝せずとも FIT が増加することを見越して、訪日旅行事業に専念する一方、新たな事業（文化交流事業）にも参入したい意向である。

以上の三段階の発展過程を分析すると、日本人の採用、両国社員の絶妙な役割分担が会社を成長させていることが分かる。従来、華人・華僑とは移住先でビジネスをする際にはセーフティネットとして同族での華人組織を形成することが常とされていたが、若い世代に移り変わるにつれて華人組織の形態は稀有になっているという。沈炎氏のような若い世代の華人・華僑が同族に頼るよりも日本人との協業によって会社を成長させているのは、ある意味での華人・華僑による経営スタイルの過渡期なのかもしれない。

2-3　事例２：株式会社イービジネス

会社名　：株式会社イービジネス
創業者　：花　東江
設立日　：2007 年
事業内容：システム開発など

　株式会社イービジネスは、システム開発、ソリューション事業、製品およびサービス事業を主な業務としたＩＴ企業である。日本企業から受けた依頼をオフショア開発などの様々なメソッドを活用し、総合的なシステム開発サービスを行っている。

表5　全事業に占める各事業の展開比率　　　　　　　　　　　　　　単位：％

事業	比率	全事業に占める各事業の展開比率（％）		
		第１段階：創業時	第２段階：現状	第３段階：将来像
システム開発	SES 事業	100	80	50
	受託開発	0	10	30
ソリューション		0	5	15
製品及びサービス		0	5	5
グローバル　イー・コマース（GEO）事業		関連会社（別の会社を設置する）		
ウェブメディア（WME）事業		0	0	0

出所：作成したアンケート用紙より抜粋

　表5は株式会社イービジネスの各段階における事業展開比率である。第一段階（創業時）には日中両国の文化背景が異なるため、日本企業への知名度や信頼関係がなかった。そこで創業者である花社長は自社を日本企業に知ってもらうため、１つでも多くのアポイントを取り、自社の特徴や魅力を存分に紹介するようにした。同時に、自社の技術力を向上させるため、SES（システムエンジニアリングサービス）事業に専心した。また、日中両国の人が働きやすい職場になるように、スタッフとのつながりを重視した。例えば、よく従業員の誕生日会を開催する。そうすることでスタッフ同士、リーダーとスタッフとの関係がより良くなり、仕事中にも、社員の団結力はさらに強くなる。そして、ベテラン社員が自分の経験や技術を新入社員に教え、自社の技術力、競争力を維持できる。そうすることで、顧客の信頼を獲得できるようになった。また、会社発展の重心を変えながら、今日の第二段階まで発展してきたのである。

第二段階では SES 事業を中心として、システム開発を行っているが、業界のルールがわかるようになり、顧客との信頼関係を構築できるようになったため、クライアントのニーズに応えて業務を行うことが可能になった。そして、イービジネスは第二段階において、受託開発、ソリューション事業、製品およびサービス事業などにも力を入れるようになった。各業界に精一杯入り込み、優れる技術力、また創業時の親友、150 名のシステム開発のスタッフ、開発の要であるプロジェクトリーダー及びマネージャが一丸となって、家族意識を作り上げてきたことによって、今日のイービジネスは年商 17 億円の企業に成長した。

また、株式会社イービジネスは華人系企業としての特徴、高度な人材ネットワークを十分に利用した。当社が中国大連に持つ海外支社には様々な資格を有したＳＥ、プログラマーが在籍しており、なおかつこの海外支社では、人事コンサルタント会社との提携も実施している。これによりオフショア開発の際、自社の人材では賄えない仕事でも外から柔軟に対応できる仕組みとなり、クライアントの一つ一つの要望に応えることができる。更に、雇われたエンジニアも自分の人材ネットワークを持っている。こうして、ニーズにベストマッチした人材が、ベストのタイミングで集められる。つまり、依頼された案件が日中の合作によってより確実に成し遂げられるのである。

以上の発展段階を分析すると、株式会社イービジネスは自社の従業員同士の絆を重視し、働きやすい職場を作り、また、業務における大連の多数の高度人材を活用することで、日中経済交流を促進させていることが分かる。

2-4　事例３：　株式会社 SJI

会社名	：株式会社 SJI
代表者	：劉 天泉
設立日	：1990 年
事業内容	：システム開発、ソフトウェア製品開発

株式会社 SJI（以下 SJI）はシステム開発事業、ソフトウェア製品事業を行う IT 企業である。1990 年に 4 名のコンピュータ・サイエンスに通じた国費留学生が「サン・ジャパン」という名前で、ベンチャー企業として創業したことが始まりだ。その後、JASDAQ 上場、純粋持株会社へ移行し、ライバル会社との経営統合、合併を経て、現在の社名に変更された。親会社 3 社、

連結子会社6社、持分法適用関連会社11社、持分法非適用関連会社1社からなる SJI グループのヘッドクォーターでもある。現在は代表取締役社長の劉天泉氏、代表取締役会長の八木隆二氏を代表とした7名の取締役と3名の監査役で会社運営を行っている。

表6　全事業に占める各事業の展開比率　　　　　　　　　　　　　　　単位：％

事業 比率	全事業に占める各事業の展開比率		
	第2段階：経営統合時（2009年）	第3段階：現状（2015年）	第4段階：将来像
システム開発事業	100	95	90
ソフトウェア開発事業	0	5	10

出所：作成したアンケート用紙より抜粋

　表6では、同社の2つの事業に対する比重を、経営統合時、現状、将来像の3つの段階に分けて比較した。同表を見ると、システム開発に大きく力を入れていることが分かる。この大きな要因は会社の「オフショア開発」[5]にある。SJI は創業当時から20年以上、中国との分散開発に力を入れてきた。

　ここでは両国の技術者の違いに焦点を当てて、どのようにオフショア開発をうまく進めているのか、そして開発の強みについて述べる。

　まず、日本と中国のシステム開発要員は国内の市場状況の違いにより、重要視する役割が異なっている。日本は IT[6] 市場が成熟しているため、技術よりも、より顧客の要望に合ったものを作ろうとする傾向にある。そのため、企画書通りに進める管理能力や顧客との対話力を必要とする。一方中国では IT 市場が急成長を続けており、技術者の競争が激しい。高い技術とスピードを持つ技術者が求められているのだ。しかし、この点で両国の SE の間で問題が起こる場合がある、と SJI の担当者は指摘していた。その問題は両国での製品イメージの相違である。どのような技術を重視しているかなど、両国では顧客の要望が異なっているため、製品イメージも異なるのだという。

　この問題を解決、改善するためにプロジェクトマネージャー（以下 PM）が登場する。PM は両国の言語が話せることは必須であり、職務経験も10年以上の組織運営に長けた上級 SE が任命される。ブリッジ

5　　海外でシステム開発を行うこと。人材不足を補ったり、人件費コストを低く抑えようとする狙いがある。

6　　Information Technology（情報通信技術）。情報を取得、加工、保存、伝送するための科学技術のこと。

SE[7]の役割を帯びており、全体の進捗状況を管理し、完成するまでの指揮をとる。それにより、日本の管理能力と中国の技術を合わせ、顧客の要望に合ったシステムを作り上げているのである。

中国に高度な人材が生み出されていったのは、「オフショア開発による日本から中国への技術移転」によるものだと高橋美多（2009）で指摘されている通り、現在、中国国内で委託されるシステム開発工程は広がっている。一方、日本国内では2015年問題によりIT人材不足に陥ると言われている。そこで中国系企業の持つ人材が、人材不足を補うことができると考える。実際、SJIでは中国人従業員を全体の11％から20、30％に増やす可能性があるとのことである。

SJIは中国のIT産業発展に貢献し、日本では国内開発、オフショア開発を通じて日本のIT産業を支えている。これは日中両国に持つ層の厚いIT人材によるものだろう。

2-5　事例4：　EPSグループ

会社名　：EPSホールディングス 創業者　：厳　浩[8] 設立日　：1991年 事業内容：医薬品、医療機器の開発サポートなど

EPS（Ever Progressing System）グループにはたくさんの傘下の企業がある。私たちが訪問したのはEPSホールディングス株式会社である、会社は主に医薬品・医療機器の開発サポートの事業を行っている。創業者は中国人の厳浩氏であり、現在、日本中華総商会の会長を務めている。

7　　オフショア開発において現地の受注側チーム内で日本側との橋渡し役を務める現地（人）のシステムエンジニアのこと。日本側の担当者や、日本に駐在する現地側担当者のことを指す場合もある。

8　　マイナンバー制度や電力小売化、日本郵政グループシステム刷新、みずほ銀行勘定系システム刷新など大型案件が集中し、IT人材の不足が表面化している。

表7　全事業に占める各事業の展開比率　　　　　　　　　　　　　　単位：％

事業比率	全事業に占める各事業の展開比率		
	第1段階：創業時	第2段階：現状	第3段階：将来像
CRO事業	100	56	-
SMO事業	0	14	-
CSO事業	0	14	-
BPO事業	0	3	-
GR事業	0	5	-
益新事業	0	8	-

出所：作成したアンケート用紙より抜粋

1990年代当時、医療データの分析という分野がまだ注目されていなかったが、厳浩氏がここにビジネスチャンスを感じ取り、中国の仲間とともに会社を創立した。この段階はCRO（Contract Research Organizationの略。あらゆる臨床試験の業務を行う）に集中し、ほかの分野にはまだ進出していなかった。

会社が発展するに伴い、様々な分野に進出した。特に中国では益新事業（中国での医療機器製造・販売、ヘルスケア事業への投資）とBPO事業（Business Process Outsourcingの略。中国および日本の薬剤の市場調査のデータ処理を行う）を展開している。中国の現状を分析し、日本と中国でデータ処理する。また直接、医薬品と医療機器の販売を行っている。主に厳浩氏の故郷である中国の蘇州を拠点とし、自分のネットワークを使って、北京や上海などに販売店を設立して、事業を展開している。中国の市場はまだ開発途中であり、将来の発展の可能性が高いと考えられている。華人独特の華人ネットワークの活用が海外事業の展開に大きく役に立っている。

図3　EPS現段階の従業員数　　　　　　　　　　　　　　　　　　　単位：人

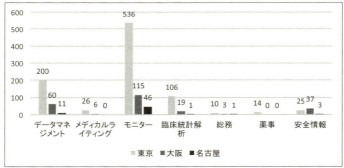

出所：アンケート用紙より作成　　注：臨時社員を含む。外注を除く

厳浩氏は、同社が発展するためには、日本人と中国人の文化障壁の解除が

大事だと考えた。EPS の企業文化の一つとして、社員たちが皆家族のように仲良くしていくことが重視された。管理層が従業員たちとも家族のようにしている。こうして、日本人とのコミュニケーションのやり方をよく身につけることができた。当時この分野では中国人の技術者はまだ少なく、日本人の社員が 1201 人に対し、中国人社員は 18 人だった。その後も、日本人の社員が増え続いていくが、これは厳浩氏たちの素晴らしいコミュニケーション力の高さの証左でもある。

図4　EPS の売上高と経常利益

出所：EPS 株式会社ホームページ http://www.eps.co.jp/ja/company/employees/index.html
（2015 年 10 月 21 日閲覧）

　こうして従業員の数が増大し続け、会社の上場が出来て、海外への進出も進んでいる。EPS はトップ層を除き、日本式の経営方式で運営される企業と考えられるが、厳浩氏は華人式な経営方式をうまく日本企業に融合させることに成功したといえる。厳浩氏が同時に日本中華総商会の会長に就任し、日本にいる華人たちと交流する中で、業務的な連携も進めている。うまく日本文化に溶け込んだ厳浩氏は日中の経済連携の将来に大きな可能性を切り開いた。

第3章　在日華人・華僑の次世代展望

3-1　在日華人・華僑へのアンケート
（1）調査目的と調査方法
　私たちは連合会と4つの企業訪問を通じて、華人・華僑がIoTや観光など様々な分野に進出し、日本人との協業を行っていることが分かった。しかし、5つの団体・企業からのサンプルのみで、華人・華僑の事業分野が大きく変わっているのか、また日本人との協業に積極的なのか判断することは難しい。そこで、私たちはチームメンバーの交友関係を用いて、「実際に日本国内にいる華人・華僑」の方々に仕事や日本での創業についてどう考えているのかGoogleアンケートフォームを使いアンケート調査を行った（アンケート内容は資料②を参照）。

（2）調査対象　　10代から60代以上の在日華人・華僑の男女120人。

（3）調査時期　　2015年10月19日（月）～2015年10月22日（木）

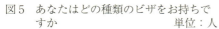

図5　あなたはどの種類のビザをお持ちですか　単位：人　　　図6　アンケート年齢層　単位：人

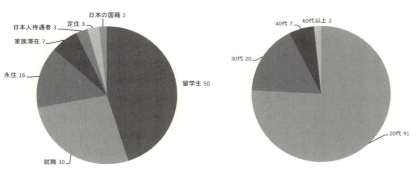

　図6を見ると記入者120人のうち、111人が20代から30代の世代であることが分かる。また図5を見ると、全体のうち50人が留学生ビザであり、就労ビザは30人であった。少なくとも、80人以上が働き先、留学先として日本を選んでいると考えられる。また、20代91人の数値データと一緒に見ると、留学先の日本で就職するために、今後、留学ビザから就労ビザに切り替える者も多いと考えられる。今回、20代から30代の世代についてアンケー

トをとることができたため、新しい華人・華僑の世代の動向により着目することが出来たと思う。

図7　日本で起業したいですか　単位：人

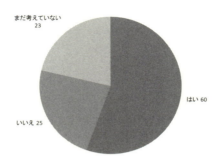

「日本で起業したいですか」の設問には、驚いたことに「はい」と答えた人が半数以上の60人もいた。多くの答えが20代の学生である。EPSやSJIも80年から90年代に来日した国費留学生が創業したことから分かるように、日本に学びに来た学生達は、日本での起業に関心があることが分かる。また今回女性の割合が高かった。もし、女性の華人・華僑の方々が起業すれば日中の経済交流のみならず、女性の社会進出を促す存在になるのではないかと考える。

図8　会社の発展のため、日本人の社員や日本企業との協力が必要だと思いますか
単位：人

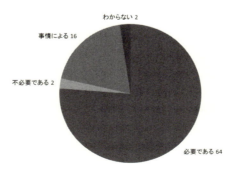

半分以上の64人が日本人との協業が必要であると回答している。従来、

華人・華僑は親類など中国人同士のネットワークを用いて発展してきたが、さらなる発展には日本人とのネットワークを構築する必要性があると考えている。実際、訪問調査を行ったチャイナ・インベスト・マネジメントは「顧客の獲得にはその地域の事情や文化を知った人が必要」と述べていた。またSJIやEPSはほとんどの従業員が日本人である。華人・華僑はビジネスの成功のためには、国籍を問わず優秀な人材を雇用するという合理的な判断基準があると考えられる。

図9　どのような業界に進出したいですか（していますか）　単位：人

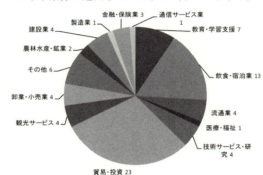

図9を見ると、様々な分野に華人・華僑が進出あるいは進出希望していることが分かった。飲食・宿泊業13人対し、貿易・投資の業界に進出している人たちは23人と多い。

図10　日本で起業したくない（していない）理由は何でしょうか　単位：人

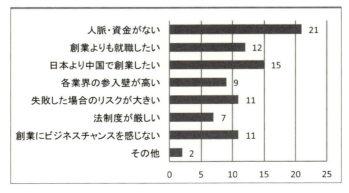

図 10 を見ると、起業の壁は「人脈・資金がない」ことだと分かる。日本人との繋がりは日本のビジネス習慣、国情を理解する上で重要となる。つまり、日本人との人脈がないためにビジネスでの判断に時間がかかり、それが日本進出で失敗する要因、ハードルになっているのではないかと考えられる。次点で「日本より中国で創業したい」が挙げられている状態を見ると、よく知っている場所で創業したいという気持ちが表れている。実際、創業している人達は日本で学ぶ留学生が多く、創業するからには、日本について学ばなければならないと考えていると思われる。

3-2　アンケート調査の結果分析

アンケート調査の結果から見ると、日本で創業したい華人・華僑の多くが 20 代の留学生であることがわかる。我々が今まで訪問してきたチャイナ・インベスト・マネジメント、株式会社イービジネス、株式会社 SJI、EPS グループの創業者も留学生であり、日本で学ぼうとする意欲がある人達であった。日本中華総商会の方が指摘していたことだが、新華人・華僑は中国出身であり、かつ日本での留学経験があることで、両国の文化や習慣を知っている人達が多い。これが日本での創業を有利にしている点だと推察される。

一方、図 10 のデータを見て見ると、「人脈・資金がない」、「日本より中国で創業したい」と答えた人も多いことが分かる。ここから「ビジネスにおいて、人との繋がりが大切であること」と「母国の方が人との繋がりが構築しやすいと考える人が多い」ことが読み取れる。図 8 のデータを見ると「会社の発展の為、日本人の社員や日本企業との協力が必要」だと答えた人が約 7 割を占めている。ここから在日華人・華僑が「日本でのビジネスをうまく行うためには日本人との協業が必要」だと考えている人が非常に多いことが分かる。実際、訪問した 4 社は日中の従業員が共に働き、日本人の几帳面さ、中国人の大胆さ、スピィーディーな経営の両方の良さを取り入れている。

アンケート全体を見ると在日華人・華僑は「日本のビジネスに大きく興味があり、日本人との協業を強く求めている」ことが考えられる。

おわりに

周知のように、日中国交正常化前後に国境を越えて来日した華人・華僑は単純労働者として働くものが多かった。だが、本研究の訪問調査によって、近年華人・華僑の進出分野が拡大してきており、成功したケースも増えてい

ることが確認できた。さらに、在日新華人・華僑は日本での創業や日本人との協業を通して日々進化し続けていることも分かった。今日の華人系企業は経営資源基盤ともいえる華人ネットワークを活用し、事業の多角化を通して会社を発展させている。それと同時に、同族経営的企業統治の特徴である血縁、地縁に基づくネットワークの枠を越え、日本の企業と協力・提携するケースも増えてきているのである。国境を越えた人的ネットワークを構成し、発展させ、新たなビジネスを展開していく能力は、今日の華人系企業の大きな強みとなっている。

　また、4つの企業の分析から華人系企業においては新たな日中経済交流の方法として、1つの共通する手法が取られていることが確認できた。それは、異なる文化背景から生じる考え方の違いや言語の壁を越えて意思決定を行うために、日本人と中国人が本音をぶつけ合い、相互に理解しあうことで会社を成長させているというものである。中国人社員と日本人社員の強固な信頼関係が外部の自治体や顧客などといった、あらゆるステークホルダーからの信用を獲得する基盤となり、日中の新たなビジネスチャンスを生み出していると考えられる。つまり、日中の win-win 関係という形から、強固な信頼関係が生まれるのだ。

　成功事例から得られた知見を確かめるため、アンケートの実施が必要であった。日本の各種の業界で創業したい 20、30 代の華人・華僑は日本企業との協業を強く望んでいる。これらの調査結果により、私たちは、今後華人・華僑は日本社会に新たな経済成長をもたらす存在であり、日中双方の潜在市場を開拓していくと考える。その際には、日本人との価値観の相違から生じる意見の対立が避けられぬ課題となってくるが、これを克服していけば互いの成長につながるであろう。

参考文献：

云冠平・陳喬之主編（2000）『東南亜華人企業経営管理研究』経済管理出版社。

内田和成（2009）『異業種競争戦略』日本経済新聞出版社。

木村有里（2009）「タイ：多様性社会と日系企業」（中川涼司・高久保豊編著『東アジアの企業経営：多様化するビジネスモデル』ミネルヴァ書房）。

池島政広、唐恵秋（2007）「日台企業アライアンスによる中国市場の開拓に関する実証研究」。

高橋美多（2009）「中国ソフトウェア産業の技術発展」『アジア研究』Vol.55、No.1January　40 - 41 ページ。

過放（1999）「華僑のアイデンティティの変容」東信堂。

研究技術計画学会　第 22 回年次学術大会年次学術大会講演要旨集，22:736-739。

伊佐田文彦（2010）「台日間の企業連携戦略に関する一考察　A Study of Strategic Business Alliance between Taiwan and Japan」。

段躍中（2010）「中国情報源　在日中国人（新華僑）の日本各界における活躍」蒼蒼社。

アジア成長研究所（2015）「グローバル経済時代における華人系企業経営の研究」。

株式会社イービジネスホームページ http://www.e-business.co.jp/（最終アクセス 2015 年 10 月 1 日）。

株式会社 SJI ホームページ http://www.sji-inc.jp/（最終アクセス 2015 年 10 月 1 日）。

「東アジア華人系企業グループの 21 世紀ビジネス戦略 -R-Cube」http://r-cube.ritsumei.ac.jp/bitstream/10367/3219/1/be40_4tanakaA.pdf（最終アクセス 2015 年 10 月 1 日）。

余永定「日中経済協力のあるべき姿とは」http://www.rieti.go.jp/users/china-tr/jp/020318ntyu.htm（最終アクセス 2015 年 6 月 11 日）。

崔晨「「世界華商発展報告」から見る華商の現況」http://www.cocs.takushoku-u.ac.jp/nl/nl9.pdf（最終アクセス 2015 年 9 月 30 日）

「2009 年世界華商発展報告」http://www.360doc.com/content/12/0521/11/2291239_212487844.shtml（最終アクセス 2015 年 9 月 30 日）。

国家戦略「インターネット＋」のカギを握る、中国 3 大ネット企業の最新動向 http://it.impressbm.

co.jp/articles/-/12204（最終アクセス 2015 年 9 月 30 日）。

オフショア開発 .com　http://www.offshore-kaihatsu.com/contents/china/feature.php（最終アクセス 2015 年 10 月 1 日）。

「2015 年問題 1」現行 SI モデルは限界点に、業界に迫る最悪のシナリオ http://itpro.nikkeibp.co.jp/article/COLUMN/20140225/538989/（最終アクセス 2015 年 10 月 1 日）。

崔晨　（2010）「日本華人・華僑の商業活動とその社団組織」http://www.eco.nihon-u.ac.jp/center/ccas/pdf/ccas_wp027.pdf　（最終アクセス 2015 年 10 月 1 日）。

付録：資料①

ＥＰＳグループへの質問用紙

ご質問内容

Ⅰ　重点的にご教示頂きたい事柄（Q1 から Q3 まで）

Q１外国人として日本で創業した際に苦労されたことや順調に進んだことなど、印象的な経験をご紹介ください（たとえば、社会インフラや税制面における日中間の違いなど）。

Q２貴社はＣＲＯ事業からビジネスを展開し、1991 年から現在に渡って貴社にとって最も重要な経営方針、理念あるいは戦略の変化がございましたら、ご教示ください。

Q３貴社の各段階の各事業の比重等と従業員構成について、添付ファイル③の「記入用紙」にご回答ください。「比重」の尺度は、利益／売上高／受注件数／イメージ等のいずれでも差し支えありません。用いた「尺度」の記入と「％」による表示をお願いいたします。

Ⅱ　その他の関心事項（a から f まで）

　　上記のご質問３点を絞り込む際に、貴社に対する以下のような関心がチームメンバーから寄せられましたので、クエスチョンの背景としてご参照いただけましたら幸いです。なお、このたび重点的にご教示をお願いしたいのは上記の３点でございます。

a　ＣＲＯ事業、ＳＭＯ事業、ＣＳＯ事業、ＢＰＯ事業、ＧＩＲ事業、益新事業の６つを展開するなかで日本企業や中国企業と取引をする際、両国間の価値観や行動規範において共通すると感じた点や異なると感じた点につき、貴社の強みがどのように発揮されましたか。

b　貴社におけるプロジェクトマネージャー、データマネジメント、医療機器開発モニター、臨床統計解析等の職種区分は、それぞれのキャリア・パスをどのように描くことができますか。

c　プロジェクトマネジメントにおける上級職の専門家を採用する際にそれぞれどのような人材であることを希望しますか（博士号／修士号取得の有無、職務経験、国籍、習得言語、理系／文系の別など）。また、貴社がこれからとくに必要とする職種はどの分野の人材でしょうか。

d　ホームページによると、貴社は 2008 年より中国進出に比重を置いたそ

うですが、今後事業を展開する重点エリアはどこに移行するでしょうか。

e 貴社が起業時に、模範としていた華人企業、または目標としていた華人の方はいらっしゃいますか。また、華人の魅力はどんなところにあるとお考えでしょうか。

f これからの時代、成功するビジネスの要諦とお考えの事柄があればご教示ください。

　　以上、よろしくご教導のほどお願い申し上げます。

付録：資料②

在日華人・華僑の発展についてのアンケート

　〈アンケートの趣旨〉日本大学高久保ゼミナール「日中班」では、日中の経済交流において、華人・華僑がどのような役割を果たしているのかを調査しています。今回、華人の新しい日本展開を探るために、日本に住んでいる中国人の方々がどのような職業についているのか、また、日本人に対しての思うことや、日本でのビジネスにどのような考え方を持っているのかについてご教示いただきたくアンケートをお願い申し上げる次第でございます。

1. あなたの年齢はおいくつですか？
　 a．10代　　b．20代　　c．30代　　d．40代　　e．50代　　f．60代〜
2. あなたの性別をチェックしてください。
　 a．男性　　b．女性
3. 来日して何年目になりますか？
　（　　　　　　　）年目
4. 現在の職業は何ですか？（複数回答可）
　 a．学生　　　b．会社員　　　　c．自営業　　　　d．専業主婦
　 e．パート・アルバイト　　　　f．その他（　　　　　　　）
5. あなたはどの種類のビザをお持ちですか？
　 a．日本の国籍　　b．永住　　c．定住　　d．就職　　e．家族滞在
　 f．留学生
　 g．日本人配偶者　　　　　　h．その他（　　　　）
6. 中国での最終学歴を教えてください。
　 a．小学校　　b．中学校　　c．高校　　d．専門学校　　e．高職高専

f．大学（大学専科も含む）　g．大学院

7．日本人の言動で理解しがたい特徴はありますか？（複数回答可）

　a．物事に対して対応が細かすぎる

　b．コミュニケーションにおいて意見の対立や衝突をさける

　c．自己表現をあまりしない　　　　d．上下関係を意識しすぎる

　e．意思決定が遅い　　　　　　f．特に問題がない　　　　g．特にない

　h．その他（　　　　　　　　　　　　　　　　　）

8．日本で創業したい（していますか）ですか？

　a．はい➡質問9、10へ　　　　　　　b．いいえ➡質問11へ

　c．まだ考えていない

9．どういう業界に参入したい（していますか）ですか？

　a．農林水産・鉱業　　b．建設業　　　　　　c．製造業

　d．金融・保険業　　　e．通信サービス業

　f．教育・学習支援　　　g．飲食業　　　h．流通業

　i．医療・福祉　　　　　j．技術サービス・研究　　k．不動産業

　l．公務員

　m．その他（　　　　　　　　　　　）　　　　　n．考えていない

10．会社の発展のため、日本人の社員や日本企業との協業が必要だと思いますか？

　a．必要である　　　　b．不必要である　　　c．事情による

　d．わからない

11．創業したくない（していない）理由は何でしょうか？（複数可）

　a．創業にビジネスチャンスを感じない

　b．失敗した場合のリスクが大きい

　c．各業界の参入壁が高い　　　　　d．法制度が厳しい

　e．業界のルールが厳しい

　f．人脈・資金がない　　　g．日本よりも中国で創業したい

　h．創業よりも就職したい

　i．その他（　　　　　　　　　　）

ご協力ありがとうございました。

| 優秀賞 |

日中映画交流の歴史と意義
～高倉健の事例を中心に～

山梨県立大学国際政策学部
国際コミュニケーション学科4年
幡野 佳奈

1. はじめに

(1) 問題意識

　2014 年 11 月に俳優高倉健が 83 年の生涯を閉じた。日中関係が尖閣国有化事件で冷え込んでいるにもかかわらず、彼の死去は中国にも大きな衝撃を与えた。中央テレビをはじめとする複数のテレビ局は高倉健の映画特集を放送し、各新聞も高倉健の特集を掲載、インターネット上にも高倉健の死を悼む声が続々と寄せられていると報道されている。多くのネットユーザーは高倉健が中国で大人気だった時代を「中日関係が最良の時代」と述べているほか、「男は皆、高倉健に憧れていた」、「願わくは中日関係が高倉健が輝いていたあの時代のように、友好的な状態に戻ることを望む」というように、現在の緊張する日中関係と関連付けた書き込みも多く見られるという（朝日新聞デジタル 2014 年 11 月 28 日）。習近平指導部が対日強硬姿勢を続ける中、中国政府からも異例の弔意が発表され、中国共産党系新聞には追悼記事が掲載されたのである。

　なぜ高倉健はこれほどまでに中国の人々に愛されたのか、また日中交流と日中関係において映画はどのような影響をもたらすのであろうか、などについて強く関心を持つことになった。

(2) 先行研究

　近年、日中映画交流に対する関心が高まり、関連研究が増えている。例えば、日中映画交流の歴史について、劉文兵（2006）『中国 10 億人日本映画熱愛史』は、「君よ憤怒の河を渉れ」、「サンダカン八番娼館 望郷」、「砂の器」、「未完の対局」などの具体例を挙げながら、文化大革命終了後に受け入れられた日本映画は、いかに中国の人々に広く、深い影響を及ぼしてきたかを検証している。

　劉文兵（2011）『証言日中映画人交流』は、高倉健、佐藤純彌、栗原小巻、山田洋次をはじめとする日本映画界トップクラスの俳優、映画監督へのインタビューに基づき、日中映画人の交流を紹介している。植草信和ほか（2013）『証言　日中映画興亡史』は、「君よ憤怒の河を渉れ」、「未完の対局」、「敦煌」、「始皇帝暗殺」、「黄色い大地」、「紅いコーリャン」、「HERO」、「初恋の来た道」、「山の郵便配達」、「夜の上海」、「レッドクリフ」など具体的作品を取り上げながら、国交正常化後日中 40 年の映画交流の主な成果を紹介している。

　映画の国際交流・国際関係への影響について、石坂健治ほか（2013）『ア

ジア映画で〈世界〉を見る─越境する映画、グローバルな文化』は、映画は
われわれに何をもたらすのかについて、グローバリズムの進展で変容するア
ジア各国と、日本の映画交流に対する研究を通じてその可能性を検証してい
る。

　しかし、具体的になぜ日本の映画が中国の人々に愛されたのか、日中関係
の増進において映画交流はどのような影響を持っているか、持つべきかにつ
いての研究は必ずしも充分ではないと考えられる。

(3) 研究の目的と方法
　本研究では、これまでの先行研究の成果を踏まえ、戦後日中映画交流の歴
史を概括したうえで、公表資料やインターネット上の情報に基づき、高倉健
主演映画を事例に、日本映画の中国における影響及び映画交流がもたらした
日中の国民感情の変化について考察し、日中関係の増進における映画交流の
意義と課題を明らかにしたい。

(4) 論文の構成
　本論文は、6章からなっている。第1章は、研究の問題意識や先行研究等
について紹介する。第2章は、戦後初期の日中文化交流について様々な分野
の概要を述べる。第3章は、作品例を挙げながら、国交正常化後の両国の映
画交流について述べる。第4章は、高倉健の中国における影響を主演作とと
もに述べる。第5章は、映画交流によって両国民の感情はどのように変化し
たのかを分析する。第6章は、論文のまとめとして現在の課題やこれからの
展望について述べる。

2. 戦後初期日中文化交流の概要

(1) 戦後日中文化交流の開始と発展
　1949年、中華人民共和国の成立後、日本と中国の国交はまだ回復してい
なかったので、互いに文化交流を行うことはほとんどなかった。文化交流を
盛んに行うためにはまず、友好的な相互交流が必要だった。
　1950年代、両国の学術界が互いに人員を派遣し合うことによって、文化
交流の新たな時代が始まっていく。1954年9月、安倍能成を団長とする日
本の学術代表団が中国へ派遣された。代表団のメンバーには、学術界と文化
界の有名人が含まれていた。安倍能成は日本の哲学者であり、学習院大学の

学長でもあった。この代表団は、日本が戦後初めて海外に派遣した学術代表団だった。両国の文化交流を発展させることを目的に行った日本の代表団は、中国から盛大に迎え入れられた。また、その当時は日本を訪問する中国人がほとんどいなかったので、中国学術界も 1954 年 12 月に中国科学代表団を日本に派遣した。中国科学代表団団長として中国科学院院長でもある郭沫若が日本を訪問し、日本の文化界と政界の多くの人々と交流を行い、日本中で熱意ある歓迎を受けた。彼は日本に留学し日本語を学んでおり、九州帝国大学医学部も卒業している。また、郭沫若は、現職の全国人民代表大会（日本の国会に相当）常務委員会副委員長を兼任していたので、新中国建国後に日本を訪問する最高レベルのリーダーであったといえる。

　1950 年代に行われた日中両国の学術代表団の訪問がきっかけになり、日中文化交流は少しずつ発展していく。1956 年 3 月 23 日、中島健蔵（仏文学者）、千田是也（演出家）、井上靖（作家）、團伊玖磨（作曲家）らが中心となり、日中両国間の友好と文化交流を促進するための民間団体として、日中文化交流協会が東京で創立された。創立以来、文化各専門分野の交流のための代表団の相互往来を中心に、舞台公演、映画会、音楽会、文物・美術・書道など各種展覧会、学術討論会の相互開催などの活動を展開している（日本中国文化交流協会ホームページ http://www.nicchubunka1956.jp）。この協会が設立された頃から日中両国の相互訪問は盛んになり、新たな文化交流が始まった。

(2) 青年文化交流

　1960 年代に入ると、日本と中国の青年たちによる文化的交流が大規模に行われ、それ以降、互いの青年交流は盛んになり、日中関係に良い影響を与えていく。1965 年に日中青年大交流が行われ、約 500 名の日本の青年が中国を訪問し中国各地で中国の青年たちと交流を行った。この交流は大規模に行われ、相互の影響力も大きいものだった。また、1973 年、日本の青年が船で中国を訪問し中国の青年と交流する兵庫県主催の青年洋上大学が初めて実施され、両国の青年文化交流の新しい形が作られた。この青年洋上大学は、1971 年から青少年の健全な育成を目指して実施されており、現在では船から飛行機による訪問となり交流は継続されている。

　洋上大学の船の天津入港は、中国にとって第 2 次世界大戦後初めての客船入港とされ、中国から好意的に迎え入れられた。洋上大学の参加者は上海・天津・北京を訪問し、中国青年と広い範囲での交流を行った。日本の青年たちが船で中国を訪問し、中国青年たちと文化交流を行うという洋上大学の交

流方法は両国に大きな影響を与え、中国の青年たちは刺激を受けた。

　1979年、日本の洋上大学のように、中国の青年たちが日本を訪問し日本の青年たちと交流を行う中日友好の船が日本を訪れ、約600名が来日した。この中日友好の船は中日友好協会の会長でもあった廖承志が団長を務め、日本列島一周の航海を行った。彼は、日本生まれの日本育ちであり、日中国交正常化交渉では首脳の通訳として活動し、中国共産党史上屈指の知日家として中国外交における対日専門家育成の基礎を築いた人物である（https://ja.wikipedia.org）。

　そして、1990年代初期、日中共同プロジェクトによって北京に中日青年交流センターが設立された。交流センターでは、文芸公演、研修、スポーツ、旅行など幅広く交流を行っており、両国の友好のために大きな役割を果たしている。

(3) 演劇交流

　両国の文化交流において、伝統演劇が重要な役割を果たしている。特に日本の歌舞伎は中国の伝統的な演劇である京劇との相似点が多く、交流しやすいと思われる。京劇とは、中国の伝統的な古典演劇である戯曲の1つであり、清代に安徽省で発祥し、北京を中心に発展したので京の名が付き、主に北京と上海の二流派があるという（https://ja.wikipedia.org）。実際に、1950年代から、両国の演劇界の友好交流が徐々に増えてきた。1955年10月、市川猿之助を座長とする歌舞伎団が訪中し、歌舞伎は両国の演劇交流および文化交流の推進役として注目された。1956年5月30日の夜、京劇俳優であり京劇の近代化を推進していた梅蘭芳が率いる中国京劇代表団が来日し、東京の歌舞伎座で第1回目の公演を行った。このほか、日本各地で行った公演も成功し、京劇という芸術様式は日本人から大いに受け入れられた。

(4) 映画交流

　1950年代の初めに、文化交流として日本と中国の映画交流が開始される。日中友好協会が1952年、中国映画「白毛女」を日本全国で上映すると、日本中で注目を集め、「白毛女」は人気作品となった。この作品は1940年頃の実話を基にしており、テーマは「国民党支配下の旧社会は、人を鬼（妖怪）にするが、共産党による新社会は鬼を人にする」であった（https://ja.wikipedia.org）。

　1956年、日本映画祭が中国で開かれ、日本映画代表団が中国を訪問する

と、中国から盛大に迎え入れられた。1970年代後半になると日本映画が中国で多く上映されるようになり、中国で大ヒットすると、そのテーマソングも流行するなど、日本映画は中国に大きな影響を与えた。また、日本でも中国映画が徐々に上映されていき、1977年、双方の協議によって年に一回日本で中国映画祭を開催することが決定した。1980年代になると、映画の共同合作が始まり、最初の合作映画である「望郷の星」が上映された。この作品は日本の国際主義者である長谷川照子を記念するために協力して作られており、両国で上映されると大きな影響を与えた。

(5) その他

上述した分野以外においても、1950年代以降、日中両国の文化交流が活発に行われた。1955年日本松山バレエ団の「白毛女」公演、1956年日中美術家の北京会見、1962年と1963年の日本仏教界要人の訪中、1964年から日中卓球選手の相互交流などが特筆すべきものであった。

3. 国交正常化後の日中映画交流

(1) 中国における日本映画の上映

1978年、日本と中国が日中平和友好条約を締結したことによって、様々な分野において互いの交流がより活発になった。様々な交流の中でも特に、映画の交流は日中両国に大きな影響を与えている。

1978年10月、日中平和友好条約調印のために鄧小平副総理が日本を訪問した。それを記念して中国では10月26日から11月1日にかけて中国主要7都市で日本映画週間というイベントが開かれ、そこでは、「君よ憤怒の河を渉れ」、「サンダカン八番娼館　望郷」「キタキツネ物語」の3本が上映された。中国におけるこのように大規模な日本映画の上映は戦後初めてのことだった。公開された3作品の中でも、高倉健が主演した「君よ憤怒の河を渉れ」は、特に評判が高く、中国社会に大きな影響を与え、この映画をきっかけに日本に憧れを持つ中国人が急増するなど社会現象まで引き起こした。当時の中国では映画館数が急増し、テレビも普及し始めていたので、日本の映画・ドラマが中国でも多く見られるようになっていた。1970年代末には、さらに「愛と死」、「金環蝕」の2作品も中国で上映された。

1980年代には「あゝ野麦峠」や「遥かなる山の呼び声」、「幸福の黄色いハンカチ」などさらに多くの日本映画が中国で上映された。山田洋次監督の

「幸福の黄色いハンカチ」は日本で数多くの賞を受賞し非常に愛されている作品だが、中国でも上映され人気のある日本映画の一つとなった。山田洋次監督の作品は「幸福の黄色いハンカチ」だけでなく「たそがれ清兵衛」、「男はつらいよ」なども中国で上映されている。当時の中国の観衆は映画を通して日本の発展を目の当たりにし、大きな刺激を受けるとともに日本への憧れを持った。

　しかし 1980 年代後半になると日本を代表する映画ですら中国で上映されることが珍しくなり、日本映画は徐々に中国の観衆の関心を失っていく。その原因としては、中国でもハリウッドの大作に注目が集まったことや、日本経済が悪化したことなどが影響している。

　1990 年代になっても、日本映画が中国で上映されることはほとんどなかったが、日本で評判の高かった作品は上映されている。たとえば日本で数多くの賞を受賞した中山美穂、豊川悦司主演の恋愛映画「Love　Letter」である。その頃中国では映画の上映時間が制限されたり、劇場数が減ったりしたため、商業的配慮から、日本映画ではなくアメリカの大作を含む欧米の映画が多く上映されていた。

　1990 年代の初めから中国では海外のアニメが多く放送され始める。日本で人気がある漫画「聖闘士星矢」（セイントセイヤ）のアニメは中国で放送されると大人気になり、その頃から中国の観衆は日本アニメに興味を持ち、魅了されていく。「聖闘士星矢」だけでなく「鉄腕アトム」や「もののけ姫」、「イタズラな Kiss」など数多くの日本のアニメが中国で放送され、人気となった。日本のアニメは、特に中国の若者の間で人気になっていく。

　2000 年代になると、再び日本と中国の映画交流が盛んになり、中国ではかなり多くの日本映画が上映されるようになった。たとえば、「盲導犬クイールの一生」や「一リットルの涙」、「いま、会いにゆきます」「日本沈没」など日本でも人気の作品である。また、90 年代から引き続いて日本アニメの人気が高く、中国のテレビで日本アニメが多く放送された。たとえば「ウルトラマン」や「名探偵コナン」、「ドラえもん」、「となりのトトロ」、「ハウルの動く城」などがある。その中でも、日本で大変人気のある宮崎駿の作品は、中国でも受け入れられ大人気となった。

（2）日本における中国映画の上映

　1970 年代の日本では、中国から入ってくる映像作品が限られており、中国本土の様子を知ることができなかったため、香港映画を見て中国をイメー

ジしていた。1973 年、ハリウッドで製作されたブルース・リー主演のカンフー映画「燃えよドラゴン」が日本で上映された。ブルース・リーとカンフーが世界的ブームになったように日本でも大人気になり、ブルース・リー主演の香港映画「ドラゴン危機一髪」「ドラゴン怒りの鉄拳」「ドラゴンへの道」が続いて上映されブームになった。香港映画が日本でブームになる頃にはブルース・リー本人は亡くなっていたが、ジャッキー・チェンによって人気が引き継がれていた。1979 年に「トラック野郎・熱風 5000 キロ」との 2 本立てで公開された「ドランクモンキー 酔拳」が大ヒット、「トラック野郎」の恩恵も有り、配給収入は約 9 億 3000 万円を記録した。「トラック野郎」より「酔拳」が話題となり、続けて「スネーキーモンキー 蛇拳」、「クレージーモンキー 笑拳」、「拳精」（拳シリーズと呼ばれる）も公開され、日本でのジャッキー・フィーバーが巻き起こった（https://ja.wikipedia.org）。

1973 年から現代中国映画上映会によって日本でも中国映画が見られるようになる。この上映会はボランティアの実行委員が運営を行い、中国映画の自主上映を月に 1 回のペースで開催し現代まで継続して活動している。また、徳間書店社長の徳間康快によって 1977 年に日本で開かれた中国映画祭で、中国映画が上映され、日本にいながら中国映画を見ることが出来る機会が徐々に作られていく。又、1980 年代には、日本でも小劇場やビデオなどで少しずつ中国本土の映画も見られるようになった。

1980 年代に客席数の少ない映画館が増え、芸術性の高い上質な作品を求める観客が足を運ぶことが流行となった。こうした劇場では、「黄色い大地」「古井戸」「紅いコーリャン」などが上映された。中国映画の多くはこうしたミニ・シアターでの興行でファンを惹きつけ、口コミや映画誌などで話題となり、さらにレンタルビデオで鑑賞される、という受け入れられ方がこの頃から始まった（園田茂人 2012）。

その後、90 年代になると様々なジャンルの中国映画が日本で見られるようになり、これらの映画を通してそれまで香港映画で描いていた中国のイメージとは違う現代の中国の様子を理解するようになる。

2000 年代に入り日本で公開された中国映画で大きな存在感を示したのは、中国を代表する監督である陳凱歌、張芸謀らの作品であった。例えば陳凱歌の「キリング・ミー・ソフトリー」、「花の生涯〜梅蘭芳〜」、張芸謀の「至福のとき」「大妃の紋章」などである。

（3）映画週間による双方映画の集中上映

　日中両国の優秀な映画作品を互いに集中上映する映画週間と回顧展は、観衆が映画を通して互いの文化や生活を理解する手助けとなる。1970年代後半から日本と中国では映画週間や回顧展が何度も開催され、互いの交流をさらに深めることになった。

　1978年10月、日中平和友好条約の締結を記念して中国人民対外友好協会と中日友好協会、中国映画家協会は共同で日本映画週間を開催し、中国の7都市で「君よ憤怒の河を渉れ」、「サンダカン八番娼館　望郷」、「キタキツネ物語」の3本が上映されると、中国で評判になり大きな影響を与えた。

　1985年10月からは、中国映画資料館と中国映画家協会の主催により、日本映画回顧展が北京、上海、長春で開催された。この映画祭では木下恵介監督作品の「大曾根家の朝」や小津安二郎監督作品の「麦秋」など、日本映画40作品が集中上映された。その後、中国では何度も日本映画週間や日本映画回顧展が開催された。

　日本では、2002年大規模な中国映画祭が東京で開催され、日本中から注目され、メディアや観衆の関心を集めた。中国国家放送映画テレビ総局と日本のオメガプロジェクト株式会社の共催で開催された映画祭であり、2002年は日中国交正常化30周年にあたり、この映画祭は大切な記念活動でもあった。映画祭では陳凱歌監督の「北京バイオリン」や「ションヤンの酒屋」など、現代の中国人の生活を描いた7作品に加え、23作のアニメ作品やドキュメンタリー作品が上映された。

　中国映画誕生百周年にあたる2005年11月には、「第5回彩の国さいたま中国映画祭」が埼玉県の4都市で行われた。この映画祭は1996年に初めて開催され、それ以降も続けられており、多くの観衆の注目を集めている。

　2006年、非営利的民間文化機構である日中友好映画祭実行委員会が東京で設立された。「文化交流を主とし、産業発展を助ける」という目的のもと、「民間の立場で、政府の応援、日中の懸け橋」を基本とし、2006年から、中国国家広電総局と日本の外務省、経済産業省、および日本映画製作者連盟などの強力な支援のもと、中国国家広電総局映画管理局などが共催した東京国際映画祭「中国映画週間」と上海国際映画祭の「日本映画週間」を通して、日中映画文化産業の交流を強力に推進している（日中映画祭実行委員会ホームページ　http://cjiff.org/outline.html）。

　2007年、日中国交正常化35周年を記念して、日本と中国は「日中文化・スポーツ交流年」という大きなイベントを行った。そのイベントの中で、中

国国家放送映画テレビ総局映画管理局と日本の文化庁が、日中国交正常化35周年を記念した日本映画祭を3月15日から3月18日まで北京で開催した。

2007年6月17日、第十回上海国際映画祭の重要な活動の一つとして上海国際映画祭組織委員会と上海映画集団公司、中日友好映画祭実行委員会は共同で、日本映画週間を上海国際会議センターで開催した。この映画週間では「大奥」、「NANA」、「バッテリー」など13本が上映された。上海国際映画祭のような世界的な映画祭で日本映画が集中上映されるのは珍しいことだった。7日間の日本映画週間は6月23日に終了したが、上海影城や永華電影城などの映画館で合わせて30回上映され、高い観客動員数を記録し、ほとんど満員の状態だった。上映作品が熱烈に歓迎された理由の一つには、近年中国で優れた日本作品を上映することがほとんどなかったとはいえ、中国国内の観衆はインターネットなどを通じてつねに日本映画を注視していた点が挙げられる（歩兵編集代表 2009）。

2007年10月20日に開催された「第20回東京国際映画祭」では、日中国交正常化35周年を記念して中国映画週間が設けられ、10月21日に渋谷で開幕した。東京国際映画祭組織委員会と中国映画集団公司、上海映画集団公司などが共同で企画し、東京国際映画祭で初めて中国映画週間が開催された。この映画週間では「雲水謡」、「コール・フォー・ラブ」、「勇士」など様々なジャンルの作品が上映された。

(4) 日中合作映画の製作と上映

1980年から1990年まで、日本と中国は共同で「未完の対局」と「菊豆」を製作し、日本映画「敦煌」、「上海バンスキング」、「天平の甍」、「スパイゲーム」などの10の物語作品と「世界之最」（原題）など38本のドキュメンタリー作品の撮影に中国が協力した。

まず中国の撮影協力により、1980年、国際主義を讃えた戦士・長谷川テルを取材した伝記ドラマ「望郷の星」が完成した。彼女は本名を長谷川照子といい山梨県大月市で生まれた日本の反戦活動家、抗日運動家である。日本の有名な女優である栗原小巻が長谷川テルを演じた。長谷川テルが中国で歩んだ場所に沿って、上海、重慶、武漢、北京、佳木斯などで撮影した。映画の題字は中国の指導者である鄧小平によって記された。

1982年、日本と中国の合作で初めて制作された映画が「未完の対局」である。この作品は、日本と中国の囲碁の天才棋士の交流を描いた作品で、日中初めての合作映画というだけではなく、中国が文化革命後に初めて外国と

制作した映画でもある。本作品は日中国交正常化10周年を記念して両国の友好と文化交流のために作られており、日本の佐藤純彌監督と中国の段吉順監督が共同で監督し、中国の著名な俳優である孫道臨が主役の況易山を演じ、日本の著名な俳優である三國連太郎が出演した。1982年8月29日、東京と北京でプレミアが盛大に行われた。この作品は中国で大きく評判になり、中国文化部から特別賞が授与されただけでなく、日本の様々な賞を受賞し、文部省からも賞を獲得した。

　1986年、中国が日本側の撮影に協力した作品「敦煌」は、日本の俳優である佐藤浩市主演であり、日本の著名な作家である井上靖の同名小説を基にした大型歴史映画である。この映画は日本の興行収入は45億円にも上り、その年の日本映画興行収入の第1位であり、同年の日本アカデミー賞の最優秀作品賞を獲得した。

　1989年に日中合作で撮影された「菊豆」は、劉恒（リウ・ホン）の同名小説が原作であり、中国側が俳優とスタッフを組織し、日本側が撮影などの機材と編集や合成などのポストプロダクションを担当した。この映画は両国が製作で協力する初めての作品であり、張芸謀監督にとって初めての中国と外国の合作映画となった。また、この作品は第63回アカデミー賞外国語映画賞にノミネートされ、第43回カンヌ国際映画祭においてルイス・ブニュエル賞を受賞するなど世界的に高い評価を得た。

　さらに、中国映画合作制片公司は1996年7月1日、映画における日本と中国の協力と交流をより盛んにしていくために、中国映画局の批准を経て、東京で正式に代表事務所を設立した。

　2000年代になると日中合作映画はさらに多く作られ、日本と中国の映画協力と交流の新たな時代が始まる。現在までに渡部篤郎主演の「最後の恋、初めての恋」、戦前・戦中の旧満州を舞台に、一人の女性の生き様を描いた「赤い月」、「単騎、千里を走る」など10以上の映画が日中合作で製作されている。

　日中国交正常化後、映画交流は互いに大きな影響を与え、互いを理解しあうための大切な役割を果たしていると考えられる。

4. 高倉健の中国における影響

(1)「君よ憤怒の河を渉れ」：文革後中国で初上映された外国映画

　1978年10月、日中平和友好条約調印のため鄧小平副総理が訪日した。その記念行事として中国では同26日から11月1日にかけて、中国主要7都市

で日本映画週間というイベントが開かれた。そこでは、「君よ憤怒の河を渉れ」、「サンダカン八番娼館　望郷」、「キタキツネ物語」の３本が上映された。これは戦後、中国の一般大衆向けの初めての大規模な日本映画の公開であった。なかでも高倉健・中野良子が主演した「君よ憤怒の河を渉れ」は、中国全土で空前の大ブームを引き起こし、当時の中国では異例の１億人以上の観客を動員したとされる（朝日新聞 2014 年 11 月 19 日）。中国人にとって高倉健はいい男の代名詞となり、「真由美」＝中野良子は、憧れのヒロインとなった。

　この映画が中国で大変な人気を博した理由として、以下の点が挙げられている。①同映画は「冤罪」がテーマであり、多くの幹部と知識人が冤罪によって様々な迫害を受けた文革の記憶と重なった（朝日新聞 2014 年 11 月 19 日）。②高倉健は「ハリウッドとは違う、無口で我慢強い、東洋的なかっこいい男を体現し、中国人の心をつかんだ」（朝日新聞 2014 年 11 月 19 日）。③高倉健と中野良子が演じた大胆で明快な愛情が、堅苦しい愛情をテーマにした中国映画を見慣れた若い観客に、より本来的な男女の愛情を感じさせた（王衆一 2014）。④当時の中国と日本のかけ離れた経済状況が根底にあった。映像として映し出された都会の高層ビルや自動車、セスナ機、ホテルなどが、当時の中国に比べて生活レベルの高かった日本の物質的豊かさへの憧れを抱かせた（劉文兵 2006）。

　いずれにせよ、この映画の中国での上映は、当時の中国の人々に日本と日本人に対して良いイメージを持たせたと言える。

(2) 中国で上映された高倉健の映画

　「君よ憤怒の河を渉れ」が中国で大ヒットした後、高倉健が演じた「遙かなる山の呼び声」（中国語：「遠山的呼喚」）、「幸福の黄色いハンカチ」（中国語：「幸福的黄手帕」）などが相次いで中国で上映され、彼の中国の観衆における地位はさらに強固なものとなった。

中国で公開されている高倉健主演映画

映画名 （中国語名）	公開年	監督	共演者	あらすじ
君よ憤怒の河を渉れ （追捕）	1978	佐藤純彌	中野良子、原田芳雄ほか	無実の罪を着せられた検事の逃走劇である。
遙かなる山の呼び声 （遠山的呼喚）	1980	山田洋次	倍賞千恵子、吉岡秀隆ほか	北海道を舞台に、誤って人を殺して警察に追われる男と、牧場を経営する母子の出会いと別れを描いた人情ドラマである。
幸福の黄色いハンカチ （幸福的黄手帕）	1977	山田洋次	倍賞千恵子、武田鉄矢ほか	刑務所帰りの中年男が、偶然出会った若い男女とともに妻の元へ向かうまでを描いている。
海峡 （海峡）	1982	森谷司郎	吉永小百合、三浦友和ほか	青函トンネル開通工事に従事する技術調査員を中心に、プロジェクトに取り組む人々の人間模様を描いたドラマである。
居酒屋兆治 （居酒屋兆治）	1983	降旗康男	大原麗子、加藤登紀子ほか	函館の街を舞台に小さな居酒屋を営む男と初恋の女とのすれちがう想い、その店に集まる人々の人生模様を描く。
夜叉 （夜叉）	1985	降旗康男	いしだあゆみ、乙羽信子ほか	ある港町を舞台に、漁師として生きる男の隠された壮絶な過去、縺れた愛を描く。

出所：各種資料より作成。

（3）主演中国映画「単騎、千里走る」

　「君よ憤怒の河を渉れ」は多くの中国青年を魅了した。当時、北京電影学院の映画青年であった張芸謀もその一人である。張は当時受けた衝撃について以下のように述べている。

　この映画は「エンターテインメントとしての洗練度の高さと、高倉健のスター性によって、他の諸々の映画とは比べものにならないほど絶大な人気を獲得しました。(中略)高倉健は、いわば文革直後の中国における国民的スターだったのです。寡黙で強靭な健さんのイメージは、映画の世界にとどまらず、中国人の日常生活にまで深く浸透しました。たとえば、『あなたは高倉健のようですね』というフレーズが、男性に対する最高の誉め言葉としてよく使われていました」と（小宅哲哉 2008）。

　その後、中国を代表する世界的な映画監督となった張芸謀は、いつか高倉健の映画を撮りたいと思っており、その念願を実現させたのは 2006 年中国で公開された「千里走単騎」（邦題：「単騎、千里走る」）であった。

「君よ憤怒の河を渉れ」のポスター 　　「単騎、千里を走る」のポスター

出所：『人民中国』ホームページ

(4) 高倉健の中国での認知度及び中国人の日本イメージへの影響

2006年3月23日、中国中央テレビ局は「高倉健人物伝題」という番組を制作・放送したが、その中には次のような評価が見られた。「高倉健という名前は若い人にはなじみがないかもしれないが、1970年代の中国の映画観客にとっては、その名前には畏敬と崇拝の念が込められ、当時の映画の『君よ憤怒の河を渉れ』は、全ての世代の中国人の美意識に影響を与えた」という（小宅哲哉 2008）。

もちろん、それだけではない。前述したように、この映画を見た中国の観客は、その映像を通じて日本の都市生活の豊かさを痛感し、それまで持っていた日本のイメージが大きく変わったのである。

5．映画交流による日中国民感情の変化

(1) 日本人の中国観

1980年代、中国でロケされた日本映画や日中合作映画が多く作られ、日本人はそれらの映画を通して中国の映像を見ることができた。日中合作により撮影された作品は、中国の美しい自然の風景や輝かしい歴史文化、特色あ

る民族文化、急速な経済発展を、映画の中ですべて再現していた。それらは日本人に中国の歴史と現実を伝えており、徐々に日本の民衆は中国を理解、認識するようになった。（歩兵編集代表 2009）

　2005 年、張芸謀は日中合作映画「単騎、千里を走る」を撮影した。中国編は張芸謀が、又、日本編は降旗康男が監督しており、中国雲南省を舞台に父と子のつながりを描いている。この作品の両国での上映は、日中関係が悪化している時だったが、人間の真実の情を描くことをテーマにしたことで、日本と中国の観衆たちが互いを理解し印象の改善につながる大きな役割を果たした。この作品の他にも、日中合作映画は日本人の中国観に良いイメージを与えている。

　また、日本で開催される中国映画祭や中国映画週間なども、日本人の中国に対するイメージを改善するのに貢献している。2007 年、日中関係が冷え切っている時に、「2007 年中国映画祭」では日本の観衆が現代の中国映画をさらに理解するよい機会を提供し、日中映画人の相互理解と協力を深めるための機会を作ることになった。

(2) 中国人の日本観

　1980 年代は日中国交正常化後の蜜月期であり、日本のものはほとんど何でも歓迎されていた時代でもあった。特にテレビがまだ少ないなか、日本の映画が人々の日本を了解する手段及び精神の糧として幅広く受け入れられた。高倉健、中野良子、山口百恵、三浦友和、栗原小巻、田中絹代、日本のスターたちはみな中国人大衆のアイドルであった。

　中国が文化大革命という混乱と絶望のどん底から這いあがり、外部の世界を最初に垣間見たときに目にしたのが日本映画であり、日本であった。中国の人々は、自国が長く停滞している間に、敗戦国であった日本の発展ぶりを見て、驚きや羨望を掻き立てられた。当時最高実力者であった鄧小平は国民に向かって「4 つの近代化を実現せよ」（農業、工業、科学技術、国防の 4 つ）と呼びかけたが、人々は日本の映画を通じて「近代化」とは何かをよく理解したのであろう。そういう意味で、「中国の『改革開放』政策は、この 1 本の日本映画（「君よ憤怒の河を渉れ」を指す。筆者注）から始まったと言っても過言でないとまで言われている（柯隆 2014）。

　また、これ以前に中国の人々が見ていた映画に登場していた日本人といえば、戦争映画に侵略者として登場する場合がほとんどで、凶暴、残虐、野蛮で魂胆が計り知れない者ばかりであった。上述した日本のスターたちを見て、

全く異なる清新な日本人のイメージが与えられたことは間違いないだろう。当時そのショックを受けた人は次のような証言を残している。「高倉健さんのおかげで、小さい頃から受けてきた反日教育とイメージが全く違う日本や日本人に出会って興味を持ち始め、文字通り、懸け橋として日中間を行き来するようになった中国人がどれだけいるか、分かっている日本人は恐らくそう多くない。筆者は間違いなくその一人だ」、という（肖敏捷 2014）。

　このように、日本の映画を通じて、中国の人々の新しい日本観が形成されたのである。

6．おわりに

(1) 日中映画交流の効果

　これまで述べてきたように、日中国交正常化以降の映画交流は、互いの理解と親しみを深め、国民感情に良い影響を与えてきた。国交正常化以降、日本映画が中国でブームとなって中国人のイメージを大きく変化させたように、「蜜月」と言われた1980年代の日中関係の形成において、映画の果たした役割はとても重要であったと言える。ただ1本の映画と雖も見る人の考え方やイメージを一変させることがあり得るし、映画交流には日中関係を改善させる力が大いにあると思われる。

(2) 日中映画交流の課題

　現在の日中関係は政治や領土問題などによって冷えきっている。メディアによって取り上げられるのもこうした問題ばかりであり、文化交流を大きく取り上げることは少なくなっている。以前と比べて、日中相互に上映されている映画は著しく少なくなっている。このような状況下では継続して行われている文化交流も一般の人々には知られず、影響を与えることもできない。映画を含めた文化交流は政治問題化されず、かつ政治問題に影響されないような環境作りが双方にとって必要であると思われる。

　また、現代はテレビやパソコン、インターネット、他の娯楽の普及により日中両国において映画人口が急速に減少し、映画の影響力は徐々に衰えている。こうしたなかで、いかに映画の魅力を維持し、映画を通じた文化交流を発展させていくかが大きな課題となる。

（3）これからの展望

　映画人口が減少し、映画の影響力が衰退していると述べたが、映画そのものが人々の鑑賞の対象から外れたわけではない。中国で上映されたハリウッド大作は今でも時々大ヒットし、話題を呼ぶこともあるし、JETRO の資料によると、2015 年 1 〜 3 月の間だけで、「千と千尋の神隠し」、「告白」、「スイートハート・チョコレート」、「無問題 2」、「幸福の黄色いハンカチ」、「ソラニン」、「聖闘士星矢」、「チベット犬物語」、「借りぐらしのアリエッティ」、「バイロケーション」、「名探偵コナン―時計じかけの摩天楼」、「天空の城ラピュタ」、「蝶のさいなん」、「そして父になる」など数多くの日本製映画が中国のテレビで放送されている（JETRO ホームページ http://www.jetro.go.jp）。

　以前、中国の大人たちが日本の社会派映画に熱狂していたように、今の中国の若者は日本のアニメ映画に没頭し、またそれを通じて日本の文化に親しみを感じるようである。映画鑑賞は映画館での上映からテレビやインターネットでの放送へと変わる傾向が見られるものの、映画作品そのものの魅力は依然として大きく、それを通じた文化交流と相互理解は依然として可能であり、必要であると考えられる。

参考文献

石坂健治ほか（2013）『アジア映画で〈世界〉を見る―越境する映画、グローバルな文化』作品社

植草信和ほか（2013）『証言　日中映画興亡史』蒼蒼社

大庭脩・王暁秋（1995）『日中文化交流史叢書　第 1 巻　歴史』大修館書店

王衆一（2014）「追悼　高倉健　「杜丘」の神話と啓示」『人民中国』2014 年 11 月号

柯隆（2014）「高倉健はなぜ中国にとって特別な存在なのか」日本ビジネスプレス（http://jbpress.ismedia.jp）

小宅哲哉（2008）「高倉健と張芸謀の映画にみる文化的交流の一側面」淑徳大学『国際経営・文化研究』Vol.13 No.1

肖敏捷（2014）「中国人はなぜ高倉健さんを尊敬するのか」日経 BizGate（http://bizgate.nikkei.co.jp）

園田茂人（2012）『日中関係史 1972 − 2012　Ⅲ社会・文化』

歩兵編集代表（2009）『中日関係史 1978-2008』東京大学出版会

劉文兵（2006）『中国 10 億人の日本映画熱愛史』集英社

劉文兵（2011）『証言　日中映画人交流』集英社

劉文兵（2013）『中国抗日映画・ドラマの世界』祥伝社

作品リスト - 高倉健 - 人物 -Yahoo！映画

　（http://movies.yahoo.co.jp/person/%E9%AB%98%E5%80%89%E5%81%A5/52794/）

赤い月 -Wikipedia（https://ja.wikipedia.org）

郭沫若 -Wikipedia　（https://ja.wikipedia.org）

現代中国映画上映会ホームページ（http://www.gentyuei.com/index.html）

公益財団法人兵庫県青少年本部ホームページ（http://www.seishonen.or.jp）

単騎、千里を走る -Wikipedia（https://ja.wikipedia.org）

長谷川テル -Wikipedia（https://ja.wikipedia.org）

兵庫県青年洋上大学同窓会ホームページ（http://hyogo-yodai.net/sampleA6.html）

| 優秀賞 |

日本企業は中国リスクをどう捉えるか
～中国労働者の権利意識に関するアンケート調査からの示唆～

日本大学商学部
倪木強（3年＝研究代表）
佐藤伸彦（4年）、趙宇鑫（3年）
韓姜美（3年）、林智英（2年）

はじめに

　2010年春、中国の労使関係発展史上に新たな1ページが書き加えられた。まず、台湾系大手のOEMメーカー富士康（フォックスコン）では、未遂も含め、若い従業員たちによる飛び降り事件が多く発生し、世界を震撼させた[1]。特に5月に集中して発生した。同じころ、中国広東省仏山市にある南海本田自動車部品製造有限会社では、若い従業員が待遇改善を求めてストライキを行った。そして幾度に渡る労使交渉の結果、6月に入ってようやく労使合意が達成できた。その後、ストライキは中国各地の他の企業に連鎖的に多数起き、国内外に注目された。また、2014年、中国にあるユニクロの下請け工場で労働法規の違反や労働者に対する極めて過酷な労働環境の実態が明らかになった[2]。香港を拠点とするNGOのSACOMは潜入調査を行い、その結果を公表した。

　中国における日本企業は1990年代以降、労働紛争やストライキを多数経験してきたが、党組織や「工会」の協力の下、短期間で解決することができた。2010年のように大規模かつ長期に亘る労使紛争は初めて経験したため、どのように対応すればよいのか、戸惑ってしまったという[3]。さらに、中国は2010年から毎年、国営メディアを通じて全国放送で日本製品の批判キャンペーンに乗り出している[4]。2012年の反日デモはこれに便乗したもので、多くの日系企業で賃上げストライキが行われた。

　これらは中国進出を図る多くの日本企業にとって新たな中国リスクとして捉えられ、進出を躊躇する企業も少なくないだろう。こうした背景もあり、労働紛争の発生は日本企業が中国でビジネスを行う上で注意しなくてはならない中国リスクとなっていると考える。

1　陳言（2010）「連続飛び降り自殺で非難集中　iPadも生産する中国・富士康のOEM哀史ストライキは日系企業にも飛び火」ダイヤモンドオンライン http://diamond.jp/articles/-/8307 2015/10/24 最終アクセス。

2　伊藤和子（2015）「ユニクロ中国過酷労働・潜入調査報告書公表から半年、労働環境は改善したのか」ヤフーニュース。http://bylines.news.yahoo.co.jp/itokazuko/20150905-00049192/ 2015/10/18 最終アクセス。

3　「アジア7か国の労使紛争とその解決制度」『2013年海外情勢報告』厚生労働省。　http://www.mhlw.go.jp/wp/hakusyo/kaigai/14/　2015/10/25 最終アクセス。

4　「中国、日本製品を批判　国営メディアでニコン標的」『日本経済新聞』2014年3月15日速報。http://www.nikkei.com/article/DGXNASGM15025_V10C14A3FF8000/　2015/10/29 最終アクセス。

本稿では中国の労働紛争について、資料の『中国進出日系企業の基礎的研究』[5]と常凱および郭新平の文献を主要な先行研究とした。なぜならば、前者の資料では中国の労働紛争について時間軸に沿って労働を取り巻く環境及び規制が記載されており、中国労働紛争の全貌を理解するのに役立つと考えたからである。また、後者の2人の研究者は長年中国の労働紛争と政府の規制について研究し、資料を体系的に集めているからである。最後に現在の中国労働者を取り巻く諸問題に関する予備的調査を行うことにより、中国進出日系企業の労働問題における今後の留意すべき点を提示したい。

1. 中国の労働者団体

中国で労働組合に相当するような組織は「工会」である。中国の「工会」は労働者が自由意志に基づいて結合した大衆組織とされているが、基本的には中国共産党の下部組織であり、その指導下に置かれているという特徴がある。そして、中国工会のナショナルセンターについては「全国を統一した中華全国総工会を設立する」（第10条）と明文規定しているため、中国では第二組合が存在する余地がなくなった。[6]企業内の「工会」は各地域の総工会の指導を受けると同時に、政治面においては、中国共産党組織の指導も受けなければならないので、工会組織の自主的運営という点では疑問を持たざるを得ない。また、会社の役員が工会主席を兼任している企業が多く存在しているため、日本の「労働組合」のような労働者の権利保護に関する機能を発揮していない面があるとされる。

2. 中国の労使関係

労使関係とは、産業社会における最も基本的な諸関係である労働者と使用者または経営者との間の社会関係一般を意味する。その中心となるのは労働組合と使用者または経営者およびその団体との関係である。

中国では、1992年以降「中華人民共和国労働組合法」（工会法）、「中華人民共和国企業労働争議処理条例」及び「中華人民共和国労働法」などの発布により、労働協約の締結や労使紛争の調停を法的枠組みに基づいて処理することが可能となった。市場経済の浸透に伴い、労使関係がさらに複雑化しつつある。1990年代半ば以降、国有企業改革の進展に伴って、民営化された

5　『中国進出日系企業の基礎的研究』労働政策研究・研修機構＜No. 121＞2013年5月 pp.47-50。
6　同注3。

企業や私営企業、外資系企業などの非公有制部門に雇用される労働者は増加しているが、多くの企業では工会が設立されておらず、労働者が未組織の状態に置かれていた。[7]そのため、1990年代後半以降、労働紛争の案件が増加傾向にあったと考えられる。

　中国は、社会主義のイデオロギー的制約から労使関係という概念を用いることは出来ないが、労働契約を通じて経営者が国家に代わって雇用主であることを明確にさせることによって、労使関係の枠組みを作り上げた。さらに「政・労・使」の三者関係、とりわけ企業レベルでは「党・工・使」の三者間の中国的労使関係の枠組みを作り、労使間の利害の対立と摩擦、そして「調解」（調停）と妥結のシステムを一定程度作ってきた。[8]

　しかし、前述したように、「工会」は中国共産党組織や経営者側に依存しているため、労働者の代表としての機能が十分発揮できないという点では、中国の労使関係が抱えている喫緊の課題であると考えられる。

　また、常凱[9]によると、労働契約法が実施されてから、「中国の労使関係は現在、個別的労使関係の調整から集団的労使関係の調整へ転換しつつあり、それに従って中国の労働政策も改善を迫られるようになった」と述べている。つまり、前述した南海本田自動車部品製造有限会社のストライキは偶然のものではなく、個別的労使関係から集団的労使関係へのシフトの延長上にあるものと考えられる。そのため、日系企業は、労働紛争が大規模化する可能性が高まることを軽視してはならないであろう。

3. 労働紛争の現状

3.1 急増する労使紛争

　中国の中国労働統計年鑑[10]によると、1990年代後半以降、政府が受理した労働紛争の案件は年々増加傾向にあり、1996年は4万8,121件であったが、1998年には倍増し、1999年に初めて10万件を突破した。2000年代に入ると、さらに急増し、2005年に30万件を突破し、2007年には35万182件に達した。

7　　同注3。

8　　同注3。

9　　常凱（2010）「南海本田スト現場からの報告」『中国研究月報』第64巻第8号（2010年8月）。
　　常凱（2011）「中国労働契約法の立法根拠と位置づけについて（＜特集＞変化のなかの中国法）」
　　『社会科学研究』東京大学社会科学研究所　第62巻 第5・6合併号　2011年3月 pp.27-45。

10　　中国労働統計年鑑2014年版 http://tongji.cnki.net/kns55/Navi/HomePage.aspx?id=N2010060111&name=YZLDT&floor=12015/10/23 最終アクセス。

2008 年に労働契約法が施行されると、労働争議の処理件数がさらに倍増し、69 万 3,465 件に達した。2009 年以降、労働争議の受理件数は落ち着いてきているものの、2011 年は 58 万 9,244 件であり、依然として高い数値となっている。

3.2 近時のストライキの特徴

2010 年 5 月 17 日、南海本田自動車部品製造有限公司の工場でストライキが起こり、その影響でホンダの完成車工場が操業停止に追い込まれるというニュースが報じられた。数日後、北京にある韓国現代自動車系の部品工場でも 1000 人規模のストライキが起き、6 月に入ると天津の豊田合成、広州のデンソーなど他の製造業にも飛び火した。わずか 2 ヶ月弱の間にストライキ発生などの労働争議は 30 件以上に達した[11]。2012 年に広東省スワトー市にある自動車部品大手の矢崎総業の工場で賃上げなどを求めた約 3,000 人のストライキが発生した。同年 11 月に同省深圳市の日系機械部品メーカー、秩父精密産業の工場でも約 2,000 人の従業員によるストライキが起きて、警官隊が出動した。2013 年には大日光・エンジニアリングの深圳市の工場でも従業員数百人が抗議活動を行った。

日系企業はかつて大規模なストライキを経験したことがあるが、今までのストライキはほぼ半日や一日で解決ができ、ストライキの解決にあたって、「工会」や党委員会は協力的であったという特徴を持っていた[12]。

それと比べて、近年のストライキは大規模化かつ長期化している。その理由としては、「工会」ではなく未組織労働者集団が主導する突発的なストライキであること、賃金を中心とする従業員待遇の改善を求めてストライキが行われる一方で、工会が経営者を支持して、ストライキ続行を主張する従業員を説得していること、等が挙げられる。

近年、労働紛争が頻発する主な要因として、先行研究では沿海部の労働力不足による賃上げ圧力、新世代農民工の権利意識の向上と社会の構造転換に伴う社会問題の深刻さなどがあると指摘されている[13]。

---

11   唐燕霞（2013）「中国における労使関係と今後の展望 − 外資系企業の対応」『連合総研レポート』2013 年 6 月号＜ No.283 ＞。

12   郭新平（2009）「中国における労使関係の現状について―日系企業の現地調査を中心に―」立教ビジネスレビュー　第 2 号　pp.61-69。

13   同注 5

4. 労働紛争の要因

4.1 沿海部の労働力不足による賃上げ圧力

中国の生産年齢人口は 2014 年の 9 億 9,700 万人がピークとなると予想されていた。ところがピークの到来は予想よりも早く、2011 年の 9 億 2,700 万人がピークとなり、2012 年からは減少に転じた。[14] 今後も経済成長が続くことが予想され、労働需要は引き続き上昇すると見られる。この結果、中国全土で労働力不足が表面化することが明らかであろう。2010 年に入ってから各地で多発した労働争議は、まさに人手不足と賃金上昇問題の深刻さを反映しており、「ルイスの転換点」が中国に到来したことを示唆しているとされている。[15]

4.2 新世代農民工の権利意識の向上と社会の構造転換に伴う社会問題の深刻さ

1990 年代の出稼ぎ労働者「農民工」は重労働も厭わず、一元でも多く稼いで親元に仕送りしていた。平均で 3 年ほど働くと故郷に戻り、貯めたお金で家を建てるのが珍しくなかった。企業側からすれば、約 3 年で新しい出稼ぎ労働者に入れ替わる "出稼ぎサイクル" が機能していたため、労働者の給料をほとんど上げる必要がなかった。

それに対して、2000 年代の「新農民工」は「80 後」(1980 年代生まれ) 世代や「90 後」(1990 年代生まれ) 世代で、低賃金・低所得を我慢する彼らの親世代と違い、「環境を受け入れ生存の為に働く」という視点から「自己実現の為に働く」という視点に切り替わりつつあるとともに、学歴も高くなり、権利意識が高まっている。[16] また、新世代農民工は豊かな生活を求めて、都市部での定住を希望する人が増加している。

しかし、戸籍制度や都市と農村の二重構造などが障壁になり、出稼ぎ労働者は年金、医療、子供の教育、公共サービスなど様々な面において都市住民と同水準の待遇が受けられず、都市のコミュニティから疎外されている。[17]

---

14 「中国出現了労动力的严重短缺吗」2015 年 7 月 7 日　新華網。　http://news.xinhuanet.com/politics/2015-07/07/c_127994364_2.htm　2015/10/24 最終アクセス。

15 同注 5。

16 「新世代農民工調査レポート」経済週報 2010 年 4 月 14 日第 57 期　三菱東京 UFJ 銀行（中国）有限公司　https://reports.btmuc.com/fileroot_sh/FILE/main_topics/110414_01.pdf 20115/10/25 最終アクセス。

17 三浦有史（2015）「中国戸籍制度改革が抱えるジレンマ」日本総合研究所 https://www.jri.co.jp/page.jsp?id=260372015/10/25 最終アクセス。

インターネットや海外の TV ドラマなどを通じて先進国の豊かな生活の実態を知っている中で、工場敷地内で工場と相部屋の寮との間を往復し、単純作業を繰り返すという日常に不満を彼らが抱え込みつつあることは容易に想像できる。富士康の連続自殺事件は、まさに転換点を迎えた中国の経済・社会から生じる問題の縮図である。出稼ぎ労働者の社会的権利や生活条件を高める制度改革が必要だとされている。

本稿では、先行研究で述べられている労働者の権利意識が 2015 年現在においてどの程度になっているかを確認し、今後の日系企業の中国進出において有意義な判断材料となることを意識しながら、以下の予備的なアンケート調査を行った。

5. アンケート調査
5.1 調査概要
（a）実施日時　2015 年 10 月 17 日～ 2015 年 10 月 20 日
（b）調査方法と調査状況

　　本稿を執筆するメンバーの親族や友人などの中国人労働者を対象にウェブ形式によるアンケート調査を実施した。運営サイトは http://www.wenjuan.com/ である。そして、親族や友人のネットワークを利用し、計 171 人から回答の協力を得た。
（c）調査項目

　　すべての質問事項のうち、本文での分析は、以下の 8 つについて行う。[18] 質問は中国語に翻訳したものでアンケートを行った。
①　あなたが現在、主に居住する国はどちらですか。
②　あなたの年齢をお聞かせください。
③　あなたのお仕事をお聞かせください。
④　あなたは日頃から労働問題について関心を持っていますか？
⑤　労働に関する法律があることを知っていますか？
⑥　⑤で知っているまたは少し知っていると答えた方への質問です。どこからその知識を得ましたか？
⑦　労働者を保護する組織があることを知っていますか？
⑧　もしあなたの身のうえで労働問題が起こった場合、どのように対処しますか？

18　上記の 8 つ以外にも、4 項目があり、紙幅の都合上、本稿では割愛した。詳細は本文末尾を参照のこと。

5.2 分析・解説

質問－1　居住地

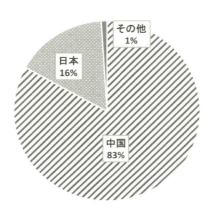

回答者171名のうち、83%の142名が中国在住の中国人労働者であった。中国国内の労働者の権利意識をより正確に捉えるため、以下の回答はすべてこの142名から構成することとする。

質問－2　年齢層

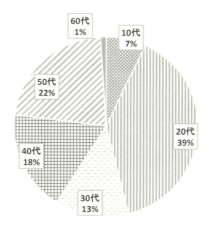

質問−3　職業

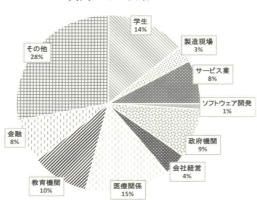

　質問1〜3において、回答者の基礎的なデータが分かる。質問−1では、国内と海外の中国人労働者の回答を比較するため、用いた質問である。質問−2の年齢層については、20代が圧倒的に多いが、それは「80後」（1990年代生まれの人）と次の世代の「90後」（1990年代生まれの人）が多いことを示している。そのほか30代、40代、50代がそれぞれ13％、18％、22％を占めている。60代が1％でしかなく、ほとんどは生産年齢人口が回答したと言える。
　質問−3はそれぞれ当てはまる職業である。そのなかで、「その他」と医療関係の割合が多く、それぞれ28％、15％を占めており、続いて学生が14％、教育関係の仕事が10％、政府機関が9％、サービス業が8％、会社経営が4％となっており、製造現場は3％と少ない。「その他」の割合の比率が高いが、芸術や自由職業などではないかと考えられる。調査対象の職業の範囲が広く、各業界の回答者からの意見が概ね反映されていると考えられる。

質問-4　労働問題への関心

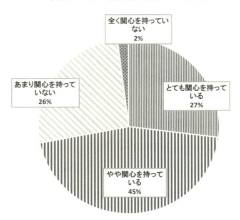

質問-5　労働に関する法律

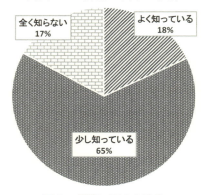

図5　労働に関する法律

　質問-4は日頃からの労働問題の関心度について質問したものである。結果として、「とても関心を持っている」のが27%しか占めていない。残りは「やや関心」45%、「あまり関心がない」26%と「まったく関心がない」2%である。中国では、身近にたくさんの労働問題が発生しているにもかかわらず、それに対して回答者の労働問題に関する意識や関心があまりないことが指摘できる。
　また、産業ごとの内訳を見てみると、政府機関に所属する回答者の全員（5人）は非常に関心を持っていることが分かった。これに対して、医療機関は

43％、製造現場は 25％となっており、学生はわずか 10％であった。サービス業と金融業は合わせて 32％であった。

同じく質問－5の質問である「労働に関する法律があることを知っているのか」についても、「よく知っている」は 18％にとどまっており、「少し知っている」と「全く知らない」はそれぞれ 65％、17％を占めている。質問－4と同じように、回答者が労働や法律に関する知識が薄いことが分かった。特に全体の「よく知っている」がわずか 18％に対して、政府機関に所属している回答者は 50％であり、質問－4と同様に、公的な組織に所属している人ほど労働への関心や知識が全体より高い傾向がみられる。

質問－6　労働に関する知識の学習手段

単位：人

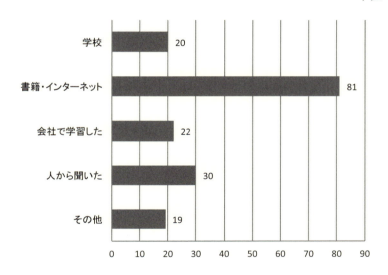

質問－6は質問－5で「よく知っている」と「少し知っている」を答えた方に対し、どこからその知識を得たのかを尋ねる質問（複数回答可）である。一番多いのは「書籍・インターネット」との回答で 81 名であった。「学校」と「人から聞いた」はそれぞれ 20 名と 30 名で、「会社で学習した」は 22 名であった。現在の情報社会において、インターネットからたくさんの情報を入手することができ、そこから知識を得ていることがうかがえる。「会社で学習した」と回答した方もいることから、会社は労働者の権利や労働問題に

ついて重視していると言えるが、少数派である。

質問-7 労働者を保護する組織

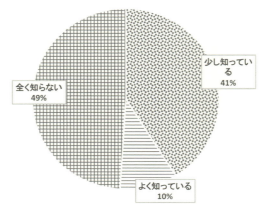

質問-8 労働問題発生時の対処法

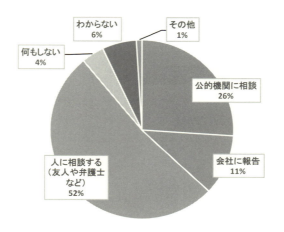

　質問-7の「労働者を保護する組織を知っているか」について、「よく知っている」は10％しか占めていない。一方で、「全く知らない」が49％も占めている。つまり、前述した「工会」について知らない人は半数いることが言

える。今回は「工会」の加入状況についての調査項目はなかったが、「工会」について知らないということから、加入していない可能性が高いと考えられる。また、10％の「よく知っている」の回答者の内訳を見ると、政府機関、医療機関および教育機関からの回答者が多く、その半分以上を占めている。

質問－8の「もしあなたの身のうえで労働問題が起こった場合、どのように対処しますか」についての回答は、「人に相談する（友人や弁護士など）」が52％を占めている。つまり、自力で労働問題の解決に乗り出すとの意識の傾向がうかがわれる。次に、二番目に多いのは「公的機関に相談する」の26％である。質問－7で分かったように、中国で唯一の労働者保護組織である「工会」について知らない人が半数以上であることを考えれば、この26％は想定内だと言える。また、「会社に報告する」を選択した回答者が11％で、労使関係において、自ら労働紛争を解決しようとする意識が低いことが分かる。そのほか、「分からない」と答えた人は6％、「何もしない」は4％で、合わせて10％である。

アンケートの全体を通して、労働者の権利意識はまだ弱い水準にあるものの、産業分野によってばらつきがみられる。特に政府機関や医療機関などといった公的分野に所属している方ほど、権利意識が高いという傾向がある。これと逆に、製造現場で働く労働者の権利意識が弱いという傾向の強いことが分かる。また、全体の回答者を通して言えるのは、労働問題に直面した場合、自ら解決に乗り出すとの傾向がうかがわれることだ。

おわりに

本稿では先行研究を通して、中国の「工会」や労使関係の特徴と問題点を述べた。そして局部的ではあるが、労働紛争の現状を、近年の主な事例を通して分析した。また、その発生要因について先行研究の分析を参考し、そのなかの「新世代農民工の権利意識の向上」[19]という要因について予備的なアンケート調査を行い、中国労働者の現在の権利意識はどのようになっているかを確認した。

最後にアンケートから得られた知見をまとめ、中国進出日系企業の労働者における今後の留意すべき点を提示したい。

先行研究で解明された「工会」については党組織の指揮下にあること、労

19　同注5。

使関係において労働者権利を保護するという機能が不十分ということが挙げられ、それが要因となり労働紛争が改善されてない現状が分かった。中国において、「工会」の幹部の任命については党委員会が決定権を持っている。工会活動の経費も企業と行政側が交付する。このことは、「工会」が党組織及び企業や行政側に対して一定の依存性をもっていることを表している。しかし、「工会」はその職能として従業員の利益を代表し、企業側と交渉や協議をしなければならない時、工会主席は身分上で葛藤が生じる。中国の「工会」は行政や党と深い関係を持つため、経営や行政側の顔色を窺わなければならないので、忌憚なく労働者の利益を守り、労働者の代弁者になるという役割を果たすのに疑問を持たざるを得ないと言える。

　また、近年の南海本田自動車部品製造有限公司などのストライキの事例について、経済や社会の環境に関する分析[20]のほか、常凱（2010）の先行研究では労働者の権利意識の分析[21]もあった。特に、労働者分析に関しては、労働者の「自らの集団意識を形成したことによって、中国の労働関係が集団的調整を必要とする段階に入った」としている。そのため、本稿のアンケート調査は、労働者の権利意識が現在どのような段階にあるのかについて確認するためのものでもあった。

　農民工を特定して調査することは難しかったため、アンケートの対象を中国人労働者にした。アンケートの結果は農民工に関する権利意識の現状及び傾向を反映するより、広範囲の中国人労働者について反映していると言える。特に最近中国では最低賃金が上昇し、日本企業は製造業として中国進出する魅力がなくなってきている。また、日本企業は製造業以外のあらゆる産業に進出している。そのため、製造業中心で働く農民工より、中国人労働者をアンケート対象としたほうが現状をより客観的に捉えられると考えている。

　本稿の予備的調査によって、いくつかの傾向がうかがわれた。特に前述した質問 - 7、質問 - 8のアンケートの結果を見ると、まだ半数以上の人が労働者組織を知らず、労働問題があった場合に自力で解決する傾向が強いことが分かった。南海本田自動車部品製造有限公司のストライキでみられたように、労働者の「自力で解決する」という意識に共通していると言える。

　このように、「工会」が形骸化している中、労働者の労働問題に対し自己解決の意識が高まっている。しかし、中国では法律上、第二の労働組織を作

20　同注5。

21　同注9。

ることが許されていない。そのため、「工会」の改革が迫られる可能性が更に高まると考えられる。2012 年の反日デモが反政府デモに発展したことから、中国労働者の企業に対するストライキが「工会」に対するストライキに発展してしまってもおかしくない。そのような事態になると、日系企業は大きな損害を被ることになることが容易に想像できる。日系企業は中国進出においてこういった労働紛争に関する中国リスクを最小限に抑えるために、先行研究で述べられた農民工の変化に対する理解だけでなく、中国労働者全体の現状をより客観的に捉える必要があると考えられる。

参考文献：

陳言（2010）「連続飛び降り自殺で非難集中　iPad も生産する中国・富士康のＯＥＭ哀史ストライキは日系企業にも飛び火」ダイヤモンドオンライン http://diamond.jp/articles/-/8307　2015/10/24 最終アクセス。

伊藤和子（2015）「ユニクロ中国過酷労働・潜入調査報告書公表から半年、労働環境は改善したのか」ヤフーニュース http://bylines.news.yahoo.co.jp/itokazuko/20150905-00049192/　2015/10/18 最終アクセス。

「アジア 7 か国の労使紛争とその解決制度」『2013 年海外情勢報告』厚生労働省　http://www.mhlw.go.jp/wp/hakusyo/kaigai/14/　2015/10/25 最終アクセス。

中国労働統計年鑑 http://tongji.cnki.net/kns55/Navi/HomePage.aspx?id=N2010060111&name=YZLDT&floor=12015/10/23 最終アクセス。

唐燕霞（2013）「中国における労使関係と今後の展望－外資系企業の対応」『連合総研レポート』2013 年 6 月号＜ No.283 ＞。

郭新平（2009）「中国における労使関係の現状について―日系企業の現地調査を中心に―」立教ビジネスレビュー　第 2 号　pp.61-69　file:///F:/chrome%20download/KJ00005209239.pdf　2015/10/25 最終アクセス。

「中国出現了劳动力的严重短缺吗」2015 年 7 月 7 日　新華網　http://news.xinhuanet.com/politics/2015-07/07/c_127994364_2.htm　2015/10/24 最終アクセス。

「新世代農民工調査レポート」経済週報 2010 年 4 月 14 日第 57 期　三菱東京 UFJ 銀行（中国）有限公司　https://reports.btmuc.com/fileroot_sh/FILE/main_topics/110414_01.pdf　20115/10/25 最終アクセス。

三浦有史（2015）「中国戸籍制度改革が抱えるジレンマ」日本総合研究所 https://www.jri.co.jp/page.jsp?id=260372015/10/25 最終アクセス。

谷川正（2012）『東アジアの企業経営と歴史』森山書店。

木村知史、池田信太郎（2013）「「下請け」新時 EMS の進化は止まらない」『日経ビジネス』pp.44-46。

常凱（2011）「中国労働契約法の立法根拠と位置づけについて（＜特集＞変化のなかの中国法）」『社会科学研究』第 62 巻 第 5・6 合併号　2011 年 3 月 pp.27-45。

常凱（2010）「南海本田スト現場からの報告」『中国研究月報』第 64 巻第 8 号（2010 年 8 月）。

・アンケート（中国語）

问卷调查：有关对劳动问题的认识

日本大学商学部 高久保研究班
"被尊敬的企业"的小组（代表：倪木强）
E-mail: dgrwy994@yahoo.co.jp

您好！我们研究小组的名叫"被尊敬的企业"，正在共同执笔一篇论文名为《在华跨国企业的劳动问题与可持续发展》。我们想听听大家的看法，希望大家积极参与。我们将对您的回答完全保密，而且问卷调查的结果仅供本论文使用。如果有任何疑问，请您发邮件（dgrwy994@yahoo.co.jp）询问。衷心地感谢您的配合与支持。

Q1　您现在所居住的国家。（请选择一个画○）
　　①中国　　②日本　　③其他（具体名称：　　　　　　　　）

Q2　您的性别。（请选择一个画○）
　　①女性　　②男性

Q3　您现在的年龄。（请选择一个画○）
　　① 19 岁及 19 岁以下　　② 20 岁~29 岁　　③ 30 岁~39 岁
　　④ 40 岁~49 岁　　⑤ 50 岁~59 岁　　⑥ 60 岁及 60 岁以上

Q4　您现在工作的职业。（请选择一个画○）
　　①学生　　②制造现场的工作　③服务业　　④软件开发工程
　　⑤政府机关　⑥经营公司　　⑦医疗　　⑧教育
　　⑨其它（　　　　　　　　）

Q5　您平时关心有关劳动问题吗？（请选择一个画○）
　　①非常关心　　②有点关心　　③不太关心　　④完全没关心过

Q6　您知道一些有关劳动的法律吗？（请选择一个画○）
　　①知道　☞前往 Q7　　②略知一些 ☞前往 Q7
　　③完全不知道　　☞前往 Q9

Q7　如果您回答 Q6 的①或②，请问您是从哪里知道的？（请选择一个画○）
　　①学校　②书籍・互联网　③在企业有学习　④从别人那里听说
　　⑤其它（　　　）

Q8　比较中国与发达国家的劳动法，您的看法是什么？（请选择一个画○）
　　①中国非常先进　　②中国稍微先进　　③两者互不相差

④中国略微落后　　⑤中国非常落后　　⑥不知道

⑦其它（　　　　　　　　　　　　　　　　　　）

Q9　您知道哪些保护劳动者的组织或机关吗？（请选择一个画○）

①熟知　☞前往 Q10　②略知　☞前往 Q10

③完全不知道　☞前往 Q11

Q10 如果您回答 Q9 的①或②，您所知道的组织或机关是什么？

（　　　　　　　　　　　　　　　　　　　　　　　　　　　　）

Q11 如果在您身上发生了劳动纠纷的问题，您会怎样解决？（请选择一个画○）

①和政府机关商量　　②向公司倾诉　　③和人商量（朋友或律师等）

④什么都不做　　⑤不知道　　⑥其它（　　　　　　　）

Q12 关于劳动问题您如果有其它想法请写在下面。

以上为所有问题，谢谢您的合作。

優秀賞

在中日系企業の中間管理者の確保に関する一考察

明治大学経営学部 4 年
福井麻友（研究代表）
高橋裕貴、栗原亮、戸梶修豊

Ⅰ. はじめに

　人口世界第1位、GDP 世界第2位と世界の経済には欠かすことのできない存在となっている中国。現在中国に進出している日系企業は、大企業から中小企業まで含めて2万数千社、そのうち製造業が6割以上を占める。当初中国に進出した際は、安価な労働力で製品を製造することが狙いだったが、近年は経済成長とともに賃金上昇が起こっている。豊富で安価な労働力を狙うことはできなくなったが、その人口の多さから近年は巨大なマーケットとして注目されている。

　では、中国に進出する日系企業で成功するためには何が大事であるのか。私たちは、企業が他社との激しい競争に生き残るために最も重要なことは人材確保であると考える。企業はヒトによって成り立っており、企業の成長のためには、優秀な人材を確保することが最も大事なのではないかと考える。

　中国は、ヒトに関する問題を抱えている現状がある。それでは、優れた人材とはどのようにして生まれてくるのだろうか。それは、優れた人材を育てる、優れたリーダーの存在が必要なのである。ここでいうリーダーとは、経営者や経営のトップリーダーではない。普段の仕事の中で指示を出し、共に目標に向かって働くリーダー、つまり中間管理者である。中間管理職とは、係長、課長、部長といった役職であり、経営のトップと一般の社員をつなぐ企業の中核を担う社員のことである。私たちは、在中日系企業が成功するためには、中間管理者の確保が大事であると考え、中間管理者の確保について研究していく。

Ⅱ. 先行研究

①日本の中間管理者の確保の現状

　まず初めに日本の中間管理者の確保の現状について述べていく。日本の中間管理者は、89.9％が内部昇進制度により、確保されている。

　米国型の内部統制システムは、経営者も管理者も、必要に応じて外部から有能な人を雇い入れるという米国の企業制度を前提にしてつくられたものである。しかし、日本の企業ではそもそもそのような雇用慣行はない。日本のトップや管理者は、内部から時間をかけて昇進してきた人々がほとんどである。長時間をかけて社内で人材の育成を行い、その人物が信頼できるかどうかが多くの人々の目でチェックされている。

日本の企業には、働く人々の信頼をチェックするシステムがいくつかある。その第一は、多元的・多面的・多重的信頼チェックシステムである。多元的というのは、上司だけではなく、人事部や同僚など多様な人々がチェックしているという意味である。多面的とは、仕事という側面だけでなく、仕事外の側面をも含めた多様な側面がチェックされているという意味である。多重的というのは、昇進前に信頼チェックが行われるだけでなく、昇進後も何重にもチェックが行われるということを意味している。このように長期にわたる多元的・多面的・多重的信頼チェックシステムがあるために、日本の組織では危ない人物は排除されていく。

それだけではない。日本企業の人事部は、人に関する情報を継続的に集めており、それをもとにすれば、企業のどこで怪しいことが起こっているかが推測できる。人事部は、怪しいと思うと、人事権を利用して人を移動させることによって不祥事を未然に防ぐことができる。人事部だけではない。見えざる出資をしている従業員や管理者は、企業と一体化しており、お互いに監視しあっている。上からの監視だけでなく、下からの監視も行われている。

以上のことから、日本はまだまだ内部昇進制度を用いた文化が根付いているということが分かる。

②日本の文化・国民性

では、その根底となった日本の文化・国民性はなんなのだろうか。日本は、長期雇用・年功序列・集団主義の３つの考えから成り立っている。戦後の混乱期のあと、成長期に入り、日本経済は労働力不足の状態が続き、労働移動率は急激に低下していった。経営者の理念とか組合の交渉力というよりも、その後三年以上も続いた成長と労働力不足の時代が終身雇用制度を生み出したといえよう。終身雇用は日本的な雇用制度の特徴であり、日本社会にとっては、年功序列、企業別組合とともに三種の神器の一つと言われている。実際には終身雇用制度とは、一生ある会社で働くことではなく、長期間継続する雇用の形だと考えられている。なぜなら、日本では、大企業の役員さえ定年制度には逆らうことはできず、多くは60才になると、退職しなければならないからである。

終身雇用は様々な部分からなっている。はじめに、この制度によって入社する新入社員のほとんどは、公的な職業紹介所を通してではなく、大学から引き抜きされている。そして、その人たちは長期間働くことを自分の会社に期待されているとともに、自分でも長期の安定した仕事をすることを希望

している。つまり、この制度の下では、長く勤めれば勤めるほど昇進することが半ば約束されており、不況になっても、めったに解雇されることはないということだ。

　終身雇用制度という概念は日本企業の在り様に大きく影響している。新入社員を入れるたびに、会社側は非常に注意深く考える必要がある。なぜかというと、誤った人材の採用は損失が大きく、正すのは難しいからである。したがって、複雑な過程を経て採用が決められる。一方、新入社員はどの会社に就職するかを決めるのに慎重にならなくてはならない。日本では会社員が途中で大企業を退職した場合、他の大企業に雇われることは難しい。会社側も従業員側も終身雇用制度を通してお互いに大切にし合っていることを見れば、双方とも家族同士のようだと言えるだろう。

　日本企業の雇用制度に対する評価は、高い評価・低い評価の両極端へ何度か変化してきたことが分かる。日本経済の成長がまだはっきり現れていなかった頃、日本企業とその経営システムは非常に低く評価されていた。会社のためどれだけ頑張って働くかに関係なく定年まで働くことを意味する終身雇用制度と年功序列が原因で、勤勉に働く人が少なく生産力が小さいのだとかつて思われていた。日本はできるだけ早くアメリカ式システムに改めるべきだというのが当時の評価であった。しかしながら、日本経済の成長が目立つようになってからは、このような評価は聞かれなくなってきた。1950年代の半ばからバブル時代までは、日本企業が急速に成長するにつれて、終身雇用制度と年功序列があったからこそ日本は経済的に成功できたのだと評価されるようになった。この制度により社員が多数の先進的な商品をいくつも生産した結果、日本は経済大国となった。アメリカ経営システムより優れていると認められている。

　以上のことを考慮すれば、終身雇用制度は日本社会の大部分にとって昔から役に立つ制度であり、文明社会である日本社会を作った要因の一つだということは否定できないだろう。

③在中日系企業の中間管理者の確保の現状

　では、中国に進出する日系企業はどのように中間管理者を確保しているのだろうか。リクルートリサーチ調査による「日本企業の中国ビジネス要因に関する調査」で、在中日系企業が現在抱えている問題として1番高い数値であったのは労務・人事問題で、全体の43.3%を占めていた。その問題点の具体的な内容としては、「従業員の採用・定着、管理専門人材の募集難」が

66.4%、「従業員および管理者の教育」が67.8%（複数回答可）と、いずれも管理者に関する問題 を抱える企業が非常に多いことがわかる。多くの日系企業が中間管理者の問題を抱えており、その中で多くの企業が登用管理者の機能不全に陥っている。中間管理者の採用・教育がうまくいっていない企業は、それを補うために、ⅰ）性急に中国人を登用する、ⅱ）ほかの会社から外部採用し登用する、ⅲ）日本人を登用する、という3つの方法を考える。

ⅰ）は、中間管理者に見合った人材がいないため、仕方なく、またとりあえずといった考えで登用するケース。もともと見合った能力がないのに登用されるわけであるため、組織がうまく機能しないのは容易に想像できる。ⅱ）は、社内に中間管理者に見合った人材がいないため、ほかの会社で勤める中間管理者を採用し、登用するケース。中途採用によって会社に新しい発想が加わり、成功し発展するケースもあるが、その会社でもともと働いていた社員にとって突然、外部から来た人が自分の上司になることは面白くない。このため、外部採用した中間管理者とその部下の間であつれきが生まれるケースが多い。ⅲ）は、中間管理者に見合った人材がいないため、本社の日本から日本人を送り込み、登用するケース。組織としてうまくいく可能性はあるが、本社からの登用であるので現地中国人からするとどんなに頑張っても上司に日本人がいるため昇進するには限度がある。つまりガラスの天井があると考えてモチベーションが低下し、結果的に中間管理者予備軍である中国人社員が離職してしまう危険性も高いといえる。このようなさまざまなケースの現状により中間管理者の機能不全に陥り、それが課題と考える日系企業が多くあることがわかる。

日系企業は管理職については，現地人材を登用せず、日本人管理職を送り込むことで対応しているため、業務面においてもコスト面においても、効率が悪いだけでなく、現地人社員のモチベーションの低下や離職率の上昇にもつながるとの指摘がしばしばある。なぜ日系企業は現地管理職を積極的に登用しないのだろうか。そもそも現地人材は日本人派遣者に取って代わるほどのレベルにまだ育成できていないのだろうか。

ある研究では、中国における日系企業は現地人にはあまり人気がなく、特に、現地での人材確保に問題があると指摘している。また、日系企業の現地ホワイトカラー層に対するアンケート・ヒアリング調査の結果では、現地人は日系企業の福利厚生、手当て及び待遇に対する不満が最も高かった。80%の人が外資系よりも給与水準が低いと考えているとの結果も出た。そして欧米企業と比べ、日系企業の方が現地人の選抜と昇進が遅いため、有能な

人材を獲得・確保するのに困難を抱えているということが分かった。

④中国の文化・国民性

これらの雇用形態を生み出した中国の文化・国民性について、大きく3つのキーワードを挙げる。個人主義・転職社会・成果主義である。それらを1つずつ見ていくことにする。

ⅰ）個人主義

日本人と中国人の大きな違いとして、日本が集団主義であるのに対して、中国人は個人主義であることが挙げられる。その特徴としては政府や会社を信頼せず、自分の身は自分で守る習慣であること、個人をベースにいろんなコミュニティを持って生活していることである。仕事においても、自分の決められた任務を他人と力を合わせて成功させるという意識がなく、個人それぞれが自分の力だけで成功させようという意識が強い。

ⅱ）転職社会

日本は就職したら定年までその会社で働き続ける終身雇用が一般的な労働慣行であるのに対し、中国は転職を繰り返しながらキャリアアップしていく転職社会である。2011年の厚生労働省における雇用動向調査において、日中の製造業の離職率を見ると、日本が9.7％であるのに対して中国は21.8％と、日本の2倍以上の離職率があり、やはり中国は転職社会であるといえるだろう。中国人にとって転職はまったく抵抗がなく、むしろ1つの企業に働き続けることに対して恥ずかしく思う人すら存在する。

ⅲ）成果主義

日本では終身雇用に伴い、勤続年数が多くなるにつれて賃金が上がっていく年功序列型賃金が一般的である。それに対して中国は成果主義により、業績や能力によって賃金が決められる傾向にある。これは個人主義、転職社会とつながることがわかる。

Ⅲ．仮説

日中の相反する文化・国民性と、在中日系企業における中間管理職の現状についての先行研究をもとに、私たちは「在中日系企業では日本的内部昇進

制度は成立しないのではないか？」という１つの仮説を立てた。個人主義の
ため教育する文化がなく、転職社会なので教育するにしてもその期間が短い。
またそれに加え中間管理者について問題を抱えている日系企業が多いという
現状から導いた仮説である。私たちはこの仮説が合っているのか、それとも
在中日系企業でも中間管理者の確保は成功しているのかを調査するために、
実際に中国に進出する日系企業を訪問してきた。

Ⅳ．実証研究

　中国における日系企業の中間管理者の確保の現状を調査するために松下
電子材料（蘇州）有限公司と欧姆龍(上海)有限公司の２社を訪問調査した。
研究方法としては、初めに企業の方から説明を受け、実際の工場を見学した。
その後現場労働者や管理層にあたる各部門の部長・人事・総経理といった様々
な役職で実際に働く方々へのインタビューを行った。この章では、２社の人
材確保の現状を基に分析していく。現状を調査するにあたり、①では企業概
要を述べ、②③では、２社に分けて人材確保のための現状、それに対する取
り組みを検証する。

①企業概要

　訪問研究１社目である蘇州パナソニック社は、正式名称は松下電子材料（蘇
州）有限公司（以下　蘇州パナソニック社）で、電子材料事業を行っている。
1994 年 1 月に設立し、従業員数は 650 名である。出資は松下電器株式会社（日
本）側が 87％、中国側が 13％であり、資本金は 6616 万㌦にも及ぶ。面積 8
万 5000 平方㍍の敷地の会社の前には、日本人学校が立地しており、日本人
でも働きやすい環境にある。

　訪問研究２社目であるオムロン上海社は、正式名称は欧姆龍(上海)有限
公司（以下　オムロン上海社）である。オムロン上海社は上海市浦東新区に
位置している。中国事業のさらなる強化、そしてグローバル市場における競
争力の強化を狙う中核拠点として、2005 年に合弁企業として設立した。出
資は中国側が 100％であり、資本金は 615 億円である。また、事業中心大楼・
実験共用施設・生産大楼の３つの棟からなり、商品の設計・企画から生産、
デリバリー、サポートまで、ものづくりに求められるすべての機能を確立し
ているのが最大の特徴である。

② 蘇州パナソニック社
ⅰ) 人材確保の現状

　まず蘇州パナソニック社は、総経理を一番上に、7つの部門に分かれている。蘇州パナソニック社の中間管理層とは、課長・部長の層の人々を指す。現在、蘇州パナソニック社では中間管理層は38人おり、中国人と日本人によって構成されている。そのうち、日本人は日本パナソニック社から出張で7人派遣されている。その中間管理層は99%が内部昇進であった。

　人事総務部・副経理の張さんに内部昇進のメリット・デメリットをお伺いした。「メリットは第一に、昇進の可能性があれば労働者のやる気をアップできる。第二に昇進が出来なかったとしても、研修期間が多く設けられているため、自己成長できるという点だ。デメリットとしては、新しい発想力が芽生えないという点である」との答えが返ってきた。デメリットを補うために、ごく少人数の専門性を持った優秀な人材を外部採用で補っていた。

　2013年～2014年における中間管理層の離職率は2%である。これは、他社に比べて全体的に低い離職率である(他社平均10%)。蘇州パナソニック社では、労働者の70～80%が地元の人であり、通いやすい環境にあるため、流動性が低い。よって労働者を育成する時間が十分に確保でき、内部育成が可能となる。

ⅱ) 教育・昇進

　では、蘇州パナソニック社の教育制度について見ていきたい。まずは階層別教育を行っていることだ。教育の対象者を職能資格や勤続年数などの基準で横割にとらえ、対象者全員に対して一貫的に同一内容の教育を実施していくのである。この研修では全員のレベルを相対的に上げることを目的としている。

　次に中間管理層の教育について見ていきたい。入社してよい評価をもらえる人は研修期間を与えられ、研修を受けることができる。課長候補の人を課長に昇進させる際、性格テストと全中国パナソニック統一テストを実施する。このテストで管理職に必要な職務遂行上の問題点や課題は何かといった問題発見力を見出す。課長に昇進してからもすぐに研修がある。評価基準としては、1年の初めに目標を立て、実際に出来た事例で判断する。課題の発見から、どのように解決へと自らを導くための理解があるかといった問題解決力を測るのだ。

ⅲ）昇給

　次に昇給制度である。年に1回社長が目標を立てて、それを達成できれば賃金をアップするという評価のやり方である。社長から部長、部長から課長、課長から個人のようにそれぞれの管理者が下の者に目標を課すのだ。評価としては、A＝アップ・B＝ステイ・C＝ダウンである。また、その人の実績に応じて基本給の等級が上下するため、同じ階層でも等級によって賃金に差が出る。

ⅳ）企業文化

　次に蘇州パナソニック社の企業文化について見ていく。蘇州パナソニック社では、毎日の朝礼で創立者・松下幸之助の社訓「精神」を読むことから仕事が始まる。この社訓は各部屋に張られており、毎朝音読することで従業員の心に植え付けられていた。また、年2回各事業部の交流会も設けられている。この交流会では一般社員と現場労働者の意見交換をし、問題解決のために納得いくまで話し合う。これにより、一般社員と現場労働者間の隔たりをなくし、階層関係なく従業員が快適に働くことが出来るのだ。社員同士の思い出の写真を掲載した社員新聞も作成している。

　蘇州パナソニック社では、新年会などの年間企画も豊富であり、仕事だけでなく社員同士のコミュニケーションが密である。会社全体が家族のようであり、社員の会社への帰属意識が強いようだ。人事総務部・副経理の張さんに「これからもこの会社で働きたいですか？」と質問したところ、「この会社が好きだ。ずっと働きたい！」と回答した。蘇州パナソニック社では企業文化の浸透から、従業員に愛社心が育まれていた。

③オムロン上海社
ⅰ）人材確保の現状

　オムロン上海社の中間管理層とは、課長・部長の層の人々を指す。中間管理層に当たる人は約80人で成り立っており、日本人は1～2割を占めている。日本と関わりが多いポジション（人事・経理）は日本人、中国と関わりが多いポジション(現場管理系)は中国人となっている。先行研究で述べたような日本人上司に対しての反発やガラスの天井のような問題はないようだ。だが、日本人・中国人特有のコミュニケーションの相違から生じる問題はある。それは、日本人はあいまいな指示を促すが、中国人はイエス・ノーをはっきりと言うといった日中での文化の違いから生じる問題である。

具体的には、日本人上司がはっきりとした指示をしなかったため、中国人には伝わらず仕事をしなかったというようなことだ。この解決策として、日本人に対して中国異文化勉強会を行い、意思伝達で起こりうる問題を防止している。

　オムロン上海社の中間管理層はほとんどが内部昇進であった。企画室室長・課長の横尾さんに内部昇進と外部昇進のメリットをお伺いしたところ、以下の答えが返っていた。

　内部昇進のメリットとしては、長い時間仕事を経験することで人間関係・企業理念を理解できるという会社面と、モチベーションを保てるという社員面の2点がある。2013年〜2014年の中間管理層の離職はほとんどなく、現場労働者は月数パーセントである。また、現場労働者は派遣社員で構成されており、数ヶ月で入れ替わりが起こる。

　では、流動性が高いにも関わらず、どのように低い離職率を保っているのだろうか。オムロン上海社では、派遣労働者でも能力が高ければ正社員にする制度を取り入れている。また、従業員のバス・寮・食事の費用を全て無料にするなどの手当てがある。仕事量に応じて従業員の健康管理もするそうだ。オムロン上海社で働く従業員は「こんな環境がいい会社は辞められない」と語っていた。人に優しい会社としての取り組みが離職率の低さに繋っていることが分かる。

ⅱ）教育・昇進

　では、オムロン上海社の教育制度について見ていきたい。昇進制度については、例として主管試験を取り上げてみたい。評価・能力が高い人が主管試験を受けることが出来る。また、試験を合格した者だけが論文（昇進してからの抱負を書いた）を提出し、面接に進める。面接では、副総経理・部長が様々な面から管理者に合っているかどうかの適正を判断する。同時にその人のモチベーションがあるかなど、厳しい審査を受ける。面接官が1人でも反対したら昇進はできない。昇進テストは非常に難しい。

　そこで「オムロン上海社は、昇進テストが難しい上に離職率が低いため、ポジションの空きがなく昇進は難しいのではないか」と質問してみた。担当者によると、昇進の機会を逃してしまっても、能力が高い人には賃金アップをしているとのことだった。この取り組みにより、従業員皆のモチベーションを保っていたのだ。

iii）昇給

昇給制度としては、毎年1回、前年度の利益の達成度と各部門の上司からの評価によって決定する。総経理から部長、部長から課長、課長から主管と各段階で、上から評価項目が与えられる。達成度が+10％〜−10％は「H（良）」、−10％〜−20％は「B（普通）」、−20％以下は「C（悪）」として評価される。

iv）企業文化

次にオムロン上海社の企業文化について見ていきたい。オムロン上海社の社訓は「われわれの働きで、われわれの生活を向上し、よりよい社会をつくりましょう」だ。この社訓を毎朝8時15分から社員全員で唱和している。これらは、各部屋に貼り出し従業員にいつも見えるように掲げている。これにより、従業員への企業理念の浸透をはかっていた。社外活動としては、カウンセリングを主としたEAP（従業員支援プログラム）活動を行っている。また、ボランティア活動も行っている。社内でフリーマーケットを開催して、そのお金を福利施設の貧しい人々に寄付しているのだ。

オムロン上海社では「人にやさしい会社づくり」に力をいれ、従業員同士のコミュニケーションを大切にしながら、職場でのモチベーションやキャリア向上を支援していた。

④比較

では、蘇州パナソニック社とオムロン上海社への実地調査をもとに、両社を比較し、検証していく。まず2社共、管理層は中国人と日本人で形成されている点である。

蘇州パナソニック社では、中国人に日本で数年研修を行い、蘇州で働くといったケースが多い。日本人を中国に送って教育するのではなく、中国人が日本に来て教育をするという方法だ。したがって、蘇州パナソニック社では、管理層は中国人で形成されていて、日本人は臨時で出張に来る人達だけである。それに対して、オムロン上海社の管理層は、1〜2割が日本人である。オムロン上海社はまだ現地の中国人に全て任せられるほど機能していないのだ。

また、2社共、中間管理者のほとんどが内部昇進であり、育成を重視している点である。そのために整った教育システムが機能していた。誰にでも昇進・昇給するチャンスが豊富にあるので、職場は向上心で溢れているのでは

ないだろうか。この昇進したいという向上心を持った人材が下に多くいるため、先行研究で挙げたような中間管理職の不足問題は一切無いようだ。

　最後に、2社とも共通して人を大切にする企業文化作りがなされていた。自分が努力すれば、成果につながりやすい。ひとりひとりが求められていて、仕事に対するやりがいを感じていた。仕事以外にも社員同士のコミュニケーションの場が多い。従業員の多くが企業文化を受け入れていて、教育されることに前向きで、会社にも満足していることが分かった。

　このような企業の取り組みが従業員の離職防止に繋がっているのではないか。また、従業員が辞めずに働き続けることで、育成する期間が増え、企業にとって有能な管理職を育てることが出来る。企業と労働者、両者に利益をもたらしていたのだ。

V．終わりに

　実証研究から、中国における在中日系企業は中間管理者の確保が出来ていたと言える。

　先行研究や実証研究で見てきたように、流動性の高い現在の中国の労働市場において、中間管理者を確保していく条件としては、整った社内環境、会社組織が必要になってくるのではないかと考える。私たちは今回この2社についてみてきたわけであるのだが、この2社については、社内環境や教育環境は整っていた。この整った環境こそが働いている人を自社から手放さないための一因であると考える。

　在中日系企業における中間管理者の確保は、内部昇進制度によって、中国の特質に合わせた人材教育・選抜システム・理念教育により、相反する国民性・文化の障壁を埋めて成立させていたことが分かった。

　在中日系企業は今後、どのような問題に直面するだろうか。確かに、これまでの中国労働市場の問題は中間管理者の確保にあった。ところが外部環境の変化により、2015年に中国の人口ボーナスは終わりを告げる。となると、これからの問題となってくるのが今までは市場に溢れるばかりにいた現場労働者の確保となってくる。一人っ子政策により人口抑制を進めた結果、労働人口は減少傾向になってくる。現に、中国では今、現場労働者の不足が深刻な問題となっている。足りない労働人口は機械で代替し、自働化を図っているが、今後の在中日系企業の問題点としてはやはり現地において現場労働者をどのように確保していくのかということではないだろうか。

＜参考文献＞

人的資源管理論の基礎　　学分社／西川清之

中国で成功する人事労務の戦略戦術　　講談社／高井伸夫

日系企業が中国で成功するために　　晃洋書房／周宝玲

中国における日系企業の人的資源管理についての分析　　白桃書房／趙暁霞

中国における日系企業の経営　　白桃書房／村松潤一

アジア地域と日系企業　〜インド・中国進出を考える企業への提言〜　　同友館　海野素央

＜ホームページ＞

階層別教育とは　http://gms.globis.co.jp/dic/00528.php　(2014/9/28 アクセス)

人材育成の基礎知識　http://www.rosei.jp/jinjour/article.php?entry_no=55022
(2014/9/28 アクセス)

優秀賞

陸軍中将遠藤三郎の「非戦平和」思想と日中友好活動

名城大学法学研究科
博士課程後期3年
張鴻鵬

はじめに

　本論文の目的は日中15年戦争[1]と太平洋戦争中、日本陸軍の指導的立場にあった軍人で、最終的には陸軍中将まで上り詰めた遠藤三郎[2]が、戦後、戦争を批判する立場に転じ、「非戦平和」思想を形成するとともに、日中友好活動を展開する過程とその理由について明らかにしようとするものである。これまで未公刊資料であるため、歴史研究者の間であまり顧みられて来なかった戦後の「遠藤日誌[3]」や遠藤三郎の自伝、語録、及び「中国訪問記」などを主たる手がかりにして分析していく。

　遠藤三郎は日中15年戦争と太平洋戦争を指導した元エリート陸軍軍人であり、戦争の遂行過程において、独自の戦争観や戦略・戦術観を持ちながら、帝国陸軍の一員として忠実に軍の意思を実行に移すと同時に、時に陸軍上層部と衝突しながら自己の意思を貫徹し、各作戦の勝利に大きな役割を果たした。しかし、彼は戦後、軍籍を離れて戦犯の容疑から解放され自由人となると、戦争の責任を自覚するとともに、戦争を深く反省し、「非戦平和」思想と日中友好活動を展開することとなり、その思想を転換した。

　遠藤は1945年12月、アジア太平洋戦争の終結4カ月後に、軍籍から退き、翌年3月には開拓農民として埼玉県入間川町（現狭山市）に入植、開墾生活を始めた。しかし、1947年2月には戦犯容疑のためGHQの命令で、約1年弱の間巣鴨拘置所に入所した。入所中にアジア太平洋戦争を深く反省し、戦争責任を自覚するとともに、1948（昭和23）年1月に出所後、日本国憲法第9条[4]の擁護、「非戦平和」運動を開始し、最初に日本の「再軍備反対論」を主張した。

　その後の1953（昭和28）年2月、「憲法擁護国民連合」が発足し、彼は同代表委員となり、同年4月「世界連邦建設同盟」にも参加した。さらに2年後の1955（昭和30）年11月、彼は戦後初めて日中友好の先駆者として、中国を訪問し、北京で新中国の指導者毛沢東国家主席、周恩来首相と会見、懇談した。その時の訪中体験を通して、遠藤は「非戦平和」思想に自信を深め、その後日中友好の路線を歩んで、独自の日中友好活動を展開した。

　なお、1959（昭和34）年6月に、彼は参議院選挙に出馬し、憲法第9条擁護を旗印に護憲活動を目指したが、落選した。翌1960（昭和35）年から「日米安全保障条約」改定に反対し、護憲平和運動に専念し始めた。1年後の1961（昭和36）年8月、東京で「日中友好元軍人の会」を組織するとともに、機関紙「8・15」を創刊し、毎号に護憲と非武装、日中友好の論説を掲載す

るなど、憲法9条を擁護する運動を展開した。1974（昭和49）年11月、彼は自叙伝『日中15年戦争と私―国賊・赤の将軍と人はいう』を刊行し、自分も指導した日中15年戦争と太平洋戦争に対して、深く反省し、その自伝に「軍備亡国」の四字を揮毫し、それを最終的な思想と結論として新聞、雑誌に掲載した。1984（昭和59）年9月9日、彼は「遠藤日誌」を書き終え[5]、同年11月11日に91歳で死去した。彼の墓の碑文に「軍備全廃を訴え続けた元陸軍中将、遠藤三郎　茲に眠る」と書かれている[6]。

　私は本論文で戦後の「遠藤日誌」と「中国訪問記」などを手掛かりとして、戦後の日本の歴史のプロセスに従いながら、戦時中各作戦案を立案し、多くの作戦を指導した遠藤三郎が、なぜ戦後において日本国憲法第9条の平和主義に共鳴するとともに、元軍人たちを組織し、「非戦平和」運動や新中国との国交回復運動を展開するに至ったのか、その原因を分析したい。

　遠藤三郎は戦後になって、その狭い島国的な反共意識を乗り越え、一貫して戦争の罪を反省した。そのために、彼は元軍人仲間から孤立し、村八分にされても、自分の「非戦平和」思想の主張を変えず、節度を守っていたのである。その姿は遠藤が常に強いものにも巻かれない反権力の思想の持ち主であったからだと考える。彼のこの反権力の姿勢は、その生涯にわたって一貫していた。私は中国人として、遠藤のような日本の元エリート軍人がいたことを知って、大いに興味が湧いてきた。さらに、彼の戦後の思想転換の原因を究明することは、21世紀を迎えた今日の厳しい国際政治環境の中で、極めて複雑な国際政治問題を平和裏に解決する糸口を与え、戦争と平和に対する私たちの認識に大きな影響を与えてくれると考えられる。

第一章　敗戦直後の遠藤三郎

第1節　8月15日の遠藤三郎

　大日本帝国は1945年8月15日、「ポツダム宣言」の受諾と陸海軍の武装放棄を宣言した昭和天皇の玉音放送により、敗北した。その日、陸軍航空兵器総局長官（兼大本営幕僚）としての遠藤三郎中将は、当日の陸軍省と参謀本部の動き及び彼自身の心境について、「遠藤日誌」に次のように書き残している。

　（一九四五年）八月十五日　水　晴
　……出勤ノ途中陸軍省ニ立寄ル　大臣室ニハ那須兵務局長アリ　（阿南陸

軍）大臣ハ本朝五時官邸ニテ自決セラレタルヲ知ル　嗟　阿南大臣無念　直チニ（河辺虎四郎）参謀次長ヲ訪ネ　昨日同様勅使派遣及ビ議会召集ノ件ヲ謀リタルモ同意ヲ得ズ　参謀総長梅津大将ニ直接意見ヲ具申ス（土肥原大将同席）今日迄民ノ苦痛ハ軍閥ニ対シ訴ヘラレアリタルモ　今日ヨリハ陛下ニ向ケラルベク之レ全ク赤ノ陰謀タリ　結果ハ仮令降伏ニ決セラルヽモ勅使御差遣及ビ議会召集ハ是非上奏セラルベキヲ具申ス　声涙共ニ下ルヲ如何トモナシ得ザリキ　更ニ降伏ニ決定セバ武装解除ハ奉勅命令ニ依リ実施セラルベク　且ツ降伏ニ先チ軍人ヲ免官セシメラレ度シ　之日本軍隊軍人ニハ降伏ナキヲ以テナリト具申ス　総長ハ勅使ノ件ハ上奏スベシ　免官ノ件ハ今回受諾セルハ降伏ト解セズ分ノ悪キ停戦協定ナリ　故ニ敵側ニシテ若シ不法ノ行為アラバ反撃スル企図アリ　故ニ協定終了迄ハ免官モ武装解除モセズトノコトナリ　然リトセバ（航空兵器）総局ノ任務モ未ダ解消セズ生産ハ別令アル迄継続スベキモノナルヲ了承シテ退庁　念願セル参謀総長ノ上奏モ効果ナキガ如ク　十二時陛下自ラ放送セラルヽコトトナル……十二時部下二十数名ト共ニ詔勅ヲ拝ス……

　上記の「日誌」の内容を見ると、梅津美治郎参謀総長が「敵側ニシテ若シ不法ノ行為アラバ反撃スル企図アリ　故ニ協定終了迄ハ免官モ武装解除モセズトノコトナリ」と発言したことが分かる。これは梅津参謀総長が日本の「ポツダム宣言」の受諾を「分ノ悪キ停戦協定ナリ」と判断したことになり、日本軍が無条件降伏しても、「自衛」という名義の下で抵抗して、戦争を継続する結果をもたらすことになる[7]。しかし、当時昭和天皇は前日の14日に「ポツダム宣言」を受諾し、無条件降伏することを決断し、8月15日の12時に予定通りに、日本全国民と中国大陸及び南方諸島に駐兵する日本の軍民に向け、敗戦宣言の「玉音放送」を行った。当日、遠藤は大本営の一室で昭和天皇の「玉音放送」を聴きながら、本来の自分の姿を直視し、隠忍自重の決意を固め、戦後あるべき日本国の姿を模索し始める。

第2節　敗戦直後遠藤三郎の意見具申—最初の「非戦平和」宣言

　この日本の敗戦直後、遠藤は日本陸軍の指導者の中では、珍しく大日本帝国が武装解除された現実を素直に受け止め、今後の日本の新しい進路は「徳を以って国を治めることだ」と自覚した。その結果、8月18日彼は東久邇宮稔彦王新首相を訪問し、次のような意見を具申した。

日本に軍隊の無くなることは決して悲しむべきことではない、物心両面に於ける軍備の重圧から解放され日本の将来は明るい。日本の黎明であり寧ろ慶ぶべきことである。敵が入って来ても暴力で抵抗せず威武に屈せず富貴に淫しない心さえあれば、軍隊がなくとも恐ろしいことはない。古語にも徳を以て勝つ者は栄え、力を以て勝つ者は亡ぶとある。従来我々が武力に頼り過ぎて来たのは誤りであった。今後は軍隊に頼らず徳の国を作り、詔勅に示された様に万世のため太平を開くべきである[8]。

　上記の発言は、遠藤が「徳を以て勝つ者は栄え、力を以て勝つ者は亡ぶ」（『源平盛衰記』）という格言に共鳴し、自分本来の人間性と「非戦平和」思想を復活せんとした証しではなかろうか。しかも、彼は締め括りの言葉として、「今後は軍隊に頼らず徳の国を作り」と主張している。この時から、彼はこれまで日本陸海軍の「武力に頼り過ぎて来た」という自分を含めた日本軍指導層の軍事思想の誤りを反省し、「非戦平和」思想の重要性をなお素朴な感情として認識し始めたと言えるであろう。

　その後、遠藤は東久邇宮首相の内諾を得て、上記の意見の内容を整理し、文書にまとめて全国の新聞に一斉に発表した。その内容は次の通りである。

　……静かに考えまするに、国軍の形態は時と共に変化するものと思います。皇軍に於きましても、陸海軍の形態は日露戦争もしくは前欧州大戦を契機として一応終末を告げ、今次の大戦は空軍一本で実施せらるべきものであった様に思われます。しかもその空軍さえもいずれは骨董品たるの存在になる時が来ないと誰が断言し得るでありましょうか。かく考えて参りますると、軍隊の形は時世の進運に伴い変化すべきは当然でありまして、ただここに絶対不変であるべきは我が国の真姿、即ち国民皆兵の神武そのものであります。国民一人一人の胸の中にしっかりと神武＝威武に屈せず富貴に淫せざる心を備えましたならば、必ずしも形の上の軍隊はなくとも宜しいものと思われます……したがって今回、形の上では戦敗の結果、敵側から強いられて武装を解除する様に見えまして、光輝ある我が陸海軍が解消し、飛行機の生産も停止するに至りますことは、まことに断腸の思い禁じ得ぬのでありますが、皇国の真姿と世界の将来とを考えまするとき、天皇陛下の御命令により全世界に魁して形の上の武装を解かれますることは、寧ろ吾等凡人の解しえざる驚異すべき御先見＝神の御告げとさえ拝察せらるるのであります。近来吾が国の世情はあまりにも神国の姿に遠ざかって来た様に思われます。今

こそ大手術を施すべき秋と思われます。先般煥発せられました御詔勅（敗戦の日の詔勅）こそ国内建て直しの大号令であり、世界再建の神の御声であると拝するものであります……[9]

　この新聞記事には、天皇の命令とか、神の御告げとか、戦時下の古風な言い回しがなお姿を残してはいるが、「形の上の軍隊はなくとも宜しいもの」という明確な表現により、「形の上の武装を解かれますことは、寧ろ吾等凡人の解し得ない驚異すべき御先見」であると主張した。彼はこの時から日本の「非武装」を強調し、「徳を以て世界の勝者たるべく忍苦邁進すべきもの」と信じていたことが分かる。この主張はその後の1947（昭和22）年5月3日に施行された日本国憲法第9条の「非戦平和」理念とは異曲同工で、敗戦直後遠藤の最初の「非戦平和」宣言であったと言って良いであろう。

第二章　巣鴨入所中の遠藤三郎

第1節　『聖書』との出会い

　日本の敗戦後の1945年12月に、軍籍から退いた遠藤は、翌1946年3月、開拓農民として埼玉県入間川町に入植し、一家で開墾生活を始めた。しかし、彼は満洲事変以来、戦争を指導した高級軍人であったため、1947年2月には戦犯容疑者としてGHQの命令で、約1年弱の間、巣鴨拘置所に入所することになる。この入所体験について、遠藤は「日誌　巣鴨在所時代　自一九四七年（昭和二十二年）二月十二日至一九四八年（昭和二十三年）二月二十九日)」（別冊）に克明に記録している。例えば、彼は2月12日の「日誌」に、入所中の苦しい生活状況と当時の心情について、次のように書いている。

　（一九四七年）二月十二日　水　晴　寒風強し
　……寒気甚シ　一坪半ノ独房畳二枚他ハ板敷、水洗便所ハ腰掛兼用、洗面台ハ机兼用便利ナリ　北側ニ窓、スリガラスニテ外見エズ、小ザッパリシタル敷蒲団一枚　掛蒲団二枚、毛布一枚差シ入レラル、注射ノ為発熱セント寒サノ為夕食モ食欲ナク　漸ク採ル早々床ニ就キシモ中々眠ラレズ……

　このような獄中生活の厳しさにもかかわらず、遠藤にとってこの入所生活は、アジア太平洋戦争を反省し、日本陸海軍の軍事思想の誤りを認識し始める機会となった。彼は入所中、孤独に苛まれ、それを克服するため、英語を

猛勉強しながら、『新約聖書』に興味を持ち、丹念に読み始めた。この『新約聖書』の勉強をきっかけに、遠藤はアジア太平洋戦争の責任を自覚し、戦争の罪悪を反省すると共に、若き日に抱いた「非戦平和」思想に再度自信を得るようになっていく。例えば、彼は 1947 年 2 月 14 日と 16 日の「日誌」にそれぞれ次のように記している。

　（一九四七年）二月十四日　金　晴
　……午後本日ノ毎日新聞回覧　新約聖書を借用ス……夕食後新約聖書ヲ読ム　マタイ伝ニ「剣ヲ執ルモノハ剣ニ亡ブ」トアリ　キリストモ亦先見ナリ……

　（一九四七年）二月十六日　日　晴
　……「ルカ」伝、キリスト曰ク「互ニ相争フ国ハ亡ビ互ニ相争フ家ハ倒ル」ト　日本ノ現在果シテ如何　終日当番モナク　独房内ニテ読書ス……

　上記の「日誌」からは、遠藤は『新約聖書　マタイ伝』の「剣ヲ執ルモノハ剣ニ亡ブ」という格言を読んで、啓示を受け、徐々に従来の「軍備国防」思想に対して疑いを感じ、「非戦平和」思想に自信を持ち始める第一歩と見ることもできる。この聖句は孤独な彼を励まし、出所後の「非戦平和」思想を形成する出発点になる。この言葉は遠藤が戦後、巣鴨入所中に『新約聖書』から学び取ったもので、彼が発見した真理であったと言えるであろう。

第 2 節　東京裁判に対する認識
　1947 年 12 月 26 日になると、新聞に東條英機大将の裁判記録が掲載された。当時、遠藤は東京裁判の東條首相ら A 級戦犯容疑者の処刑判決に対して、内心では同情の念を隠し切れず、次のような感想を「日誌」に書き残している。

　（一九四七年）十二月二十八日　日　小雨
　……新聞ニ一昨日東條大将の裁判掲載　戦争ハ自ヱ（ママ衛）戦ナリシコト　国際法ニ違反シアラザルコト　天皇ハ責任ナキコトヲ強調シ敗戦ノ責任ハ首相タル東條大将進ンデ之レヲ負ウモ　戦争犯罪トシテ国際裁判ニ附セラルルハ当タラザル旨ヲ強調シアリ　我ガ意ヲ得タルモノナリ　戦争ハ両成敗ニシテ日本ノミ犯罪者扱ニセラルルハ当タラズ　又敗戦ニ終ルノ故ヲ以テ歴史ヲ歪ムル能ハズ……大部ノ新聞ノ論調ニ東條大将ニ同情ナシ一掬ノ寂シ

サヲ感ズ……

　この「日誌」によれば、遠藤は「戦争ハ両成敗ニシテ日本ノミ犯罪者扱ニセラルルハ当タラズ　又敗戦ニ終タルノ故ヲ以テ歴史ヲ歪ムル能ハズ」と指摘し、東京裁判を勝者の一方的な判決として批判したのである。この点では、遠藤でさえ、大日本帝国陸軍軍人の旧い軍国主義思想から完全に脱却していないことが分かる。しかし、彼は勝者による一方的な戦争裁判の不合理性を強調しながらも、これからの日本は二度と戦争により人々が血を流すような悲劇を招来したくない、そのためには「非戦平和」を国是とする新しい日本国の育成に尽力すべきだと認識し始めた。

第三章　出所後の遠藤三郎—「非戦平和」思想の形成

第1節　遠藤三郎の「再軍備反対論」と国際警察の構想

　1948年1月13日に、いよいよ遠藤は巣鴨拘置所から出所した後、埼玉県入間川町に戻り、農地を開拓し、本格的に入植生活を始めた。しかし、この時、世界の政局はすでに米ソ対立を中心とする東西冷戦構造に入り、アジアでは反共、反ソビエト、反新中国の意識が高揚していた。こうした緊迫した国際情勢に乗じ、日本国内では旧軍人、軍属と保守派の政治家らによる「再軍備論[10]」が盛んになった。当時、遠藤はその「再軍備論」に強く反対し、「再軍備反対論」を主張した。その一例を挙げれば、彼は1948年3月4日の「日誌」に次のように記録している。

（一九四八年）三月四日　木　晴
　最近米ソ戦近キヲ云フモノノアリ　予ハ早々ヨリ其ノ当ラサルヲ説ク　現在ノ冷タキ戦争ニ勝チツ、アル「ソ」ガ必敗トモ云フベキ武力戦ヲ招来スルガ如キヘマハヤラザルベク　米国モ亦一部国防担当者ハ戦力差ノ大ナル今日ニ於テ武力戦ヲ以テ「ソ」ヲ覆滅センコトヲ希望スルコトアルベキモ　大勢ハ武力戦ヲ避ケツ、アル「ソ」ニ対シ武力戦ヲシカケルガゴトキハ其ノ憲法及平和愛好者ノ世論ヲ無視シ又侵略者ヲ審キシ彼トシテ実施シ得ザル所ナレバナリ……又最近日本ニ国防軍設置問題台頭セルモ　予ハ反対ナリ　所要ニ満タザル国防軍ヲ所有スルガ如キハ火遊ビニ過ギズ　却ッテ危険ナリ　之レ強力ナル空軍ヲ所有セザル限リ強国ノ侵入ニ対シ武力ヲ以テ防止スルガ如キハ絶対不可能ニシテ　寧ロ形ノ上ノ無防禦ニテ心ノ中ノ防備コソ強力ナレバ

ナリ　但シ国内ノ治安維持ノ為警察軍ノ強化ハ絶対的ニ必要ナリ……

　　この「日誌」によれば、遠藤は過去の戦争体験に基づき、「米ソ戦近キ」
という世論に対して、それを「其ノ当ラサル」ものと判断しながら、当時日
本国内の再軍備論者の「日本ニ国防軍設置」という主張に反対し、「形ノ上
ノ無防禦ニテ心ノ中ノ防備コソ強力ナレバナリ　但シ国内ノ治安維持ノ為警
察軍ノ強化ハ絶対的ニ必要ナリ」と考えている。これにより、遠藤は戦時中
彼の戦争責任に対して深く反省し、日本国内における国防軍という名の軍隊
を創設する構想を全面的に否定するとともに、その思想を転換し、独自の「非
戦平和」思想を形成し始めたのである。
　　その後、1950（昭和 25）年 6 月に朝鮮戦争が勃発すると、それをきっか
けに、日本はアメリカと協力して、再軍備に乗り出し始めた。同年 8 月、日
本の警察予備隊[11]（自衛隊の前身）が発足した。当時、遠藤は日本が再軍備
することは絶対に避けるようにと吉田茂首相に意見書を送り出した。彼は 7
月 20 日の「日誌」に次のように記している。

（一九五〇年）七月二十日　木　晴
　……朝鮮問題ニ関シ日本ニ国防軍再建スベキ論　内外ニアルガ如シ　予
ハ断ジテ之ニ反対シ　此ノ機会ニ日本ハ国連ニ加盟シ加盟国ノ義務トシテ国
力相応ノ国際警察隊ヲ編成シ加盟諸国ト共ニ国際警察ノ任ニ服シツツ……且
ツ加盟国軍隊ヲ国際警察軍タラシムルキッカケトナスベキモノト信ジ　其ノ
旨石川（栄一参院議員）氏ニ通信シ　吉田首相ニ進言ヲ依頼ス……

　　上記の「日誌」を読めば、遠藤は国際紛争を解決するために、国際警察隊
を編成すべきだと建議したことが分かる。その国際警察部隊を作る必要性に
ついて彼は次のように分析している。

　……廿世紀も後半に入らうとする今日、而も極めて貴重なる犠牲を払って
世界に魁して戦争を放棄し軍備を廃しました日本が再び前世紀に逆行する様
なことを致すべきではありません。元来戦争とは対等の地位にある国と国と
の野蛮なる争いであり、軍隊とは其の戦争を前提として作られたものであり
ます。ですから国際法規を無視し侵略を敢えてして世界平和を攪乱する様な
ものに対し国際連合が制裁を加える事は外形上昔の戦争手段を執っても、そ
れは決して戦争ではありません。立派な警察行為であります。従って之れが

取締り若くは制裁の為めの武力は軍隊にあらずして警察力であります。此の意味に於きまして国際連合が其の目的達成に必要な警察力を整備するのは恰も各国が国内の治安維持の為め警察力を保持すると同様極めて当然の事であり、憲法に於て戦争を放棄し、軍備を廃した日本と雖も国際連合に加盟してその国際警察力の整備に協力しても何等憲法に違反する事とはならないのであります……そこで此の世界の危局を救う道は一日も早くデモクラシー陣営の諸国が不経済非能率的な各国自の軍隊の建設をやめて之れ等一切の国防力を統合し相協力して国際連合に統一あり且強力にして能率的経済的な国際警察隊を編成し、之れを所要の地点に配置し（之れによって特定国に軍事基地提供等のうるさい問題も解消します）世界平和の攪乱者の野望を未然に防止し得る態勢を整える事であります……[12]

　さらに、彼は国際警察の構想について次のように述べている。

　一、国際連合加盟国は、現にその保有する軍隊を一先ずそのまま挙げて国連に提供する。ただし、その提供した軍隊に要する経費は差し当たり国連に対する分担の形式において、その固有の国が負担する。
　二、国連加盟国は、それぞれ代表を国連に派遣して治安理事会を作り（現在の安全保障理事会を改む）、前項の警察部隊を任務に適合するよう逐次地ならしして改編するとともに、各国の負担を合理的にする。
　三、前項理事会の下に総参謀本部のような機関を設け、国際治安保持の計画ならびに必要の場合これが指揮運用の任に当たらしめる。
　四、原則として、自国の提供した国際警察は自国に駐在せしめ、自国内の治安維持などに使用の必要ある場合、その国の政府は国連治安委員会の承認（緊急の場合は事後承諾）を受け、これを使用しうる道を開いておく。ただしこの場合、使用のために要した経費はその国の負担とする[13]。

　この国際警察の構想は、遠藤がフランス留学時代[14]において、オーストリアの政治学者クーデンホーフ・カレルギー（Coudenhove-Kalergi）の「欧州連合」構想[15]に啓発され、それに基づき、1931 年に陸軍参謀本部の上司に提出した「最終的に世界から軍備をゼロにする」という「完全軍縮案[16]」の構想につながっているものであると言えるであろう。

優秀賞 ／ 張鴻鵬　93

第2節　遠藤三郎の護憲運動と世界連邦建設運動

　1946年11月3日に、日本国憲法が公布され、その6か月後の1947年5月3日に施行された。「日本国憲法は、ポツダム宣言の帰結であり、民主主義と平和主義をその基本原理としている[17]」。この日本国憲法の平和主義に対して、当時の遠藤三郎は高く評価し、「……米国の要求に対しては日本国憲法の原案は米軍GHQにおいて作為され極東委員会の承認を経て示されたものであり、我々はこれを正しいものと信じ採用した。これを破ることはできない[18]」と強調した。

　しかし、当時日本国内に「憲法を改めて堂々と軍隊を持てる様にすべし[19]」という改憲運動と憲法擁護運動が並行して発生した。「護憲派」の一員としての遠藤は、「改憲派」の「日本国憲法は戦勝国に押し付けられたものであるから、独立した今日自主憲法に改むべきである[20]」という主張に対して、「今日憲法に手をつけると必ず改悪となるから寧ろ押し付けられたことを逆用して、道義的責任を彼ら戦勝国にも負わせ、再軍備強要に対する防波堤に利用することが賢明である[21]」と反論した。さらに、1953（昭和28）年2月、彼は片山哲元首相、有田八郎元外相、風見章元法相などと共に、「平和憲法擁護研究会」（翌年「憲法擁護国民連合」と改称）を組織し、護憲平和運動に専念し始めた[22]。

　なお、同年4月遠藤は世界連邦運動の先覚者賀川豊彦、下中弥三郎、稲垣守克などから誘われ、「世界連邦建設同盟」に参加し、常任理事に託され、世界連邦建設運動にも積極的に尽力した[23]。彼は世界連邦建設の必要性について次のように説明している。

　近来世界の人口、資源、公害など地球単位に考えねばならぬ諸問題が山積し更に交通、通信の進歩は地球をいよいよ狭隘なものとし、このまま放任しますと、人類の滅亡も決して遠くなかろうと警告する学者も少なくありません。これは決して黙殺しえない現実の問題と私は思っております。したがって、世界連邦の建設は現下の急務と信じます……[24]

　この内容によれば、遠藤は「地球をいよいよ狭隘なものとし、このまま放任しますと、人類の滅亡も決して遠くなかろう」と懸念しながら、「世界連邦の建設は現下の急務」と呼びかけていた。上述したように、彼はフランス留学時代において、すでにクーデンホーフ・カレルギーの汎ヨーロッパ理論を学び、その「欧州連合」構想に関心を持ち始め、世界に向ける視野を大き

く広げたのである。戦後になって、彼は再び若き日にフランスで勉強した汎ヨーロッパ理論を復活させ、その「欧州連合」構想を実現できるように尽力していた。

第四章　戦後遠藤三郎の日中友好活動

第1節　戦後遠藤三郎の初めての訪中体験

　1955年11月になると、遠藤は戦後初めて訪中団（団長は護憲連合議長、元首相、衆議院議員の片山哲）の団員の一人として新中国を訪問した。1949（昭和24）年新中国が成立して以来、満6年が経過していたが、戦中から遠藤は長い軍人生活を経験したため、反共の意識から抜け切れず、共産主義国家の中国に対しては懐疑的であった。その時の訪中の目的について、彼は次のような3点を挙げている。「第一、人民一般の顔はどうか。第二、指導的地位にある権力者に墜落の兆がないか。第三、中国は日本に対し復讐又は侵略の企図があるかないか[25]」。

　この訪中旅行の日程を見ると、11月6日の夜、日航機で羽田発、沖縄経由で、7日朝香港着、九竜に一泊、8日九竜から汽車で中国の国境を通過し、広州着、さらに9日広州から飛行機で漢口を経由し、午後首都北京に到着している。訪中団一行は当時の北京飯店に投宿し、17日まで北京に滞在し、附近の名所を見学した。その間、彼らは北京で周恩来総理や陳毅副総理など新中国の要人らと会見、懇談した[26]。当時の会見の様子について、遠藤は「中国訪問記　自昭和卅年十一月六日至十二月六日」（別冊）に次のように詳しく記録している。

　（一九五五年）十一月十三日　日　北京　晴
　……午後六時より北京市人民委員会長彭真氏の招宴あり、周（恩来）総理も臨席。予は総理を始め陳毅副主席、傅作義、彭真氏等と親しく話す機会を得、戦争中日本軍人の犯したる過誤に対し遺憾の意を表したるに　何れも過去は問わず将来の友好を語らんと程多くを言わしめず……[27]

　（一九五五年）十一月十五日　火　北京　風強し
　……午後二時より総理府に移す。周総理と会談……総理談の要旨……平和、独立、民主をモットーとし、武力侵略を認めず、外交は平和的、友好的に解決する。日本の軍国主義化に反対する。護憲運動には共鳴する。武力侵略

は必ず失敗する事を語る。武力により紛争を解決せざる事を誓約する……[28]

　その後、11 月 17 日の夜、訪中団一行は汽車で北京から出発し、18 日午後、旧「満洲国」の奉天（現・瀋陽）に到着した後、鞍山製鉄所、撫順炭坑、農村合作社などを視察し、撫順戦犯管理所の日本人戦犯抑留者たちをも訪問した。22 日夜汽車で瀋陽発、23 日天津着、引き揚げ準備中の日本人らと会談し、夜北京に帰着した。その後の 24 日から 29 日まで彼らは北京に滞在し、所々を見物するとともに、毛沢東国家主席、及び他の中国政府要人らと会談した。30 日から北京発の飛行機で上海に移動し、12 月 4 日まで同地に滞在し、その間上海付近並びに無錫、蘇州などを視察し、当時の上海市長陳毅などと懇談した。5 日上海発の飛行機で漢口を経由して広州に移動、同地附近を見物した。翌 6 日汽車で広州発、午後九竜着、7 日の朝、日航機にて香港発沖縄経由で、夕方羽田空港着、帰国した[29]。

　なお、新中国の全般的な印象について、遠藤が作成した訪中記録「元軍人の観たる新中国（昭和三十一年発行）」で詳しく記録されている。この報告書に上述したような三つの疑問点について、遠藤は次のような所見を書き残している。

毛沢東政権の成否

　私（筆者注・遠藤三郎）は毛政権の将来なり共産政権の成否を判断するため次の二つを目安として見て参りました。即ち第一は「権力の存する所必ず堕落あり」の鉄則により強権を有する毛一派に堕落の兆しがないか、第二は共産政権の革命と圧制とにより国民大衆は恐怖し萎縮し暗い影はないのか、であります。形に表われた建設の進捗状況は予め聞いても居りましたし、また直接之を見て其の偉大なる発展に驚いた事も事実であり、其の事自体も毛政権の成功を物語る一つの目安である事は否定し得ないでしょうが、私は特に此の点を取り上げないのは二千数百年の昔既に万里の長城や阿房宮迄造り上げた中国人の事でありますから、今日共産政権の様な強力な政治力を以て六億の民衆を引ずり、無限の資源を利用し、ソ連の技術援助を受けたならば、形而下の建設の如き偉大なる進歩を示すことは当然であると思ったからであります。それで……第一の「権力の存する所必ず堕落あり」の鉄則による試験には彼らは及第点を取って居る様に思われました。それは、彼等の私生活に見、自他の批判に見、且つ刑罰の適用に見るのであります。政府要路の者も民衆と共にあり、その私生活は極めて質素であり常に自粛自戒し且つ他の

批判を進んで求めて居ります。そして刑罰の適用は要路の者、特に共産党員に厳しく他の者には寛大であります……[30]

　第二の点は民衆の顔色に見ました。私の記憶にある中国人は笑いを失った表情のない諦めの顔、暗い顔でありました。現に英国の統治下にある香港九竜に住む中国人は昔のままでありますが、一歩新中国内に入りますと老も若きも男も女も、都市の人も農村の人も殆んど例外なく明るい顔をして居るのです……即ち彼れ等の進む所不可能なしと云う様な意気軒昂たるものがあり、圧制や脅迫や、密告や、血の粛正を想像させる様な暗い影やおどおどして居る様子は一向見受けられないのであります……彼らの笑顔は決して作り笑いとは思われません。形而下の建設は力を持って造り得ても人の顔の明るさは力を持って作ることは不可能でありましょう。彼らの明るさは、生活に対する不安の除去と明日に対する希望から生れるものであり、民衆の為政者に対する信頼を示すものと見たのであります……[31]

対外武力侵略の可能性
　私はこの問題の判断の尺度として外形に表われた戦争準備と国民感情とを採用し、更に直接政府要路の人々にぶつかって見ようとしました……私の見る限りに於ては其の都市の建設にしても重要工場にしても又大発電所等の土木工事にしても防空の見地からすれば、全く落第であります。それ等には少しも防空の事に考慮が払われて居らぬ様に見えます。侵略戦と云っても報復攻撃を受ける事を予想せねばなりませんから防空抜きにして戦争準備はあり得ないと思います。成る程新中国の憲法には徴兵の義務を規定してあり、情報によれば随分沢山の軍隊を持って居る様でありますが、私の見た田舎の地上軍の如き土木作業や農耕等にも協力して居り、軍隊と云うよりは寧ろ建設隊とか作業隊とか云った方が適切の様にさえ思われました。その海軍兵力並に其の船舶数から見ても対外、特に対日武力侵略などと云う事は考え及ばぬものでありました。次ぎに国民感情でありますが到る処国際親善のスローガンを掲げ、幼稚園の児童からそれを注入して居るので人種的偏見や排外思想は見られませんでした。特に我々日本人に対しては深い親愛感を持ち、先に劉寧一氏（中国総工会主席）と話した「仇討」などと云う考えは露程も見受けられなかったのであります。終戦の際蒋介石が全軍に令して、「恨みに報ゆるに恩（徳）を持ってせよ」と云ったことに対し、私は無限の敬意を表したものでしたが、この言葉は蒋介石一人のものでなく、昔から中国にあっ

た普遍的の格言であり、新中国においても一般にそのように考えられて居る由であります……[32]

　今回の中国旅行は上記の三点の発見により、遠藤の新中国観の形成に影響するものとなった。遠藤は中国の人民解放軍が対外侵略を目的とする軍隊ではない、また新中国は他国、特に日本へ侵略するような準備と意志を持っていないと判断した。その結果、遠藤一行は周恩来総理と陳毅元帥などとの間において、次のような約束を取り交わした。

　……周総理は少なくも軍備なき日本に対し外交問題を武力を以て解決するが如き事は絶対にしないと云う事を誓約すると云う強い言葉を以て表わし、更にそれを文書として私共と交換した程の熱の入れ方であり、毛（沢東）主席も亦此の交換文書に強く同感の意を表して居ります。特に副総理兼国防委員会副主席陳毅元帥とは四時間余に亘り、又現水利部長（建設大臣に相当します）傅作義将軍とは約三時間他人を交えず歯に衣を着せず話し合ったのですが、陳毅元帥は国防、外交、内政、経済等あらゆる面から、又傅作義将軍は特にその担任の建設面から戦争、特に対日戦争の如き絶対に避くべく、中日両国の親善友好関係増進の要を説いたのであります……それで私は新中国視察の第二の目的であった対外武力侵略の件は「その虞れなし」と判断する次第であります……[33]

　今回の訪中を契機として、遠藤はこれまでの世界観、特に新中国に対する印象と認識を完全に覆して、「毛政権の基礎は確立しているものと確信し、日本は速かにこれと国交を結ぶ必要を感じ、その旨日本政府に進言し国民にも訴えた[34]」のである。

第2節　遠藤三郎の日中友好活動の展開

　こうして、遠藤は訪中を通して、毛沢東主席、周恩来総理ら新中国政府の要人から信頼をされた。例えば、11月28日に毛沢東との会見の際、毛から「日本から中国を視察される方々は中国に好意を持って居られる革新的な方が多いようだが、今度は右翼の方々も来られたらよかろう。遠藤さんは軍人だからこの次には軍人を連れて来られるのを歓迎する[35]」と言われた。さらに、周恩来からも「なるべく早い機会に軍人団を作って訪問してほしい[36]」という希望が遠藤に伝えられた。

写真1　遠藤三郎と毛沢東主席との会見
出所：遠藤三郎『日中十五年戦争と私―国賊・赤の将軍と人はいう』日中書林、1974年

　その誘いを受けた遠藤は、中国から帰国後直ちに旧軍人団を組織し、1956（昭和31）年8月から1972（昭和47）年6月にかけて、日中の国交回復と日中両国の平和を目指し、日中友好の先駆者として合計5回訪中し、独自の日中友好活動を展開した。その内、特筆すべきことは、1956年8月元軍人代表団（第1回）の団長としての彼が、訪中の際、毛沢東主席と会見したことである。お土産として来国光作の日本刀を毛に贈ったが、毛からはその返礼に斉白石の名画（竹）をプレゼントされるという一幕もあった[37]（左上の写真1を参照）。

　しかし、当時の日本政府はアメリカの対ソ「封じ込め政策[38]」に従い、対中政策として、新中国の合法性を承認せず、台湾の中華民国政府（国民党政府）寄りで、蒋介石の中国大陸奪還計画に協力した。これに基づき、旧日本軍人の中の大多数が元来の反共意識から脱却せず、日本政府の「再軍備論」と「反共援蒋」政策に賛同した。さらに、彼らは戦後の1949年に、台湾の蒋介石から大陸反攻の国民党部隊を教育・強化する要請を受け、元「支那派遣軍」総司令官岡村寧次大将が、旧日本軍将校ら83人を招集し、大挙して「白団」（団長は元陸軍少将富田直亮、中国名白鴻亮）と称する反共軍事顧問団を結成して密かに台湾に派遣した。この「白団」は1949年暮れから1969（昭和44）年初頭まで約20年間、台湾防衛計画の立案と新兵の軍事教育を中心として、蒋介石と反共軍事同盟を結んで、台湾の国民党軍を指導していた[39]。

　このような日本国内の厳しい状況下で、遠藤は日本政府の「再軍備論」と「反共援蒋」政策に断固として反対し、その「非戦平和」思想に自信を深め、日中友好活動を継続していった。その結果、彼は1961年8月15日に、戦争を反省し、日中の国交回復を促進しようと念願する元軍人の仲間たちを結束し、戦争を起こすことを防止する運動の一環として、「日中友好元軍人の会」を東京で設立した。その時の「創立宣言」は次の通りである。

　戦争の罪悪を、身をもって体験したわたくしども元軍人は、心から人間の尊厳にめざめ戦争を否定します。
　わたくしどもは、過去の反省に立脚し、戦争放棄と戦力不保持を明示した

日本国憲法を遵守し、真に人類の幸福と世界の平和に貢献せんがため、本会設立の趣意書ならびに会則にのっとり、同志相携えてあらゆる戦争準備を阻止し、戦争原因の剪除に努め、進んで近隣諸国とくに中国との友好関係を進めんとするものであります。

　ここに終戦の記念日を卜して本会を創立するにあたり、万世のため太平を開く決意のもとに日本の更正を誓った当時を追憶し、戦没の万霊に額ずき、ご遺族をはじめ戦争の被害者ならびに軍靴で踏みにじった戦場の住民各位に深く遺憾の意を表しつつ宣言します[40]。

　この「創立宣言」に、「あらゆる戦争準備を阻止し、戦争原因の剪除に努め、進んで近隣諸国とくに中国との友好関係を進めんとする」と掲げたが、それは遠藤が主張していた「非戦平和」思想の最終目的であると言ってよいであろう。

　また、1968（昭和43）年にこの会の機関紙として、「8・15」が発行された。「その内容は日米安保体制に潜む危険な政局を批判し、一向に新中国との国交回復を促進しない自民党の日本政府の態度をも批判し、さらには暗雲漂う世界の情勢を分析するなど、言論活動中心の紙面構成で、毎号、必ず会の活動状況や会員相互の情報交換をも紹介しながら、日中友好と護憲平和運動の旗印を鮮明に掲げるものであった[41]」。遠藤は自らも毎号論説を発表し、彼の「非戦平和」思想を日本の世間に呼びかけていた。これによって、彼は引き続き妥協を知らず、自分の「非戦平和」思想の主張を貫徹するとともに、日中友好活動を積極的に進めていくことになった。

第五章　遠藤三郎の最終結論―「軍備亡国」論

第1節　遠藤三郎と周恩来総理との論争

　1972（昭和47）年6月14日に、遠藤は上述した「日中友好元軍人の会」のメンバーを引率し、第5回目の中国訪問の時、日本国内の「自衛論」をめぐって周恩来総理と意見を交換した（次頁の写真2を参照）。当時、遠藤は周恩来が主張する日本の「自衛隊容認論」に反対し、その「非武装中立論」の必要性と日本の「再軍備反対論」を力説した。その論争の内容について、遠藤は彼の自伝の中に次のように詳しく記録している。

　周恩来総理「日本が真の独立国家になった場合は自衛力を持たれるのは当

写真2　遠藤三郎と周恩来総理との会見
出所：遠藤三郎『日中十五年戦争と私―国賊・赤の将軍と人はいう』日中書林、1974年

然であり、その際は中日間に相互不可侵条約を結ぶ事も可能であろう。しかし今日の状態で日本が四次防、五次防と軍備を増強し軍国主義化することには中国は無関心でいるわけには行かない。中、日、米、ソの不可侵条約は不可能であろう」。

遠藤三郎「総理のいわれることは原則として理解できます。しかし自衛力を軍備と解する場合は私は反対であり、従来から私は日本の軍備国防に反対して来ました。日本は避け得ない国の構造上軍備国防は不可能であり却って害があります……日本国憲法も軍隊の保持を禁じており、その制憲議会では当時の総理吉田茂氏は「古来、自衛の名の下に侵略戦争をしております。この憲法は自衛のためにも軍隊は持たないのです」と説明しています。そこで私は総理にお願いがあります。総理が日本の客人に話される時自衛力を則軍備と解されない様にして頂きたいのです。日本の軍備論者は総理のいわれる自衛力をすぐ軍備と解し、あたかも錦の御旗か鬼の首でも取ったかの様に日本に帰って軍備論を吹聴し、また反対に軍備反対論者でもあまり非武装に自信のない人は意気消沈して帰ります。釈迦も人によって法を説けと言いました。総理もその点に御留意を願います[42]」。

この記録によれば、周恩来総理は「日本が真の独立国家になった場合は自衛力を持たれる」こと、即ち日本の自衛隊が存続することを容認した。周恩来のこの意見に対し、遠藤は日本が独立国家として、自衛権を持つことについては同意したが、「自衛力を軍備と解する場合」に対しては強く反対し、「日本は避け得ない国の構造上、軍備国防は不可能であり却って害があります」と説明し、その反対の理由も説明した。これにより、遠藤は日本国憲法第9条の平和主義の理念と理想を堅持し、日本国内の軍備論者の仕業に対して常に警戒する必要性を力説した。この時期になって、彼はすでに完全な「非武装」、「非戦平和」主義者に転向することになったと言ってよいであろう。

第 2 節　遠藤三郎の「軍備亡国」論の形成

　2 年後の 1974 年 11 月、遠藤は自伝『日中 15 年戦争と私―国賊・赤の将軍と人はいう』を刊行し、自分も指導したアジア太平洋戦争に対して、深く反省を表明した。この自伝に彼は自分の長い軍人体験から日本の軍人と軍隊の欠点をそれぞれ次のように指摘した。

　まず、「軍人の特質（通有性）　1、人命の軽視（残虐性）　2、名誉心（功名心）の過剰　3、好戦性　4、軍人の赤嫌い　5、軍人の単純・頑固・狂信・猪突猛進性　6、軍人のエリート意識過剰 [43]」。次に、「軍隊の特質　1、軍隊の膨張（貪欲）性―軍縮の困難性　2、軍隊の残虐性　3、軍隊の閉鎖（秘密）性　4、軍隊と死の商人との密着性（産軍の複合） [44]」。以上の軍人と軍隊の特質に基づき、遠藤は「軍人と軍需産業家の複合体が国を誤る」、もう一つ悪政治家を加え、「産・軍・政の複合体が国を誤る [45]」と力説した。

　そのため、遠藤は元軍人仲間から、その思想を豹変させたと批判されたり、裏切り者と揶揄されたりして、窮地に追い込まれることになった。即ち、「旧軍人や保守的な政治家たちがこぞって遠藤を非難し、ときに誹謗中傷し始めたのである。彼らは新聞・雑誌はもとより、各地で開かれる講演会でも遠藤を露骨に批判し、甚だしいものは遠藤の住む町の自宅周辺にまで乗り込んできて、『国賊遠藤三郎征伐大演説会』を開催したり、宣伝カーで遠藤を誹謗したりする有様であった [46]」。

　しかし、遠藤はそれら批判にさらされても、屈服せず、勇気を持って自分の「非戦平和」思想と日中友好活動を貫徹し続けた。例えば、1979（昭和 54）年 4 月、遠藤は自宅に押しかけて来た元軍人仲間と論争し、元軍人仲間の反共・ソ連脅威論（自衛隊の「軍備戸締論」）と対決した [47]。この反共・ソ連脅威論は現代にも通じるものであり、中国脅威論と変身した。その根底にあるのは、元日本陸軍の赤嫌い、即ち中国共産党に対する対抗意識であると考えられる。この意識は今なお多くの日本人の中に流れていて、日本の多数の知識人にも共通する見解であろう。

　ところが、戦後の遠藤は妥協を知らない論客として執筆や講演活動に尽力し、「再軍備百害あって一利なし」とか、「軍備亡国」などを訴えた。1980（昭和 55）年に「軍備亡国」を『世界　11 月号』に掲載し、この「軍備亡国」の思想こそが遠藤の最終結論となった。彼はこの思想について次のように解説している。

　軍隊を持って、戦争を阻止しようとすれば、おのずから相手に優る戦力が

ほしくなります。これが軍備拡張競争の誘因となり、その結果は国を破滅に陥れることを歴史が証明しております。老子も「兵甲堅ければ国必ず亡ぶ」と訓えております……その上、軍備が戦争を抑止するなどということは詭弁にすぎません。反対に軍備はいつも戦争誘発の導火線となっております。とかく、軍備を持ちますとそれを使って見たくなるのは人情の常であります……[48]

　有限の地球に人類が永く生存を続けるためには、資源の浪費と自然の破壊を慎まねばならないことは、人類共通の重大かつ緊急の問題となった。今日資源の浪費と自然の破壊の最大元凶である戦争と軍備は絶対に止めるべきでありましょう……軍人出身以来勝つことのみを研究して来ました私は、「真の勝利は相手を暴力を以て打ちのめすことではなく徳を以て相手を友にするにあり」と悟りました。「徳を以て勝つ者は栄え力を以て勝つ者は亡ぶ」、「剣に依って興る者は剣によって亡ぶ」との古訓を信ずるものであります。したがって私は日本の最善の国防策は日本国憲法の示す「非武装親善外交」であることを信じております……[49]

　上記の論旨によれば、遠藤の「非戦平和」思想の核心にはこの「軍備亡国」という四文字が輝いている。これは遠藤がアジア太平洋戦争の実体験から生み出した真理であると思われる。世界の歴史を振り返って見れば、遠藤のこの理論がすでに歴史的に証明されたことが分かる。例えば、中国古代の秦王朝（紀元前221年～紀元前206年）の始皇帝嬴政が中国を統一した当初、彼は最強の軍団を持っていたが、軍備増強に国力を尽くし過ぎたため、秦帝国はわずか15年間ほどで倒された。そして20世紀の近代になると、ヒトラーのナチスドイツの第3帝国（1933年～1945年）が十数年を経て潰され、また、大日本帝国の傀儡国家であった「満洲国」（1932年3月～1945年8月）もわずか13年半で崩壊した。この過去の歴史上の事実を考察すれば、遠藤の「軍備亡国」論は空想的、幻想的な発想ではなく、過去の歴史を直視する現実的な理論であると考える。

おわりに

　以上のような遠藤三郎の戦後の「非戦平和」思想と日中友好活動を考察すれば、1945年8月15日の日本の敗戦以来、激動していた歴史の流れの中で、彼の思想と行動がどのように変化したのか、を検証することは大変意義のあ

ることと思われる。その時代に書き残された遠藤の記録、即ち戦後の「遠藤日誌」や彼の自伝、語録、「中国訪問記」などから、日本の元戦争指導者の一人が何故戦後「非戦平和」主義者に転向したのか、その理由が鮮明になってくる。

　戦後の遠藤の思想的転向は突然の豹変ではなく、満洲事変以後の約15年のアジア太平洋戦争の体験と深い教養及び読書から培養されたものであったと考える。その理論の根底には、本論で触れたように、彼が初期のフランス留学時代に学んだオーストリアの政治学者クーデンホーフ・カレルギーの「欧州連合」論も1つの原型になると思われる。その理論に基づき、彼は戦後、さらにロシアの文豪レフ・トルストイやインド独立の父と呼ばれているガンジーの「平和、非暴力主義」思想にも感銘を受けるとともに、若き日に世界から軍備をゼロにする「完全軍縮案」を作成し、満洲事変の直前（1931年5月）参謀本部の上層部に提案したことが注目される。当然ながら、その構想は当時の参謀本部内で物議を醸し、採用されなかった。しかし、戦後彼の「非戦平和」思想は若き日に構想した「完全軍縮案」を延長したものだと考えられる。その意味では、彼の戦後の「非戦平和」思想は豹変した理論家のものではなく、若き日に持っていたヒューマニズム的な人間性[50]と「非戦平和」思想の復活であったと言い得るであろう。

　それにもかかわらず、日本の軍隊は、戦時中まだ遠藤に自由な発想をする余地をほとんど与えなかった。一方、遠藤はアジア太平洋戦争において、日本陸軍の組織に属する軍人であったため、不本意ながら、その職責上、作戦参謀としてその作戦計画を立案し、指導的な役割を果たした。それは軍隊という組織に属するエリート軍人の宿命だったと言ってよいと思われる。その結果、彼は陸軍中枢部の一員として作戦の拡大に翻弄され、時に組織人として新しい作戦計画の立案に従事し、アジア太平洋戦争の泥沼に巻き込まれてしまった。

　ところが、彼は元来理想主義的性格が強かったこともあり、日中15年戦争における陸軍上層部の無謀な作戦や日本軍の中国の一般住民に対する無差別殺害などを体験すると、戦争に対する疑念、或いはヒューマニズム的な考え方を再度呼び起こすことになった。こうした彼のヒューマニズム的な考え方が、「遠藤日誌」からも読み取ることができる。軍人としての遠藤は、その生涯を通してヒューマンな人間性を持っていた。それは典型的には、彼の戦後の「非戦平和」思想の形成や日中友好関係推進のための諸活動として発揮されたと思う。

なお、日中全面戦争及び太平洋戦争が勃発した以降、遠藤は苦心しながら各種の作戦案を立案したが、結局その努力も最終的には虚しく水泡に帰してしまったことになる。彼は沖縄決戦での日本軍の大敗北と、最終的にはソ連軍の対日参戦が大日本帝国の敗北に結びつくことを認識していた。その時、遠藤の脳裏には「非戦平和」思想が芽を出し始めたことになる。遠藤が戦時中の戦争指導者から戦後の「非戦平和」主義者に転向した一つの契機はそこにあったと考えられる。その結果、彼は最終的に日本の敗北を認め、戦後日本が武装のない、徳の国になった姿に誇りを持ちながら、自分の独自の「非戦平和」思想を抱き始めることになった。さらに、戦後になって、彼は最終的に軍人仲間から村八分にされ、孤立しながらも、不屈で勇気を持って、その「非戦平和」思想と日中友好活動を継続したのである。

　いずれにしても、遠藤の日中15年戦争と太平洋戦争時代の軍人歴は、彼の戦後の「非戦平和」思想の形成にとって決して無駄ではなかったと思う。この戦争体験は彼がその半生を費やした戦争が誤りであったこと、むしろ戦争の罪悪を反省する素材になり、彼の「非戦平和」思想を形成する背景になったことを私は指摘したい。

　特に、日中15戦争時代において、彼が創立と建設に尽力した「満洲国」とその崩壊、及び大日本帝国の敗北、その歴史の現実が晩年の彼の思想を転換する要因の一つになったものと思われる。勿論、彼の晩年の「非戦平和」思想は最初その戦争体験から誕生したが、さらに巣鴨入所中、『聖書』を勉強したこと、出所後朝鮮戦争が勃発するとともに、日本国内で「再軍備論」が台頭し始めた現状に触れたこと、そして戦後新中国を訪問した時、新中国の指導者毛沢東主席、周恩来総理などと出会ったこと、新中国の一般民衆の姿を見たことなどが、遠藤の「非戦平和」思想の形成にも大きな影響を与えたと言えるであろう。

　戦後遠藤三郎が歩んだ日中友好の道は、遠藤が歴史を正しく認識した好事例であると考える。彼は侵略戦争を指導した元エリート軍人でありながら、戦後、侵略戦争の過ちを素直に反省した。遠藤のような軍人は今の日本とアジアの人々に重要な平和のメッセージを投げかけていると言って良いであろう。我々は戦後、遠藤三郎の歩んだ日中友好の道が雑草に覆われてしまうことなく、その道を太くて長い大道にする努力を続けていくことを強く願望するものである。

後注

1 　日中 15 年戦争とは、「1931（昭和 6）年 9 月 18 日の柳条湖事件を発端としてはじめられ、
1945 年 8 月 14 日のポツダム宣言受諾および 9 月 2 日の連合国に対する降伏文書調印によって
終結した足掛け 15 年にわたる一連の戦争を指す。この戦争は 31 年 9 月 18 日以降の満洲事変、
37 年 7 月 7 日の盧溝橋事件を発端とする日中戦争、41 年 12 月 8 日の真珠湾・英領マレー半島
奇襲に端を発するアジア太平洋戦争という三つの戦争＝段階から構成され、その第一段階であ
る満洲事変は 33 年 5 月 31 日の塘沽停戦協定を境として、狭義の満洲事変（31 年 9 月 18 日～
33 年 5 月 31 日）と華北分離工作（33 年 6 月 1 日～ 37 年 7 月 6 日）という二つの小段階にさ
らに区分される」ということである。江口圭一『十五年戦争小史（新版）』青木書店、2006 年、
11 頁。

2 　遠藤三郎の経歴について、拙稿「元関東軍作戦参謀遠藤三郎と熱河作戦―『遠藤日誌』を中
心に―」（『インターカルチュラル　第 12 号』）風行社、2014 年、43 ～ 45 頁を参照。

3 　「遠藤日誌」について、拙稿「遠藤三郎と第一次上海事変―『遠藤日誌』を中心に―」（馬場
毅編『多角的視点から見た日中戦争―政治・経済・軍事・文化・民族の相克』集広舎、2015 年、
58 頁）を参照。また、「遠藤日誌」は未だ一般に公刊されていないため、引用箇所、頁数を具
体的に示すことができない。ただし、その「日誌」に日付が明記されているので、私は「遠藤
日誌」そのものを本文で引用した場合は、日付を引用文の頭に付記したが、本文との重複を避
けるため、引用文献の注記（「遠藤日誌」とその日付）を割愛した。

　なお、私は元名城大学法学部で政治史の講義を担当した非常勤講師吉田曠二先生との個人的
な縁故により、「遠藤日誌」及び関係文書のコピーを拝借した。その「日誌」の解読について、
吉田先生から個人的な指導をいただき、その結果、漸次難解な「遠藤日誌」の解読を進めるこ
とができた。さらに、私は埼玉県狭山市の遠藤家を数回にわたり訪問する機会に恵まれ、「遠
藤日誌」の版権の所有者・遠藤家の当主から許可を得て、その「日誌」が寄託されている狭山
市立博物館でそれを閲覧する便宜を与えられ、遂に遠藤三郎研究の全体的な基礎資料にアプ
ローチすることができた。

4 　日本国憲法第 9 条「戦争の放棄、戦力及び交戦権の否認」の条文は次の通りである。即ち、「①
日本国民は、正義と秩序を基調とする国際平和を誠実に希求し、国権の発動たる戦争と、武力
による威嚇又は武力の行使は、国際紛争を解決する手段としては、永久にこれを放棄する。②
前項の目的を達するため、陸海空軍その他の戦力は、これを保持しない。国の交戦権は、これ
を認めない」と。菅野和夫ほか編『ポケット六法　平成 21 年版』有斐閣、2009 年、12 頁。

5 　「遠藤日誌」は 1904（明治 37）年 8 月 1 日から、最後の日付の 1984（昭和 59）年 9 月 9 日
まで、明治から大正、昭和の年代にわたり、80 年間一日も欠かさず書き続けられたものであり、
その冊数は 93 冊、1 万 5 千頁に及んでいる。

6 　遠藤三郎の戦後の経歴については、私は遠藤三郎の自伝『日中十五年戦争と私―国賊・赤の

将軍と人はいう』日中書林（1974 年、515 ～ 516 頁）、宮武剛著『将軍の遺言—遠藤三郎日記
—』毎日新聞社（1986 年、242 ～ 243 頁）、及び吉田曠二著『将軍遠藤三郎とアジア太平洋戦争』
ゆまに書房（2015 年、508 ～ 512 頁）を参考にして、まとめている。

7　　「満洲事変以来、日本軍はしばしば『自衛権』の行使という詭弁を利用して、アジア大陸の
　　各地で武力行使を発動し、戦線を拡大してきたが、アジア太平洋戦争の終末において、日本国
　　の最高責任者である天皇の降伏決定の詔勅が発せられてもなお、自衛戦争の認可が参謀総長か
　　ら発令された。その結果が惨憺たる被害を中国大陸や樺太、千島列島に駐兵する日本兵や民間
　　人にもたらしたことになろう」。吉田曠二『将軍遠藤三郎とアジア太平洋戦争』ゆまに書房、
　　2015 年、320 ～ 321 頁。

8　　遠藤三郎『日中十五年戦争と私—国賊・赤の将軍と人はいう』日中書林、1974 年、329 頁。

9　　日中友好元軍人の会『遠藤語録』編集委員会『軍備は国を亡ぼす—遠藤三郎語録』日中友好
　　元軍人の会、1993 年、50 ～ 51 頁。

10　　「日本再軍備の出発点は、1945 年末からアメリカ軍部が、対ソ全面戦争勃発の場合には、
　　第二次世界大戦モデルすなわち総力戦モデルで戦うという基本方針を持ち、同盟国と占領地
　　域の軍事的資源（基地、工業力、人的資源そして天然資源）を最大限に動員する戦略構想を
　　追及したことに存する。終戦直後におけるトルーマンによる日本を米国勢力圏に組み込む決
　　定は、再軍備の遠因ではあったが、直接的出発点ではない。1946 年から、米軍部は日本の軍
　　事的資源を対ソ全面戦争の枠組みに組み込もうとし、日本再軍備の構想はその一端であった」。
　　柴山太『国際政治・日本外交叢書⑪　日本再軍備への道—1945 ～ 1954 年—』ミネルヴァ書房、
　　2010 年、567 頁。

11　　「1950（昭 25）6 月に起こった朝鮮戦争を契機に、在日米軍（占領軍）は「国連軍」として
　　朝鮮に出動した。総司令部最高司令官マッカーサーは、警察力を補うため 7 万 5 千からなる警
　　察予備隊の設置を命じ、その結果政府は、政令 260 号により警察予備隊を設置した」。網中政
　　機『憲法』嵯峨野書院、2006 年、93 頁。

12　　遠藤三郎「軍人生活の体験に基く日本の再軍備反対論（国際警察部隊設置の提唱）　昭和
　　二十八年十一月稿」、5 ～ 6 頁。

13　　日中友好元軍人の会『遠藤語録』編集委員会、前掲書、51 ～ 52 頁。

14　　1926（大正 15、昭和 1）年 3 月、遠藤三郎は、陸軍参謀本部の上層部からフランス駐在の命
　　令を受け、同年 9 月 13 日にフランスへ出発した。その後の 10 月 26 日に、彼は遂にパリに到着し、
　　これから約 3 年数カ月間（1926 年 9 月～ 1929 年 12 月）フランス駐在武官として留学生活を送
　　ることになった。このフランス留学時代は遠藤の視野を広げる重要な一時期だと思われる。吉
　　田曠二『元陸軍中将遠藤三郎の肖像』すずさわ書店、2012 年、72 頁。

15　　遠藤三郎、前掲書『日中十五年戦争と私—国賊・赤の将軍と人はいう』、374 頁によれば、遠
　　藤三郎はフランス駐在武官として、パリの陸軍大学校に在学中の間（1927 年 11 月～ 1929 年

12 月）、オーストリアの政治学者クーデンホーフ・カレルギーの汎ヨーロッパ理論を学び、欧州連合の構想、即ち「独立国がその主権を絶対のものとして各国が独立の軍隊を持ち互いにいがみ合っていれば各国は必ず共倒れになるであろうから、各国は主権の一部を譲り合い連邦組織を作らねばならぬ」という説に共鳴した。

なお、速記録「将軍は語る―遠藤三郎対談記」（草稿　昭和 54 年 4 月）、37 〜 38 頁によれば、晩年遠藤はクーデンホーフ・カレルギーの「欧州連合構想」について、次のように語っている。「フランスに留学させられて、向こうに行って、俺が本当にありがたいことを習ったと思ったのが、クーデンフォーフ・カレルギーの世界連邦の汎ヨーロッパ思想、つまり独立国家がみんな独立の軍隊を持って、いがみあっていたら、必ずこれは滅亡する、共倒れだ。だから、主権の一部分をお互いに譲り合って連邦組織にしなくちゃいかんという思想です。私は非常にそいつに共鳴した。なるほど、そりゃいいや、日本だって徳川時代までは、何百という藩があって、みんな独立の軍隊を持って、それで喧嘩しておった。それを各藩に軍隊を持たせないようにして、中央に集めてうまくいったじゃないか。なるほど、これは連邦組織というのはいいなあと思って、それから連邦のことをうんと研究してすぐ中央にも報告したんだよ……」

16　満洲事変勃発直前の 1931（昭和 6）年 5 月、国際連盟は陸海空の全般軍縮会議が国連加盟国全部で行われる予定の際、遠藤は参謀本部からその準備委員の一人に任命された。その際、彼は「平等逓減方式による全世界の軍備全廃」という「完全軍縮案」を作成し、国際連盟に提起すべきだと陸軍の上司に訴えた。この「完全軍縮案」について、遠藤は次のように説明している。「第一回会議においては、あえて軍縮せず、ただ各国が平等の権利として保有しうる軍備の最大限（天井）を各カテゴリーごとに決定するにとどめる。これがため、各国は現有兵力を各カテゴリーごとに報告し、その中の最大のものを各国が権利として保有しうる最大限として認め、いずれの国もそれ以上は保有しないことを約束し、かつそれを視察する機関を設定する、その後、恒例的に二年ないし五年ごとに同様の会議を繰り返し、次第に各カテゴリーごとの天井を低下させ、ついにゼロに到達する」。日中友好元軍人の会『遠藤語録』編集委員会、前掲書、30 頁。

17　網中政機、前掲書、70 頁。

18　遠藤三郎、前掲書『日中十五年戦争と私―国賊・赤の将軍と人はいう』、359 頁。

なお、日本国憲法 9 条の発案者は誰なのか、憲法は押しつけか否かという議論について、2015 年 6 月 3 日付『朝日新聞』（夕刊）の連載コラム「新聞と 9 条（42）　朝鮮戦争と再軍備（13）」で次のような記事が掲載されている。即ち、「1951 年 4 月 19 日、米議会での退任演説で軍歴を終えたマッカーサーは、5 月 5 日の上院軍事外交合同委員会で、戦争放棄条項誕生の経緯を証言した。日本が憲法草案を作成していたころ、マッカーサーは、首相の幣原喜重郎から戦争放棄をどう思うか、意見を求められた。マッカーサーが幣原に答えた。『世人の嘲笑を切り抜けて行くには非常な精神的な強さを要するであろうし、そして結局は守り得ないことになるかもしれないが、とにかく敢然と進むべきである』。この言葉を受けて幣原は、戦争放棄を憲法に

書き込んだ、とマッカーサーは述べた（7日付朝日新聞）。幣原は、この証言の2カ月前に死去。本人への確認は不可能だった。ただし、幣原自身、マッカーサー証言の直前（51年4月）に刊行された遺著『外交五十年』で、戦争放棄、軍備全廃は自分の発案であり、連合国軍司令部（GHQ）に強いられたのではない、と述べていた。その後、63年にはマッカーサーは『回想記』を発表、戦争放棄条項に触れた。日本政府の憲法問題調査委員会（委員長・松本烝治）が草案作りをしていた46年1月24日、自分の事務所を幣原が訪ねてきた。幣原は戦争放棄と軍事機構の不保持を定めたいと提案した。戦争廃止は私の長年の夢でもあった。幣原は涙ながらに言った。『世界は私たちを非現実的な夢想家と笑いあざけるかも知れない。しかし、百年後に私たちは予言者と呼ばれますよ』。マッカーサーはここでも、幣原が提案し自分が同意した、と強調した。法制局長官として憲法制定に関わった入江俊郎は、マッカーサーの上院での証言を踏まえて、マッカーサーだけでも、幣原だけでも『このようなきわめて理想的な憲法の条項』は生まれ得なかった、2人がいてこそ9条だった、と52年に振り返る……」

19　同上書、361頁。

20　同上書、362頁。

21　同上書、362頁。

22　同上書、362頁。

23　同上書、375頁。

24　同上書、378頁。

25　同上書、355頁。

26　遠藤三郎等著『元軍人の見た中共：新中国の政治・経済・文化・思想の実態』文理書院、1956年、25頁。

27　遠藤三郎「中国訪問記　自昭和丗年十一月六日至十二月六日」（別冊）（1955年11月13日付）。

28　同上（1955年11月15日付）。

29　遠藤三郎等著、前掲書『元軍人の見た中共：新中国の政治・経済・文化・思想の実態』、25～26頁。

30　遠藤三郎「元軍人の観たる新中国（昭和三十一年発行）」（別冊）、26～27頁。

31　同上、27～28頁。

32　同上、29～30頁。

33　同上、31～32頁。

34　遠藤三郎、前掲書『日中十五年戦争と私—国賊・赤の将軍と人はいう』、356頁。

35　遠藤三郎等著、前掲書『元軍人の見た中共：新中国の政治・経済・文化・思想の実態』、35頁。

36　遠藤三郎、前掲書『日中十五年戦争と私—国賊・赤の将軍と人はいう』、356頁。

37　同上書、357頁。

38　「トルーマン・ドクトリンがきっかけとなって、アイディアにしか過ぎなかった『封じ込め』

の考え方が政策としてより具体性を帯びてくるようになる。1947 年 1 月に国務長官に任命されたジョージ・マーシャルは、5 月はじめに国務省内に政策企画部（PPS）を設置し、ケナンを同部長に抜擢した。彼を中心にして、以後本格的に『封じ込め政策』の立案化が進められるようになった……ケナンの説く対ソ『封じ込め政策』というのは、一言でいうと『非軍事的手段による限定的封じ込め』であった」。有賀貞・宮里政玄編『概説アメリカ外交史—対外意識と対外政策の変遷—（新版）』有斐閣、1998 年、145 頁。

39 中村祐悦『白団—台湾軍をつくった日本軍将校たち』芙蓉書房、1995 年、7 〜 11 頁。

40 遠藤三郎、前掲書『日中十五年戦争と私—国賊・赤の将軍と人はいう』、356 〜 357 頁。

41 吉田曠二、前掲書『将軍遠藤三郎とアジア太平洋戦争』、396 頁。

42 遠藤三郎、前掲書『日中十五年戦争と私—国賊・赤の将軍と人はいう』、481 〜 482 頁。

43 同上書、430 〜 436 頁。

44 同上書、439 〜 447 頁。

45 同上書、448 頁。

46 吉田曠二、前掲書『将軍遠藤三郎とアジア太平洋戦争』、390 〜 391 頁。

47 当時、遠藤が自宅でその「非戦平和」思想で、「軍備国防論」を堅持していた元軍人たちと論争した内容について、前掲速記録「将軍は語る—遠藤三郎対談記」に詳しく記録されている。

48 遠藤三郎、前掲書『日中十五年戦争と私—国賊・赤の将軍と人はいう』、455 頁。

49 同上書、458 頁。

50 こうした遠藤のヒューマニズム的な人間性が具体的に現れた例として、1923（大正 12）年 9 月関東大震災直後の彼の行動を挙げることができる。即ち、関東大震災が勃発すると、日本国内、特に関東地方では、朝鮮人虐殺事件が相次いで発生し、パニック状態に陥ったが、当時陸軍野戦重砲兵第 1 連隊の第 3 中隊長であった遠藤は、軍隊を率いて震災救助と治安維持に従事しながら、全力を尽くして無辜な朝鮮人及び中国人約 7000 人を積極的に保護し、習志野演習場に送ることになった。宮武剛『将軍の遺言—遠藤三郎日記—』毎日新聞社、1986 年、24 〜 25 頁。

参考文献：

1、日本語文献

網中政機『憲法』嵯峨野書院、2006 年。

有賀貞・宮里政玄編『概説アメリカ外交史—対外意識と対外政策の変遷—（新版）』有斐閣、1998 年。

今村均『続・今村均回顧録』（改題『続・一軍人六十年の哀歓』）芙蓉書房、1980 年。

稲葉正夫ほか編『太平洋戦争への道　別巻　資料編』朝日新聞社、1963 年。

江口圭一『十五年戦争小史（新版）』青木書店、2006 年。

外務省外交資料館日本外交史辞典編纂委員会『日本外交史辞典』山川出版社、1992 年。

菅野和夫ほか編『ポケット六法　平成 21 年版』有斐閣、2009 年。

柴山太『国際政治・日本外交叢書⑪　日本再軍備への道―1945 ～ 1954 年―』ミネルヴァ書房、
　　2010 年。

田原洋『関東大震災と王希天事件―もうひとつの虐殺秘史』三一書房、1982 年。

角田房子『甘粕大尉』中公文庫、1979 年。

中村祐悦『白団―台湾軍をつくった日本軍将校たち』芙蓉書房、1995 年。

服部卓四郎『大東亜戦争全史』原書房、1993 年。

馬場毅編『多角的視点から見た日中戦争―政治・経済・軍事・文化・民族の相克』集広舎、2015 年。

肥田進『集団的自衛権とその適用問題―「穏健派」ダレスの関与と同盟への適用批判―』成文堂、
　　2015 年。

村瀬興雄『世界の歴史（15）―ファシズムと第二次大戦―』中公文庫、1962 年。

2、遠藤三郎関係文献・資料・論文

（1）文献

遠藤三郎『日中十五年戦争と私―国賊・赤の将軍と人はいう』日中書林、1974 年。

遠藤三郎等著『元軍人の見た中共：新中国の政治・経済・文化・思想の実態』文理書院、1956 年。

日中友好元軍人の会『遠藤語録』編集委員会『軍備は国を亡ぼす―遠藤三郎語録』日中友好元軍
　　人の会、1993 年。

宮武剛『将軍の遺言―遠藤三郎日記―』毎日新聞社、1986 年。

吉田曠二『元陸軍中将遠藤三郎の肖像』すずさわ書店、2012 年。

吉田曠二『将軍遠藤三郎とアジア太平洋戦争』ゆまに書房、2015 年。

（2）資料

遠藤三郎「遠藤日誌」（昭和二十年八月十五日～昭和五九年九月九日）。

同「極秘　昭和二年八月　寿府三国海軍軍備制限会議報告書」（別冊）。

同「軍人生活の体験に基く日本の再軍備反対論（国際警察部隊設置の提唱）　昭和二十八年十
一月稿」（別冊）。

同「戦争並に戦争準備否協力運動展開に関する提唱」（昭和丗年四月）（別冊）。

同「中国訪問記　自昭和丗年十一月六日至十二月六日」（別冊）。

同「元軍人の観たる新中国（昭和三十一年発行）」（別冊）。

速記録「将軍は語る―遠藤三郎対談記」（草稿　昭和 54 年 4 月）（別冊）。

（3）論文

東中野多聞「遠藤三郎と終戦―戦前から戦後へ（附）遠藤三郎関係史料目録」（東京大学大学院
人文社会系研究科・文学部日本史学研究室『東京大学日本史学研究室紀要　第 7 号』）、2003 年、
　　95 ～ 115 頁。

吉田曠二「元日本陸軍将軍・遠藤三郎と第 731 部隊」（15 年戦争と日本の医学医療研究会編『731

日本軍細菌戦戦部隊』）文理閣、2015 年、336 ～ 360 頁。

拙稿「元関東軍作戦参謀遠藤三郎の対ソ戦論と行動―『遠藤日誌』を中心に―」（『名城大学法学論集　大学院研究年報第 40 集』）、2012 年、3 ～ 39 頁。

同「遠藤三郎と満洲国―『遠藤日誌』を中心に―」（『ICCS 現代中国学ジャーナル　第 5 巻　第 2 号』）、2013 年、35 ～ 55 頁。

同「元関東軍作戦参謀遠藤三郎と熱河作戦―『遠藤日誌』を中心に―」（『インターカルチュラル　第 12 号』）風行社、2014 年、42 ～ 57 頁。

同「遠藤三郎と第一次上海事変―『遠藤日誌』を中心に―」（馬場毅編『多角的視点から見た日中戦争　経済・思想・文化・民族の相克』）中国書店、2015 年、33 ～ 61 頁。

同「満州事変を巡る関東軍の謀略作戦－『遠藤日誌』を中心に－（Ⅰ）」（政治経済史学会編集『政治経済史学　第 584 号』）日本政治経済史学研究所、2015 年、1 ～ 23 頁。

同「満州事変を巡る関東軍の謀略作戦－『遠藤日誌』を中心に－（Ⅱ）」（政治経済史学会編集『政治経済史学　第 585 号』）日本政治経済史学研究所、2015 年、24 ～ 42 頁。

同「遠藤三郎と重慶爆撃 －『北進』から『南進』への国策転換－」（『愛知大学国際問題研究所紀要　第 146 号』）、2015 年、267 ～ 293 頁。

3、新聞

「新聞と 9 条（42）　朝鮮戦争と再軍備（13）」、『朝日新聞』2015 年 6 月 3 日付（夕刊）。

優秀賞

中国清朝末期における福沢諭吉認識への一考察

広東外語外貿大学東方言語文化学院
日本語言語文化研究科博士課程前期2年
龍 蕾

【はじめに】

　民衆を啓蒙して独立した国家を創出しようとする強い使命感に燃えた福沢諭吉（1835 ~ 1901）は、日本における初めての私立大学である慶應義塾を創立し、三度の洋行による直接の見聞体験で西洋文明を日本に積極的に導入した。日本の近代化を解釈する上で、避けては通れない人物である。しかし、近年の中国における福沢研究は、福沢の「脱亜論」における侵略性に一方的に落ち込んで、侵略主義者である福沢像を構築しようとする傾向が明らかに見える。時代の流れに従って、福沢における国民に対する啓蒙意識が国権拡張のための戦略に転換して、しかもその矛先がまず中国に向かったことは確かである。福沢の侵略性、あるいは福沢の戦争責任を問い詰める研究者らは、「脱亜論」に言及した最初の文献が遠山茂樹の「日清戦争と福沢諭吉」（1951）であって、しかも 1966 年、竹内好は評論「日本とアジア」で日本におけるアジア主義を論証するため「脱亜論」を取り上げたことによって、「脱亜論」が初めて有名になった（当時の社会に「脱亜論」はそれほどの影響を与えなかったこと）[1]と指摘している。だが、たとえ福沢の言論が当時の政府の策略にある程度の影響を受けたとしても、福沢の官僚ではない、一介の教育家、思想家である側面を看過したといわなければならないのである。

　一方、日清戦争を経験した清国では、明治維新に成功した日本の速やかな発展を実感し、日本に学ぶブームが起きた。光緒 3 年（1877）、中国の清朝政府は初めての中日公使団を東京に派遣した。また光緒 24 年（1898）戊戌の政変により、梁啓超（1873 ~ 1929）、康有為（1958 ~ 1927）は日本への亡命を余儀なくされた。光緒 27 年（1901）の「新政」により日本への留学ブームはより一層刺激され、光緒 28 年（1902）呉汝綸（1840 ~ 1903）が清朝政府から教育視察のために日本に派遣された。

　また、満清政府を覆し、民主制政府を作ることを目指して日本に亡命した孫文（1866 ~ 1925）は、光緒 31 年（1905）に東京で革命志士を集めて「中国同盟会」を成立するなど一連の事件によって、清朝末期の革命家、教育者、留学生たちは一時的に日本に集まった。前述した近年の中国における福沢研究に定形となった「侵略主義者である福沢像」から脱出し、かえって中日交流が活発になった清朝末期という特別な時期に、福沢はどのように中国

1　　平山洋　『福沢諭吉の真実』、第五章「何が『脱亜論』を有名にしたのか」、文芸春秋、2004.08.20、p 209 ~ 229。本書に関しては史料紹介部分のみ筆者が関心を持っている。

の人々に認識されたのかを探究することによって、中国清朝末期の知識人が明治社会に求めていた「精神」を見つけることが、本稿の目的である。

【先行研究】

　福沢が梁啓超に及ぼした影響についての研究は中日両国で盛んに行われたとはいえ[2]、中国清朝末期における福沢諭吉認識を全体的に把握しようとした研究は未だに和田博徳（1962）[3]と區建英（1992）[4]の二つしかないという状態である。

　區（1992）は論文の冒頭部分で、「和田氏の扱っている中国文献は、主として一時期に福沢を多く取り上げた梁啓超関係のものである」と指摘し、このような文献によって「福沢の影響が大きいと推論するのは、一部分から全体を概括する恐れがある」と和田の論文を批判した。続いて、區は梁啓超のほかに、清朝末期における官僚である黄遵憲（1848〜1905）[5]、呉汝綸[6]、革命家である梁啓超、章太炎などの人物を取り上げ[7]、彼らの著作における福沢に関する段落を抽出して分析することによって、清朝末期の知識人は衰弱した清国を救う方法、あるいは、中国の近代化を打開する方針を福沢諭吉に求めようとしていたと結論づけた。また、このような福沢理解の姿勢は、「応

2　　川尻文彦　「梁啓超の政治学 -- 明治日本の国家学とブルンチュリの受容を中心に」『中国哲学研究』（24）、2009、p 74〜79。

　　　朱琳　「梁啓超の『文明認識』およびその変遷」、『東アジア文化交渉研究』第 4 号、p 193〜212。

　　　閔鋭武　「梁啓超与福沢諭吉啓蒙思想在近代中国的伝播与影響」『河北学刊』、2000.11.20。

　　　鄭匡明　『梁啓超啓蒙思想的東学背景』、上海出版社、2003。など。

3　　和田博徳　「中国における福沢諭吉の影響」、『福沢諭吉全集』（初版）第十九巻付録、1962。

4　　區建英　「中国における福沢諭吉の理解」、『日本歴史』（525）、吉川弘文館、1992.02、p 63〜80。

5　　黄遵憲（こう じゅんけん、漢語拼音：Huang Zunxian、1848 年 4 月 27 日 - 1905 年 3 月 28 日）は、清朝末期の詩人・外交官・政治改革者であり、また知日家としても知られる。

6　　呉汝綸（ご じょりん、1840 年 - 1903 年）、字は摯甫または摯父。清末の文学者・教育家。安徽省桐城出身。1864 年に挙人となった。翌年に進士になり、内閣中書となった。曽国藩、後に李鴻章の幕府に入り、直隷の深州・冀州の知州を歴任した。両州に在任中に書院を開設し、自ら講義を行った。その後李鴻章の推薦で保定の蓮池書院の主講となったが、在任中には欧米の学問を積極的に取り入れた。1902 年、京師大学堂（現在の北京大学）の総教習となり、日本に教育制度の視察に赴いた。帰国後は故郷に戻り、桐城小学堂を開いた。

7　　章炳麟（しょう へいりん、1869 年 1 月 12 日 - 1936 年 6 月 14 日）は、清末民初にかけて活躍した学者・革命家。字は枚叔（ばいしゅく）。号の太炎でも知られる。

用」（目下の実用に奉仕する）という特色が目立っていて、理解上の欠落や誤解が多く発生したと區は批判した。

區の論説の正確さはさておき、そのアプローチに対して筆者は必ずしも同意できない。というのは第一に、和田は清朝末期において一番福沢に影響を受けた梁啓超を中心として論点を立てていたのは間違いないが、本文の第六頁に陳独秀、補論の第八頁に呉如綸、清朝末期の学制である『奏定学堂章程』などを取り上げた事実に區は触れずに「一部分から全体を概括する恐れがある」と結論づけたのは、説得力が足りないのではないか。

第二に、和田が呉如綸の日記を取り上げるとき、日付の勘違いでその日記が『奏定学堂章程』における福沢に関する記述にかなり貢献したという一面的な結論を導いた。また區は和田が使用した史料をそのままに扱い、呉の貢献を高く評価し、和田とほぼ同じ結論を出している。これは史料上の真実性を無視し、無責任な結論であるとしか思われない。

また、清朝末期における福沢影響の実例として區は黄遵憲、章太炎などを加え、和田の論文より説得力があるとはいえ、論文の構造は和田論の枠から出なかった。ということは、両者が取り上げた人物は清朝末期の改革に大きな影響をもたらした人物で、清朝末期の特殊な時期における「日本留学生」という大きな群体を看過したと思われる。

和田と區が清朝末期における福沢認識をできる限り全面的に把握したという努力に筆者は敬意を払いつつも、上述した点を含め、両者の研究には不完全さが強く感じられると言わなければならない。そこで先行研究の不足に注意しつつ、本稿を展開していきたい。

8　　陳独秀「本日之教育方針」、『新青年』第一巻第二号、民国四年 (1915) 10 月 15 日。陳独秀（ちん　どくしゅう、1879 年―1942 年）は、中国の思想家・政治家である。懐寧（安徽（あんき）省）の人。字（あざな）は仲甫（ちゅうほ）。1915 年、上海で雑誌「青年雑誌」（翌年「新青年」と改題）を創刊し、旧文化・旧道徳を批判した。1918 年、李大釗（りたいしょう）と「毎週評論」を創刊して新文化運動を指導した。1921 年、中国共産党が成立すると初代総書記となったが、1929 年にトロツキストとして除名された。

9　　黄遵憲、梁啓超は戊戌変法を推進する中心人物、章太炎は「革命派」の中心人物、呉如綸は清朝末期の教育改革に大きな影響を与えた人物である。

優秀賞 ／ 龍蕾 **117**

第一章　日清戦争前の福沢諭吉認識

（一）「謎」の関係——公使官である黄遵憲の福沢認識

　光緒３年（1877年）に中国初の公使団が日本の東京に派遣され、黄遵憲も主要メンバーの一人として選ばれた。「公使」としての責任をはっきり認識した書記官である黄遵憲は、日本研究を自分の最大の仕事とした。在日中の黄遵憲は、日本と中国との相手国に対する研究の落差を常に感じ、この落差に強く不安を持っていて、彼の日本稿の原動力の一つともなった。こうした原動力の上で、来日二年目に、黄は日本稿の基礎研究としての『日本雑事詩』を完成し、その基礎の上で彼はさらに研究を深め、四年の滞在期が終わる頃、50万字余りの集大成である『日本国志』を整えた。

　1880年、日本外務省の支持に基づいて、最初のアジア主義の総合機関である興亜会が日本で創設された。組織者である曽根俊虎の要請で、黄遵憲も興亜会に入会した。ここでこの時期は福沢諭吉が興亜会の顧問を務めていた時期にあたっていることを看過してはいけない。福沢諭吉と同じ機関に所属したことのある黄遵憲の滞在時期（1877年－1882年）は、ちょうど福沢諭吉が活躍していた一時期で、日本を詳しく研究して50万字余りの『日本国誌』までも著した彼は、福沢諭吉をどう認識したのか。

　　［史料一］　外交以降（いわゆる開国以来）、福沢諭吉はまっさきに英文を翻訳、
　　　刊行し、『西洋事情』と名付けた。世の人々は争ってこの本を買う。[10]（筆者訳）

　『日本国誌』の全体から見ると、福沢諭吉を決定的意味のある人物として大きく扱ったわけではない。本書における福沢諭吉に関する正式な記述も、［史料一］しかない。というのは、黄遵憲は福沢諭吉を西洋文化の導入者としてだけ位置づけ、中国に紹介したように見える。しかしながら、福沢諭吉が活動していた時期において、福沢諭吉と同じ機関に所属しており、日本のことを詳しく研究している書記官であった黄遵憲が、福沢諭吉に対してこれだけしか認識していなかったというのは、どうしても理解できないのである。この現況に対して、筆者は下記の推測を行った。

10　　原文：「外交之后，福泽谕吉始译刊英文，名《西洋事情》，世争购之。近年铅制活版盛行，每月发行书籍不下百部，其中翻译书最多，各府县小学教科书概以译书充用。」（［清］黄遵憲・著、呉振清、徐勇、王家祥・点校整理　『日本国志』下、天津人民出版社、2005年1月1日、p799。）

「黄遵憲は『日本国志』を書いている時、意識的に福沢諭吉を避けたのである」。

　黄遵憲と接触した人物を見ると、西欧文明に全くの無理解というわけではなかったが、少なくとも批判的であった儒学者たちが多いと言わねばならない。一方、伝統的な中国文化の教養を持っている黄遵憲自身も、中国の古典から多くの論処を集め、西洋の学問の源は東洋の学問にあると証明しようとした。[11]「西洋＝文明」という図式的な「文明開化」の風潮を風刺する詩歌も多く書いていて、[12]当時日本の西洋文明一辺倒の社会風潮に対して批判を持っていた。西洋文明の「実学」（特に西洋の経済と政治の運営）だけ学ぶべしという観念を持っている黄遵憲は、西洋文明を大いに鼓吹する福沢諭吉とは、「道同じからざれば、あいために謀らず」なので、当然のことながら福沢を評価することもできなかった。

　にもかかわらず、『日本国志』をよく見ると、福沢の影もいくつかの所で落ちているように見える。黄遵憲は「巻三　国統志三」の中で、日本の歴史の変動を大きく四つに分けて、その第四は、

　［史料二］　庶民が政治を議論し、国主を共和とすることを提唱する。[13]（筆者訳）

であった。また、彼は当時の日本社会の世論を分析して、保守（守旧説を持っている）と革新（調停の説を持っている）の二つに分けた。革新の観点は、次のようにまとめられた。

　［史料三］　調停説を主張している者は、天は民を生み君を立て、国を治めさせている。これは一人のためではない。専ら一人のためなら、興があれば廃があり、得があれば失があるということで、今は正にその権を国の臣民に分け、君は無為にして治めることにしてもらう時期である。こうすれば、万世不墜

11　　張偉雄　「『日本国志』研究」、『幌大学総合論叢』第 6 号、1998 年 10 月。

12　　温顥　「黄遵憲における明治日本観の転換」、2007 年 3 月 10 日。

13　　原文：「綜其変故之大者，有四事焉，今汇叙于篇末：一在外戚擅权，移太政于关白…一在将门擅权，变郡县为封建…一在処士横议，変封建为郡县…一在庶民议政，倡国主为共和。（［清］黄遵憲・著，呉振清、徐勇、王家祥・点校整理　『日本国志』上、天津人民出版社、2005 年 1 月 1 日、p 86－92。）

の業とすることができるという。[14](筆者訳)

　この二文を見ると、「天は人の上に人を造らず人の下に人を造らず」を言い、国会の開設を主張する在野の福沢諭吉が主張した「官民調和論」が思い出される。これに対して、黄遵憲は「もし民に議政の権を授けたら、奪い返すことはできない」と鋭く指摘した。西洋文明においても政治面においても福沢諭吉と違う考えを持っている黄遵憲は、「庶民」、「調停説を主張する人」という別称を使って、福沢諭吉のことをあえて避けたのも無理はないであろうか。残念ながら史料に限りがあって、これ以上の探求、言い換えると、黄遵憲の福沢諭吉に対する「真の認識」を探求することはできなかった。しかし、翻訳として「西洋学問」を導入した福沢の姿に対して、黄遵憲は積極的に肯定したことは明らかである。

第二章　日清戦争から1905年までの福沢諭吉認識

　中国の近代史において、日清戦争は画期的な意味を持っているともいえる。というのは、日清戦争前の中国は、西洋国家との対戦で何度も敗戦したとはいえ、伝来の華夷秩序のもとで、アジア諸国に対しては優越感を多少持っていたのであるが、日清戦争で隣国の日本に敗戦したことは、中国人に残存していた優越感を徹底的に潰したのである。この戦争は中国人に未曾有の心理的な衝撃を与え、官僚階層から平民まで、中国の人々は自国の富強の道を真剣に反省し、日本への再認識を行い、日本への留学も積極的に推進し、日本を手本とする一連の活動も始めた。

（一）演説への目線——革新派の梁啓超における福沢認識

　梁啓超の文明観における福沢諭吉の影響に関する研究は既に盛んに行われてきたので、本稿は主に彼の福沢諭吉の演説に対する注目点について注意を払いながら展開する。

14　原文：「为调停之说者曰：天生民而立之君，使司牧之，非为一人，苟专为一人，有兴必有废，有得必有失，正惟分其权于举国之臣民，君上垂拱仰成，乃可为万世不坠之业，此又一说也。十年以来，朝野上下，之二说者，纷纭各执，即主开国会之说，为迟为速，彼此互争；或英或德，又彼此互争。喧哗嚣竞，哓哓未已。而朝廷之下诏，已以渐建立宪政体许之民，论其究竟，不敢知矣。（[清] 黄遵憲・著、呉振清、徐勇、王家祥・点校整理　『日本国志』上、天津人民出版社、2005年1月1日、p 93。）

『清議報』第二六冊に、梁啓超は福沢諭吉と演説について下記の通りまとめた。

［史料四］　犬養木堂が余に言う。日本維新以来、文明普及の法は三つあった。一は学校と言い、二は新聞と言い、三は演説と言う。大抵国民の字を知る者が多い場合は、新聞を利用すべきである。国民の字を知る者が少ない場合は、演説を利用すべきである。日本の演説の風は福沢諭吉氏によって創始された。その創設した慶應義塾でこれ（演説）を開き、当時不思議なものと見なされたそうである。此後嚶鳴社があり、専ら演説を事とした。この気風が既に発達して、今日凡そ人の集合があれば演説せざるものはない。数人相集まり宴会をすると、必ず演説をする者がいる。これは実に文明進化の助けとして一大力となったことである、と木堂は語った。我が中国は近年来、学校新聞の利益について知るものが多くあるが、演説の利益について知る者は極めて少ない。去年、湖南の南学会・京師の保国会は、皆西人の言う演説会に相当するものである。湖南は勢いが俄に進んだのは、実に此力に頼る。惜しいことに、之を行って未だ久しからずして直ちに廃された。今日有志の士は、依然としてこれに尽力すべきである。[15]　（筆者訳）

　専制政権と言論の自由はもとより相容れないものなので、正確に言えば、伝統的な中国にはいわゆる言論の自由があったことはないのである。春秋戦国時代の「乱世」において、言論は広く解放され、「百家争鳴」の現象が起きたが、秦王朝の建立によって、封建専制が強化され、朝廷や皇権に不利な言論を徹底的に禁絶するために言論禁止の法律も初めて作成され、「言禁」が始まった。このような言論禁止に関する法令は清朝に至るまで伝承してきた。ということで、伝来の発言権は、普通民衆に言論自由の権利を与えるためのものではなくて、統治者が自分の統治を守るため、一部の人（官僚、紳士など）に与えているものである。

　清朝末期、専制政権の衰弱によって、上から下まで一連の言論解放運動が展開された。清朝末期の思想家である馮桂芬（1809年－1874年）は、君主と人民の間の交流不足は清政府の腐敗における根本的な原因であると指摘し、その解決策として、「詩歌を作って君主に民意を伝達する」（復陳詩）の方法を表明した。伝統的な方式に解決策を探し、「陳詩」という方法を提出

15　『清議報・第二十六冊』第四巻、成文出版社、民国五十六年、p169。

した馮桂芬と違って、革新派思想家である王韜（1828 年 – 1887 年）は、自分の事業に新しい突破口を作り出した。1874 年、王韜は言論自由の主旨に基づいて、「循環日報」という、最初の中国人が創設した中国語新聞を創立した。紙上だけでなく、革新派の康有為、梁啓超は、[史料四] にも言及した南学会などの結社を作って、民衆を鼓動するために演説なども行った。残念なことに、専制政権がある所、言論への打撃がある。清朝末期の専制政権は衰弱しただけで、壊滅したわけでもないので、西太后は新聞記事を「妖言」とみなし厳しく打撃し、[史料四] に述べられたとおり、1889 年 8 月 21 に西太后は、「南学会」などの結社を廃止する命を下したのである。つまり、清朝末期の言論自由運動もうまく進展できなかったのである。

　こうした打撃を受けた梁啓超は、[史料四] に「行って未だ久しからずして直ちに廃された」と嘆き、福沢によって創設された日本の演説が文明におけるメリットを強調し、中国人を説得しようしていた姿は、[史料四] でうかがえる。このように福沢諭吉の演説に着目した梁啓超は非常に鋭敏性を持っていたといわなければならないと思われる。

（二）「維新大師」──教育家の呉如綸の福沢認識

　清朝末期の教育改革において、呉如綸は避けては通れない人物である。周知の通り、呉如綸は洋務運動に深く関与してきたが、結果的に洋務派の一員になれなかった。その原因として、洋務運動が人材育成を軽視し、西洋における物質の発達に注目することを批判したように、「西学」に対して呉の理解は既に洋務派官僚の理解を超越したと孫徳玉[16]が指摘した。呉の洋務運動に対する批判を見ると、筆者は福沢諭吉の『文明論之概略』における洋務派が「西洋の物質文明」を専らに追求することに対する批判[17]を思い出す。高揚した洋務運動に対して冷静な批判を持ち、二品大臣に跪くことまでされた教育家である呉如綸が、隣国の啓蒙教育家である福沢諭吉に対してはたしてどのような認識を持っていたのか。

　1902 年京師大学堂の総教習に就任した呉汝綸は、日本に教育制度の視察に赴いた。その視察中に書いた日記（『桐城呉先生日記』に収録）と『東遊叢録』は、その後の「奏定学堂章程」という新教育制度の制定に大きな影響

16　　孫徳玉　「呉如綸赴日考察対中国近代教育的影響」、安徽師範大学学報、2009、第 37 巻。

17　　福沢諭吉　『福沢諭吉全集』・第四巻、『文明論之概略・西洋文明を目的とすること』、岩波書店、1969、p 19 – 21。

を与えた。呉汝綸の著作における福沢に関する記述を抽出して整理すると、
下記の通りである。

［史料五］　其国に大師となる者は二人いる。一人は福沢諭吉である。四十年
前米洲を遊覧し、帰朝したら教授を以て職業とした。維新以前慶応義塾を創
立し、政治革新を唱えた。彼の門下生は千人以上いる。科目を分けて講義を
行い、学生の性質に基づいて授業し、その成果を期するのである。列国の盛衰、
山川の要害、兵制沿革の利害に対して尤も関心を持ち、その実用性を期待した。
著作は甚だ多く、皆精粋で読む価値があるのである。阿丹氏（Adam Smith）
の『富国策』と卓靡勒（Tocqueville）の『民治朝廷』を教材とし、其の弟子
には出世した者が多い。…（戊戌）[18]（筆者訳）

　［史料五］は呉汝綸が教育の重要さを論述する文章の一段落である。日本
教育における二人の大師というと、呉は福沢諭吉を第一位に押し出したこと
から、呉にとって福沢諭吉が日本の教育における重要な人物であることは多
言を要さない。ここで注意を払わなければならないことは、教育を通じて救
国しようとしていた呉汝綸は、専らに教育者である福沢諭吉像に落ち込んで
いたのではなく、日本の政治革新に自分なりの考えを持っている福沢諭吉像
にも気が付いていた。残念ながら、教育に一番関心を持っている呉汝綸は、
政治家である福沢像を意識したという鋭い洞察力を持ったといっても、福沢
諭吉の政治思想により一層の考察を行わなかったのである。
　前述した區（1992）は［史料五］に対して、福沢における学問の厖大さ
および彼が使用していた根本テキストを、中国の学界がまだ（1992 年まで）
気付いてなかったことが、呉汝論の日本訪問により既に解明したと高く評価
し、［史料五］が「奏定学堂章程」の「学務綱要」における福沢に対する記
述（［史料六］）にかなり関与したと推定した。[19]

18　　原文:「其本國大師有二人．一日福澤諭吉．四十年前曾游美洲．久仍歸．以教授為業．維新以前．
　　創立慶應義塾．倡變政之議．從學者千數．分門講習．視學者性所近而授之．期于成乃已．于列
　　國之盛衰．山川阨塞．兵制沿革利鈍．尤所究心．蓋稱于有用．所論著甚夥．皆精粹可傳．其教
　　人以讀阿丹氏之富國策．卓靡勒之民治朝廷兩書為本．其弟子受業者．今率多貴顯局要路云．…
　　（戊戌）」（呉闓生編、「教育第十」、『桐城呉先生（汝綸）日記』、台北：文海出版社、1972、 p
　　743。）
19　　前掲　區建英「中国における福沢諭吉の理解」p76。

［史料六］　今日の世界では、洋文が分からないと交渉、遊歴、遊学などできるものはない。洋文を粗略に知っている者は、常に珍しいとされる。その中に狡猾で理屈を無視し、中国の礼儀、法律或いは政体に合わない外国記事を一部分のみ翻訳し、さらに自分の意識に従って、つじつまを合わせるように文章を増減して翻訳する者がいる。日本の福沢諭吉は、維新の志士であって、その著作は数十百種もあり、哲理名言が数えないほど甚だ多いのである。しかし中国の訳者は、専ら男女平権についての篇を取って訳し、教育の根本と政治本源を談ずるも者がない。このようなことは、枚挙に遑がないほど多い。[20]（筆者訳）

　　しかし、［史料五］の文末に書かれている「戊戌」は、この文書が書かれた年が1898年であると明確に語っている。ということは、呉汝綸が日本に教育視察を行う前に既にこの文を書いていて、彼が上述したこと（学問の厖大さと使用した西洋テキスト）への注目は訪日の経験によるものではなく、国内でもらった情報から得たものである。また、「奏定学堂章程」が光緒29年（1903）の年末に作成され、光緒30年（1904）一月に頒布されたもので、その時期に福沢についてのことはすでに黄遵憲、梁啓超、呉汝綸および日本から帰国した多くの留学生らによって語られていたので、「奏定」における福沢像は必ずしも呉汝綸に影響されたとは言えないであろう。
　　そして、呉汝綸の訪問日記において、福沢諭吉に関する記述もいくつか発見された。

［史料七］　二十七日は高等女子師範学校に赴いた。その夜に交詢社に行った。社長の大鳥圭介今は枢密院の顧問官である。社員からの要請に答え、匆々と詩を作って、時事新報新聞社に機械視察に赴いた。[21]（筆者訳）

20　原文:「今日時勢不通洋文者, 於交渉、遊歴、遊學、無不窒礙。而粗通洋文者, 往往以洋文居奇。其滑黠悖謬譯者則専探外國書報之大異乎中國禮法不合乎中國政體者, 截頭去尾而繙譯之。更或附會以一己之私意, 故為增損, 以求自圓其說。譬如日本福澤諭吉維新之志士也, 起著述數十百種, 精理名言不可勝紀。而中國譯者則専取其男女平權等篇譯之, 而其談教育之本談政治之原者則畧之。如此之類, 不勝枚舉。」（舒新城『近代中国教育資料』（「学務綱要・中學堂以上各學堂必勤習洋文」）、人民教育出版社、1962、p 386。）

21　原文:「二十七日赴高等女子師範學校. 晩赴交詢會社社長大鳥圭介. 今為樞密顧問官. 社員請留話及詩於留音機. 倉卒成二十字. 旋至時事新聞報社觀其機器. (郭立志編、『桐城呉先生（汝綸）年譜』、台北：文海出版社、1972、p 177。)」

［史料八］　交詢社に行った。社長の大鳥圭介今は枢密院の顧問官である。…以下の名刺をもらった：鎌田榮吉、岡本貞傑、山田太郎、門野幾之進．伊東茂右為門、福沢一太郎。福沢（福沢一太郎）の父親は教育に名を馳せ、明治維新の大家である。[22]（筆者訳）

　［史料九］　九日は厳範孫と共に慶応義塾に行った。この塾は維新以前、福沢諭吉によって創立されたのである。（福沢が）創校の困難を克服し、一大偉人となったことに対して吾輩は尊敬している。塾には小学の幼児に寮を設けられ、寮ごとに保母を設置し、幼児の生活起居を世話する。また、髪切り所と裁縫所がある学校はこの塾のほかない。教育沿革の大略を相談するため、塾に留まって食事した。その後住所に戻って荷物を簡単に整理する。[23]（筆者訳）

　［史料七］～［史料九］によると、在日中の呉汝綸は、1902年5月27日に交詢社、9月9日に慶応義塾を訪問したことは間違いないのであるが、「教育に名を馳せ、明治維新の大家」、「尊敬すべき一大偉人」などの言葉遣いから見ると、当時の呉汝綸における福沢諭吉に対する認識は考察前の「日本の維新大師」という枠から脱出していなかった。だが［史料九］に、呉は福沢が困苦険難を克服して学校を創立したことに敬意を表したことは明白であり、このことは呉が帰国（光緒28年の年末）後「桐城学堂」を創立することにある程度の刺激を与えたと思われる。残念ながら、学校が創立された後の光緒29年（1903）の春に呉の死去により、これ以上の探究はできなくなった。福沢と同じく呉汝綸も、洋務運動の専らに物質上の発達を追求することを批判し、学校を創立して人材の養成により国の独立を達成する願望を持っていたが、福沢と違って時運に恵まれず、願いが実現できなかったのである。

22　原文：「赴交詢會．社長大鳥圭介．今為枢密顧問官．……社會中見名刺者．鎌田榮吉．岡本貞傑．山田太郎．門野幾之進．伊東茂右為門．福澤一太郎．福澤之父有教育大名．維新時大師也．（二十七日）」（呉闓生編、「遊覧第十二」、『桐城呉先生（汝綸）日記』、台北：文海出版社、1972，p 872。）

23　原文：「九日丙寅，與厳範孫游慶應義塾。此塾維新前開，福澤諭吉一手所成。起籌措艱窘，卒成偉烈，吾曹愧服。此塾小學幼生亦有寄宿舍，毎舍一保姆同起止，幼生衣履，保姆經理之。又有理髮處，補紉處，皆他處所無者。塾中留飯，為言沿革大略。歸寓，料簡行李。」（呉闓生編、「教育第十」、『桐城呉先生（汝綸）日記』、台北：文海出版社、1972，p 810。）

（三）「血を磨いて教育を振興する」——留学生の胡元倓に落とした福沢の影

　胡元倓（1872～1940）は湖南省湘潭県の出身である。彼は、曾祖父が進士、父が学者、そして兄はそれぞれ当時の大学者らの門下生という読書人の家庭に生まれ、彼自身も光緒32（1897）年に抜貢となり、光緒28年（1902）年官費留学生に選ばれ、日本の広文書院速成師範科に入学した。日本滞在中の胡元倓は、「日本における明治維新の成功の原因は教育にある。特に福沢諭吉は一生政治に参加せずに、慶応義塾を創設して尽力したことに感心する。よって、社会中級人材を培養し、教育を以て救国する民族復興の大業を自分の責任とすることに決心した」[25]といい、日本の明治維新の成功原因を教育に帰した。

　半年の留学が終わって、国に帰った胡元倓は1903年3月29日、湖南省初の民立学校を設立した。慶応義塾の例に倣って学堂を設立したものの、胡元倓は学堂を共に運営しようとする湖南紳士[26]が現れないことを嘆き、譚延闓に明徳学堂の運営に参加してもらうよう請願した。譚延闓はこれを受諾し、運営費として1000元を援助し、また当時数少なかった英文教員の俸給費として毎年1000元を援助することを約束したが、学堂の拡大によって日本人教員である永江正直と堀井寛太郎までも招き、学堂経費は依然として問題であった[27]。

　光緒31年（1905）、胡は時の湖南巡撫である端方に、明徳学堂が開学してより今（1905）に至るまでの成果を上げ、学堂の経営費に苦しむ現状を述べ、日本の慶応義塾が政府の補助を得て東洋民立学校の祖となっている例に倣い、毎月1000元の補助金を発給してほしいと申請した。これに対して、端方は明徳の成果を認め、毎月700元を学堂経費補助として発給することにしたのである[28]。これは湖南省における最初の官費による民立学堂に対する経費補助である。その後胡は湖南大学の校長となり、湖南の教育に見落とすことのできない功績を残した。また、明徳学堂は湖南省における民立学校の先

24　清朝、三年ごとに各府学・州学・県学の中から優秀な生員を選抜して国子監に送り、その生員は抜貢と呼ばれる。

25　原文：察知日本維之功，源於教育，而福澤諭吉創辦慶應私塾，殫精竭慮，終身不參與政治，尤為先生所服膺，因決志以教育救國，培養中級社會人才，復興民族以為己任。（饒懷民「胡元倓与明徳学堂」、湘潭師範学院・社会科学学報、第一期、1987。）

26　明代、清代における在郷名士「郷紳」と科挙合格を目指す「士人」を合わせた言葉である。

27　宮原佳昭　「清末湖南省長沙における民立学堂設立と新教育界の形成について：胡元倓と明徳学堂を中心に」、『東洋史研究』、2003、62（2）、p 177－207。

28　前掲。

鞭をつけ、いまや湖南省の重点大学となったのである。

　ということで、胡は学堂の創立においても、経費の調達においても、常に福沢諭吉を手本としていた。革命は腐敗した国家を壊滅することであり、教育は国家を建て直すものであって、両者は国家の振興において互いに補い合い、不可欠なものである。こうした考えは、胡の一生を貫いた理念であって、彼にこのような信念を与えたのは、間違いなく福沢諭吉である。胡は湖南省の革命家である黄興に、「君は革命を唱えるのは、流血の行為であって、吾輩は教育をするのは、血を磨くことである」と言ったこともある。「福沢諭吉は一生政治に参加しなかった」という胡元倓の認識は明らかに間違っているとはいえ、胡元倓は福沢諭吉から救国における教育の重要さという前向きな力をもらい、湖南省の教育を一新したことは否定できないのである。

第三章
1905年から中華民国が成立するまでの福沢諭吉認識

　1905年は中国の「多事の秋」ともいえる一年であった。西太后が「科挙制度廃止」の詔を下達し、千余年以上にわたって存続してきた科挙制度が廃止された。その結果として、留学は知識人が官僚に進出する唯一の道となり、日本への留学をより一層刺激した。一方、前期の「速成」を求める留学と違って、「質」をあげるため、清政府は一連の制度を打ち出し、官費留学を制限し、留学試験も厳しくさせ、日本留学ということ自体も一新された。また、中国人留学生によって1905年8月20日、中国同盟会が東京で正式に創立され、11月機関誌として『民報』が誕生し、孫文は初めて「民族、民権、民生」という「三民主義」を提起した。1905年から中華民国が成立するまでという一時期において、福沢諭吉はどのように中国の人々に認識されたのだろうか。

（一）「善の進化」──革命派の章太炎における福沢認識

　章太炎は中国の伝統諸学・清朝考証学を「国学」に改鋳するのに最も大きく貢献した大学者であると同時に、民族主義革命を主張し、1906年に同盟会の機関誌『民報』の主筆をつとめ、孫文, 黄興とともに辛亥革命の三尊と

29　清末民初の中国人革命家で、孫文とともに民国革命の双璧と称される

よばれた人物である。章は『民報』の第七号に掲載した「倶分進化論」[30]において、以下のように述べている。

[史料十]　進化というものは、一方に沿って直進するのではなく、必ず双方共に進むのである。智識進化を一例として挙げる。もし道徳を以て言えば、即ち善も進化し、悪も進化する。もし生計を以て言えば即ち楽も進化し、苦も進化する。…また善、楽を目的とする者は、その進化は果たして幸いであるか？それとも不幸であるか？進化の実質（双方性）を無視してはならないことは、我が言っている「倶分進化論」そのものである。[31]（筆者訳）

「進化」は直進だけではないとし、相互依存関係を弁証的に明示した。またこういう関係をより一層説明するために、章は世界各国を例として取り上げて述べたのである。日本に関する論述は下記の通りである。

[史料十一]　日本人の場合：日本維新以来、新道徳と旧道徳は共に存在し、法律、礼儀遵守などの面における国民の意識は改善された。従来の結果を軽視して競い合う風潮は、国家のために一身を惜しまない方向に一変するが、これは社会道徳における善の進化である。一方、国勢が段々隆盛になり、法律が次第に備えられ、国民の素質もより一層高まっていたが、西郷隆盛のような正直な人物は公卿において既に見えなくなる。とはいえ、今日の士人には、超然として不羈な者もいる。中江篤介、福沢諭吉は誠に東方の師表というべきである。先進的な学術を持ちつつ、政府に奉仕しない者はあるのか。富貴利益に動かされない者はあるのか。日本維新の僅かな40年に、その善と悪はともに進化した。[32]（筆者訳）

30　「倶分進化論」『章太炎全集・四』に収録、上海人民出版社、1962年。

31　原文：「彼不悟進化之所以為進化者，非由一方直進，而必由雙方並進，專舉一方，惟言智識進化可爾。若以道徳言，則善亦進化。惡亦進化；若以生計言，則樂亦進化，苦亦進化。……然則以求善、求樂為目的者，果以進化為最幸耶？其抑已進化為最不幸耶？進化之實不可非，自標吾論曰《倶分進化論》。」（「倶分進化論」『章太炎全集・四』に収録、上海人民出版社、1962年、p 386）

32　「如日本人而言：日本維新以後，以新道徳與舊道徳相參，其奉法守節，勝于往古。曩者輕果好鬪之風，漸轉而為國家死難，此固社會道徳之進善者。雖然，國勢漸隆，法律漸備，納其臣民於軌範之中，諸公卿間，求其剛嚴直大如西郷隆盛者，蓋不可復觀矣！往昔難輕俠自喜，而士人之倜儻者，亦往往而有，若中江篤介、福澤諭吉諸公，誠可為東方師表也。今其學術雖勝於前，然有不為政府効用者乎？有不為富貴利祿而動者乎？

ここで章は国勢がだんだん隆盛になり、社会文明が進歩してきた日本社会において、西郷隆盛のような公卿がすでに見えなくなったという「悪の進化」を嘆きながら、功名利益に動かされない、国家の独立に尽力した中江兆民、福沢諭吉の在野精神のような「善の進化」に敬意を表した。福沢の教育における功績に注目する清朝末期の福沢認識主流において、章が福沢のこの高邁な精神を洞察した。この点について、區（1992）も「『民報』においても、当時の様々な福沢論においても独特と言えよう」[33]と高く評価した。

【おわりに】

　伝来の華夷秩序に対する優越感が、清朝末期における一連の侵略によって徹底的に潰された中国人は、日清戦争で実力を感じさせられた隣国の日本へ目線を投じた。政府が派遣した考察団、公使団、中国改革の必要に痛感した改革派、そして中国留学政策の改革によって刺激を受けた留学生も一時的に日本に集まってきて、日本との交流がより一層活発化した。紙幅の都合で、本稿は主に清朝末期を三つの時期に分けて、革命家、教育家、留学生などの代表的な具体例を取り上げて、清末期の福沢認識を簡単に探究してきた。現代の「中国への侵略の最大な責任者である福沢諭吉」認識と違って、この時期における福沢諭吉認識は、西洋文明の導入者であり、教育者であり、日本の近代化における積極的なイメージが一般的である。

　確かに區が既に論じた通り、このような福沢理解の姿勢は、「応用」（目下の実用に奉仕する）という特色が目立っているといわなければならないが、こういう福沢認識に投影したのは、明治日本に救国政策、もっと正確に言えば、「独立自主」の方針を精一杯、見つけようとしていた、中国清朝末期の知識人の姿であった。自国が存亡の危機に立たされていたことに直面して、弱肉強食の世界で戦争相手に一方的に責任を追い詰めることより、虚心坦懐に相手に強国方針を学ぶ清朝末期の知識人におけるいわゆる「応用」の特色こそ、清朝末期の中国を塗炭の苦しみから救い出したのではないかと筆者は思っている。実際上にも、この後の歴史がこのことを、われわれに語ってくれている、といえよう。

33　前掲　區建英　「中国における福沢諭吉の理解」p77。

| 優秀賞 |

中国在住の日本人ビジネスパーソンらの異文化社会適応のアスペクト

− Swidler の「道具箱としての文化」の理論を援用した考察 −

早稲田大学アジア太平洋研究科
博士課程 2015 年 3 月修了

堀内弘司

1. 研究の背景・研究課題

本稿の元となる研究の背景には、尖閣諸島（釣魚島）の領土問題から、日中関係がぎくしゃくとしてしまったことがある。両国の政治家やジャーナリストたちは、エスノセントリズム（自文化中心主義：自国の文化・価値規範が正しい）の態度で問題にあたり、相手方の主張や考え方に耳を傾け理解しようとする態度はみられない。一時は「東アジア共同体」が盛んに議論されたが、そうした機運は遠のくばかりである。

そうした背景からも、「中国に越境した日本人ビジネスパーソンらが、"国の枠組み"を超えて、文化・規範の異なる中国で、どのようなトランスナショナルな活動をしていているのか。どのような文化変容があったのか。中国人スタッフたちとどのような相互作用的な文化統合などの変容を起こしているのか」などについて探究したいと考えた。

研究の問いとして、ひとつは、自発的に中国に移住し起業する自発的移住起業家（SIE: Self-Initiated Expatriates）たちの「移住動機・メカニズム」を探究することである。「なぜ彼・彼女らは、日本を飛び出し中国に向かうのか」、「なぜ彼・彼女らは、異国の中国で起業するに至るのか」という問いである。2つ目は、「起業するに至っても、中国は日本と異なるビジネス文化・規範を持つ社会である。彼・彼女らは、どのような異文化を体験し、それら異文化をどのように克服してビジネス運営をしているのだろうか」という問いである。また3つ目として、「中国に進出した日系企業の駐在管理者の多くが中国語を喋れずに、3～5年の短期駐在期間を過ごすという。こうした駐在管理者（OAE:Organization-Assigned Expatriates）はどのような経験をし、どのようなストラテジーをもって、ビジネス運営をしているのだろうか」という問いである。

本稿では、上記の問い2と問い3について考察をする。

2. 主要な参照理論

国際移住者の異文化社会適応に関して、「U字カーブ理論」や「4つの態度（同化・分離・統合・周辺化）」などのさまざまな理論があるが、本稿で

1 　本項は、2015年3月に筆者が早稲田大学に提出した博士論文の一部を元に、追記修正を加えて記述するものである。

主として援用するのは、Swidler（1986）の「道具箱としての文化」の説明理論である。また、この理論を実証研究を元に応用・昇華させた、佐藤郁也・山田真茂留（2004）や出口将人（2004）の理論も参照する。

本稿はこうした理論を参照しながら、中国に越境した日本人ビジネスパーソンたちが、中国人スタッフや顧客・取引先・行政担当官との間で生じる異文化体験などをどのように感じ、どのようにそれら異文化に対応していくストラテジーを構築するのかを考察していく。

Swidler（1986）は、「人間は、自分の中にある文化的な価値・規範によって、行為の方向付けをする」という伝統的な文化の捉え方とは別に、「道具箱としての文化」という概念で、人々の「文化と行為（行動）」を捉えた。人々が"道具箱"の中にもつ"文化（習慣、技術、ビジネス・スタイルなど）"には、育った環境の"文化（民族や地域、勤続している企業が持つ価値観や文化）"が入っているが、異なる価値観を持っている人々との触れ合いや、書籍やマスメディアを通じて、あらたな"文化"が"道具箱"の中に"使うことができる道具"として入ってくるという概念理論を示した。そして、この"道具"としての"文化"のレパートリーには2つあり、「人々が使うことができる習慣・技術・スタイルなどの、"文化的要素（道具）"のレパートリー」と「文化的な要素（素材）を使う、"行為戦略"のレパートリー」という、"道具"としての文化と"行為戦略"としての文化があるとした。

組織文化の研究者である出口（2004）は、事例研究を通して、企業組織内の個人は、「なぜ（why）それをやるのか」という価値に重きを置くケースもあるし、目的実現（行為戦略の実現）の為に、「どのように（how）それをやるのか」という行為戦略に重きを置くケースがあるとした。たとえば、スーパーマーケットの新入社員は、新人研修で企業ビジョン（価値規範）について学ぶが、現場に出ると日々の売上達成などに追われて、企業ビジョンと現場の現実が異なると違和感を持つ。しかし、いつのまにか、企業ビジョンが示す価値規範とは矛盾する、「売り上げ目標達成」の為の、行為戦略（文化）を無意識に使うようになる。こうした事例研究から、出口（2004）は、"価値規範"には「普遍的な価値規範」と「実践的な価値規範」（臨機応変な、状況によって解釈内容が変わる曖昧な規範）」の2つがあり、"行為"（ビジネス上の行為など）には「習慣的な行為」と「臨機応変な行為」があるという概念的説明理論を生成した。

2　ここでいう"文化"には、企業内の"制度・慣習"の意も含まれる。

佐藤・山田（2004）は、組織が持つ制度や文化は、「制度→組織→個人」という方向と、「個人→組織→制度」という方向で生成、または一度生成された制度・文化が修正されていくことを示した。そして「組織と戦略（ビジネス行為の戦略）」について３つのモデル があるとした。１つは「組織は、経営戦略に従う」（たとえば普遍的に示された企業の価値規範や戦略に従う）として、企業内の個人は制度に忠実に従うとするモデルである。２つ目は「組織は、制度と文化に従う」とするモデルである。「個人→組織→制度」で生成されていく企業内個人の要求や意識などにも呼応して、組織や制度が生成・修正されていくモデルである。企業内個人がとる要求や態度には、回避（隠ぺいや逃避）・拒否（無視や挑戦、攻撃）・妥協（譲歩や交渉）・黙従（遵守や習慣化）などの行為戦略があり、これらの要素が組織風土に影響し、制度（共通したルール）の生成や修正が行われていくというものである。３つ目はSwidlerの理論を援用して「組織は、行為戦略に従う」という。組織内の個人は制度からのプレッシャーを認知しながら、個々人がそれぞれの尺度やセンスで行為戦略に従って行為をしている。そうしたバラバラな臨機応変な個人の集積が組織であるというモデルである。組織内の個人は、制度や文化の枠組みから完全に自由というわけでもないが、組織権力のパワーを用いたり、他部門との利害やイデオロギー対立を交渉・調整したりする等の、さまざまな文化要素と行為戦略のレパートリーの道具を臨機応変に使いながら、組織的な行為をおこなうという説明モデルである。

3. フィールド調査結果（インタビュー・データ）

　本研究では、３度のフィールド調査を実施した。上海復旦大学（2009年8月〜2010年2月）と重慶大学（2012年9月〜2013年1月）、北京清華大学（2013年2月〜7月）への大学院留学や語学留学で中国に筆者自らが合計1年半在住し、多くのインタビュイーと出会い、参与観察とビジネス・ライフヒストリーに関するインタビューを行なった。

　残念ながら、重慶市の滞在では大きな反日デモがおこり、インタビュー活動は断念せざるを得なくなったが、上海在住時に60名、北京在住時に76名にインタビューが行なえた。下記にその概要を示す。

◆データセット１：上海・深圳（2009-2010年調査）でのインタビュー結果
　上海ならびに深圳では60名の自発的移住起業家の語りを得た。60名はす

べて自発的移住者で、「a 既に起業：40名」、「b 起業を検討している現地採用者：10名」、「c 起業を考えていない現地採用者：10名」である。

起業をした人にインタビューをしているうちに、「私は元々、社長になろうなんて考える人種ではなかったのですよ。成り行きで社長業を始めたのですよ」という回答が複数から発見されて、上記のbとcのカテゴリーを追加して分析した。

本研究のきっかけとなった『和僑　15人の成功者が語る実践アジアの起業術』（渡辺賢一、2007）や『上海ジャパニーズ　日本を飛び出した和僑24人』（須藤みか，2007）では、1970年以降生まれの若者が日本で数年働いて中国に越境し、異国の中国で「キャリアの充実（働きがい）」を得ている様相が深く描かれていた。実際に筆者がフィールド調査で出会う起業家の人々は1970年以降生まれの階層世代が多かった。その為、最初の上海・深圳の調査では、1970年以降生まれの日本人移住者に焦点を絞って調査考察をし、彼・彼女らの国際移住に影響を与える"時代の影響"の要因を観察・考察した。

「就職氷河期世代」と呼称される階層世代のインタビュイーの60名のすべてから、日本では得られなかった「働きがい」や「生きがい」といった「働く喜び」を得る様相が観察された。語学留学卒業後に日系企業に現地採用されるものらは、「28歳でいきなり管理職」という日本では得難い、「やりがい」のある職位を得るが、就職先でストレスがかかり、独立・起業するに至る様相が観察された。また、前世代に比べると海外旅行や留学、親戚の海外赴任などで「海外が身近」な育ちをしていることが観察された。（筆者の修士論文ならびに堀内：2012に観察結果を記述した）

◆データセット２：北京・天津（2013年調査）でのインタビュー結果

北京ならびに天津では、76名の日本人から「ビジネス経験に関するライフヒストリーの語り」を得た。

この北京・天津での主たる調査目的は、「現代中国社会における、中国ビジネス経験と、ビジネス・ストラテジー」であり、年齢を絞ることはせず、インタビュー調査を行なった。76名の年齢的な内訳は、1940年代生まれが3名、1950年代が11名、1960年代が21名、1970年代が31名、1980年代が10名である。

76名は、「33名の起業家」と「29名の駐在員」と「自発的移住をして、現地採用や中国の大学の招聘で教師をするものなどが14名」となる。

33名の起業家のうち、最初に中国越境したきっかけが「起業しにきた：4

名」、「語学留学：11 人」、「駐在派遣で来たが、本社から帰国命令が出たなどでスピンアウトして起業：12 名」、「中国人の夫と結婚して中国で起業：2名」などがある。語学留学が 3 分の 1、駐在派遣からスピンアウトが 3 分の1 という比率になっていた。「日本に帰国しても、つまらない。中国は経済・社会が急速に成長し、自分のビジネス成長もあるので楽しい」からそう決断したという語りが多く聞こえた。

　29 名の駐在員のうち、「中国法人を立ち上げに来た：6 名」が含まれる。これを起業家に含めると、76 名のうち、39 名が起業家という計算にもなる。なお、29 名の駐在員のうち、先代の駐在管理者が中国法人を立ち上げて、その職務継承で駐在派遣を命じられたものは 23 名となる。中国語でビジネスができない駐在員は多かったが、「中国のことは中国人（スタッフ）に任せろ」という共通のストラテジーが観察された。

4. 日本人ビジネスパーソンたちの中国ビジネス運営

　上記に示した、合計 136 名の中国在住の日本人ビジネスパーソンへのインタビューと参与観察から共通して発見された異文化体験やビジネス・ストラテジーなどを、「道具箱としての文化」の理論などを援用しながら記述し考察する。

　本稿の中国移住した日本人ビジネスパーソンたちは、それぞれが Swidler（1986）のいう「道具箱としての文化」を持っていると捉えられる。日本で生まれ育ち、日本の企業に就職して得たさまざまな“文化（道具）”が、個々人の“道具箱”に入っている。“道具箱”に入っている“文化”は人それぞれである。学校を卒業してから、ひとつの会社のひとつの部門（たとえば、工場の生産現場）だけで就業してきた人の、ビジネスに関する“道具”（価値規範や行為戦略の文化）は、その職場の経験で得られた“文化（道具）”が中心である。転職した経験、異なる国で働いた経験（たとえば日本と中国で働いた経験）があるものは、さまざまな企業や地域特性の文化（価値規範や行為戦略）の“道具”が“道具箱”の中に入っていると捉えられる。

　いっぽう、中国人スタッフ（工場労働者や、飲食店の調理や接客スタッフ、法人向けの営業スタッフなど）や、顧客・取引先・行政担当官らは、中国で生まれ育ち、それまでの生活や就業上の経験から得られたさまざまな“文化（道具）”が、個々人の“道具箱”に入っていると捉えられる。

　日本人経営者が持つ“道具箱の中の文化”と、中国人スタッフたちが持つ

"道具箱の中の文化"が、まったく異なるものであれば、自分が知らない"文化"に初めて出くわしたときにはびっくりする。そして、個々人によって行為戦略が異なるケースが考えられる。自分の"文化の道具箱"に、相手を（たとえば、日本人経営者が中国人スタッフを）合わせさせるケースもある。もう一方で、相手の"文化の道具箱"に、自分を（たとえば中国人の顧客や行政担当官の持つ行為戦略や価値規範の文化に、日本人経営者の行為戦略や価値規範を）合わせるケースも考えられる。または、一度、日本人経営者がイメージする企業運営（店舗や工場の運営）のルール（制度）でやってみて、あとで中国人スタッフとルールを修正・調整していくというケースもある。

佐藤・山田（2004）のいうところの、最初は「制度→組織→個人」でやってみて、のちに問題などが発生した際に中国人スタッフたちの考えや意識なども採り入れ、「個人→組織→制度」という方向で、企業運営ルールを修正・追加・削除をしていくという方法である。

なお中国人スタッフたちの考えや意識には、佐藤・山田（2004）のいう、回避（隠ぺいや逃避）・拒否（無視や挑戦、攻撃）・妥協（譲歩や交渉）・黙従（遵守や習慣化）などの行為戦略があるはずである。言葉として訴える考えや意識もあるし、態度（隠ぺい、逃避、無視、遵守などの態度）として訴える考えや意識もあるであろう。

中国語ができる自発的移住起業家たちは、日常の職場生活を通じて"つたなくても中国語で話しかけ"をして、中国人スタッフたちの考えや意識を確認することができる。問題が発生する前に、中国人スタッフたちと妥協（譲歩や交渉）を重ねながら、企業運営ルールを修正・追加・削除をする行為戦略もとれる。集団訴訟などを避けるために、中国語を用いて"1対1"の個別ミーティングを頻繁に行なって、企業内の個々人の考えや意識を確認することもできる。

いっぽう、"中国語で話しかけ"ができない駐在管理者たちは、中国語を用いて"1対1"の個別ミーティングをすることができない。せいぜいが、"日本語で報告をしてくれる中国人幹部スタッフ"に業務命令をして、レポートをまとめてもらうことである。もし、この中国人幹部スタッフが新任の駐在管理者に、うまく状況を伝えられないとしたら、さまざまな問題が生じよう。これには2つの状況があるだろう。ひとつには、中国人幹部スタッフに"伝える力"がない場合。もうひとつには、日本人ビジネスパーソンに"理解する（察知する）力"がない場合である。こうして問題が起きる予兆が見過ごされたなら、問題（たとえば、ルール無視、問題の隠ぺい、突然の集団離職

という逃避行動など）が発生する。

　上記のことを考えて、フィールド調査で共通して観察された経験や考え方を元に、日本人ビジネスパーソンと中国人関係者の"文化の道具箱"の概念モデルを生成した。

図1　日本人ビジネスパーソンと中国人関係者の"文化の道具箱"

　2つのモデル図のうち、タイプ1は自発的移住起業家（SIE）が創業した企業で、タイプ2は何代かの駐在管理者が交代してきて現在では3代目・4代目の駐在管理者（OAE）がいる企業を表した。

　本研究で出会った自発的移住起業家（和僑経営者）はタイプ1の企業形態である。飲食店や工場経営、日系企業などにBPO（業務代行）サービスを提供する企業などさまざまな企業があるが、ここでは、数年で複数店舗を展開するに至った日本料理店をモデルケースして、自発的移住起業家と中国人スタッフなどの"文化の道具箱"に関する考察をする。

　まず、起業をして従業員を集める。そして、経営者がイメージする"日本料理店"のイメージ（味や配膳、接客スタイルなどの日本的な"文化の道具"）を元に、調理スタッフにはこういう味や配膳、接客スタッフにはこういう接客スタイル、と技術やスタイルを訓練する。一方、中国人従業員は自らの生活や就業経験で"文化の道具箱"にない"文化"を強要されて困惑する。「なぜ、接客スタッフが化粧をしないといけないのか」、「なぜ中国人のお客さんにまで、『いらっしゃいませ』と言わなければならないのか。『歓迎光臨』と中国語で言うほうがいいじゃないか」と思い、自分の"文化の道具箱"に、日本人経営者がイメージする"お店の文化（価値規範）"を入れるのを拒否（無視や抵抗）したりするものもいる。

　こうした中国人スタッフたちの考えや意識を、今度は経営者が拒否（無視）して頭ごなしに押し付けたりすると、接客スタッフが大量離職するという経営存続の危機になることもある。経営者は「すべてを日本的に運営する日本

料理店」という "お店の文化（価値規範）" を "普遍的（絶対的）な価値規範" とせずに、出口（2004）のいうところの "実践的（臨機応変）な価値規範" と捉え直してお店のイメージを再考し、「全体的に日本的なイメージの日本料理店」として、接客スタッフが笑顔で「いらっしゃいませ」、または「歓迎光臨」といえばいいことに変える。すなわち、経営者のお店の経営に対する価値規範の "文化の道具箱" に、新たな "価値規範" のレパートリーを増やしてみるのである。

　中国人スタッフの "文化の道具箱" にもレパートリーが出来ていくが、容易には増えていかない。日本人経営者に、「お客さんの湯呑茶碗が空になったら、お茶を足してください」と業務指示を受けても、その日本的な文化が "文化の道具箱" の中に入らない。どうしたものかと日本人経営者は悩みながら、全社員に行なう "1対1の面談" で、「中国では、お客さんの湯呑をいちいち気にしない。そういう文化がない」という考えや意識が確認される。経営者は「それでは、お客さんをお父さんだと思って接してください。お父さんがお茶を飲み干せば、お茶を入れてあげますよね。」と、中国人スタッフの "文化の道具箱" の中にある "文化（価値観、習慣的な行為など）" の一つとしてお客さんと接して欲しいと "習慣化" を促す。「つたなくてもいいから、中国語でコミュニケーションする」ことで、中国人スタッフたちの考えや意識を確認し、彼・彼女らが受容できる "文化" を模索する。

　また、生まれ育った境遇（社会規範）や中国の歴史的な経験や文化規範などから、「你別要吃亏的」（人に利用されて、損をしないように、騙されないように）と子供の頃から家庭教育を受けてきた中国人スタッフも多い。自分と家族だけしか信じられない、「利己的に生きる」という "価値規範" が "文化の道具箱" に入っている中国人スタッフに、日本的なサービス業の精神の、「利他的に生きる」という "価値規範" を "文化の道具箱" に加えてもらう教育・指導の言葉がなかなかみつからない。そこで運動会や遊戯大会を開催し、チームで協力して楽しむという喜びを経験してもらう。こうした中でお店のスタッフたちの仲間意識が醸成されて、リーダーシップの素養（文化）を持つものも発見することができる。この経営上の "行為戦略" は、「利他的」な社会活動が楽しい、仲間と助け合うことが楽しいという "新たな文化（価値規範）" に気付かせ、「利己的」であった人の "文化の道具箱" に新たな "文化（価値規範）" のツールを入れてもらうことに経営者として、指導教育が成功したと捉えられる。

　こうした業務や業務以外の活動を通じながら、この日本料理店は、佐藤・

山田（2004）の言う「制度→組織→個人」ならびに「個人→組織→制度」の文化形成が影響し合いながら、独自の企業文化が育まれていく。

　ある時、消防や衛生の行政担当官が来店して、「この店のこの部分は、火災が発生した時に大変な問題になる」や、「この店の衛生管理はなっておらん」、「この店の倉庫管理は火災発生時に近隣に深刻な問題を起こす」などと理不尽な文句をつけられて、罰金（または賄賂）を要求される。または、顧客から言いがかり的なクレームをつけられる。こうした顧客や行政担当官の持つ "文化の道具箱" の中にある、"行為戦略" に関する文化が、日本人の経営者には意味がつかめずに困惑する。幹部スタッフや外部のビジネスパートナーに頼り、「中国のことは中国人に任せろ」という行為戦略を持って対峙し、たとえば罰金を要求する行政担当官に対して、「すぐに片付けますから、罰金は見逃してください」と嘆願する。見逃してくれた謝礼（別の見方をすれば賄賂）を渡すのが中国社会の "文化（習慣的な行為戦略）" だと、日本人経営者は自分の "文化の道具箱" に、この中国社会の "文化（行為戦略）" を追加して入れる。このような経験を数々こなしながら、日本人経営者の "文化の道具箱" には、日本社会で育まれた "文化（価値規範やビジネスの行為戦略）" に加えて、中国社会で経験し学んだ "文化（価値規範やビジネスの行為戦略）" が追加して加えられていく。

　こうして、中国人スタッフとともに、中国人の顧客・取引先や行政担当官とも人間関係を構築しながら、お店は繁盛していく。そして、2店目を出店する際に、新たな料理長と接客マネージャー、店長を決定することになるが、この際に日本人経営者のいない2号店では、経営がうまくいかずにパニックになることもある。2号店だけでなく、1号店でも優秀な人材が急に異動していなくなって、ストレスがかかるものがいる。経営者が中国人スタッフたちの考えや意識を確認せずに突っ走ると、ストライキが発生したりもする。「大量辞職、幹部社員の失踪」という企業存続上の深刻な労使トラブルを経験した経営者にも数名出会ったが、トラブルを機にスタッフたちとよくコミュニケーションを取るようになって、仲間意識があるものや仕事に熱心なものたちと組織を再構築していく。

　また、「過去問にあたる」というストラテジー（行為戦略）も共通して観察された。日本で昔はどうだったか、それがどうやって変わっていったか、そういう日本で起こったことに思いを巡らせば、中国でのビジネスで出会う多くの経営問題とその解決方法が見えてくるという語りであった。最初は文化の違いに戸惑っても、「過去問にあたる」をすれば、経営者の "文化の道具箱"

の中の "道具（文化）" と類似したものが見つかり、問題の理解とその解決方法（価値規範の修正や行為戦略の修正）などが見えてくるということである。「日本で起こったことは、中国でもだいたい起きる」ということだろう。

なお、この「過去問題にあたる」というビジネス・ストラテジーは、和僑会の会合などで出会う、ベトナムやインドネシアなどの新興国でビジネスする日本人ビジネスパーソンらからもよく聞く。「いろんなことがありますが、我々は中国で学んできましたから。中国で過去に経験したようなことが、新興国ではどこでもあります。まあ、やり方は同じですね。」という。

こうして、日本人経営者と中国人スタッフたちの "文化の道具箱" の中の "道具（価値規範やビジネスの行為戦略などの文化）" は、「中国語を通して、お互いの考え方や意識を確認」しながらの共同作業を長年していくことで、蓄積・共有されるようになる。

次に、タイプ2について探っていく。ここでは、1990年代に中国進出をした日系のメーカーに、新たに派遣されてきた4代目の駐在派遣管理者をモデルケースとして、日本人ビジネスパーソンと中国人スタッフなどの "文化の道具箱" に関する考察をする。

なお白木三秀（2010）では、2006年の中国在住の駐在派遣者の平均年齢は46.1歳であり、派遣期間は4〜5年である。派遣元企業における平均勤続年数は20.0年とあるから、転職の経験はなく、ひとつの企業・企業文化の中で "文化の道具箱" が形成されていったと捉えられる。また海外赴任が初めてであるといったことも示唆される。なお、中国語のレベルでビジネスレベル以上は15%にも満たないといった平均像が描かれている。

こうした "文化の道具箱" を持った、日本で勤続20数年の46歳の4代目の総経理（駐在管理者）が赴任してくる。彼は日本本社から "紙切れ1枚の赴任辞令" を突然もらって赴任する。前任の総経理からは「実際に中国で仕事をやってみないと分からないぞ」とだけ申し送りをされて、具体的には何も伝えられずに赴任する。

新たな総経理（社長）の "文化の道具箱" のレパートリーから見ると、中国法人のもつ "文化" に困惑する。彼の "価値規範" にある日本の企業文化を、なんとか中国法人にも定着させたいと思うが、それを中国人の幹部スタッフに相談しても積極的な返答がない。日本本社の方に報告・連絡・相談をすると、「中国法人だけが、異質な業務オペレーションをしている。日本本社の持つコンプライアンス（ルールや企業価値）を定着してもらいたい」と組織文化の改善に期待される。

しかし、中国語が喋れない。なにもかもが日本語のできる中国人幹部スタッフを通して、新たな制度を「制度→組織→個人」と伝達していくが、中国人スタッフの中には拒否（無視や抵抗）をする考えや態度を示すものがいる。総経理の"普遍的な価値規範"をもって、「なぜ（why）そうしなければならないか」を伝えようとするが、中国人幹部スタッフを通してうまく伝えられない。

　中国人幹部スタッフの"文化の道具箱"からみれば、「前任の総経理の時代に、いまの企業ルールや文化（価値規範やビジネスの行為戦略）が認められていた。売上は順調に伸びている。なぜ（why）そうしなければならないのかわからない」、「前々任の総経理も同じことを言っていたが、中国人スタッフはそういう価値規範は受け付けない」などの考えや意識があるのだが、それを日本語で説明しようとしても、中国特有の文化があるので、考えや意識が充分に伝えられない。こうしていく中で、"孤立をしていく総経理"もいる。

　一方、異なるタイプの総経理がいる。中国人ビジネスパートナーや中国人スタッフとのビジネス活動を通じて、自分の"文化の道具箱"に存在しなかった中国的な"文化の道具（価値規範やビジネスの行為戦略のレパートリー）"を積極的に増やしていく。赴任当初の"文化の道具箱"には今まで日本で築かれた"普遍的な価値規範"が詰まっていたが、それを出口（2004）がいうところの"実践的（臨機応変）な価値規範"に変えて"文化の道具箱"に入れるようになる。中国に来て、"道具"を改造するのである。

　中国人幹部や一般スタッフたちの考えや意識も、通訳を通して理解するようになり、"文化の道具箱"には、「個人→組織→制度」の影響を受けた文化（制度）が検討されていく。「中国では、日本と異なり、営業リベートを充分に与えないと、営業スタッフや販売代理店は充分に動いてくれない」、「日本では人事評価や賃金は個人にしか伝えないが、中国ではオープンにする方が、スタッフたちの働くモチベーションが上がる」などの中国的なやり方、日本本社とは異なる"文化（価値規範やビジネスの行為戦略）"を中国法人に育んでいくタイプの総経理がいる。

　林吉郎（1995:178-225）は、海外法人の設立には３つのフェーズがあるとした。最初のフェーズは日本のやり方を中国人スタッフに教え込むフェーズで、中国人スタッフたちも、新たな"文化（技術や業務スタイルなど）"を覚えることを喜ぶ。しかし業務を覚え、中国でビジネスをしていくと、「中国では、こうした方がいい」や「これはやらなくていい、無駄」などの考えやビジネス・アイデアが生まれてくる。こうした現地スタッフの考えや意識

を取り入れていくのが第2フェーズだという。第1フェーズは佐藤・山田（2004）のいうところの「制度→組織→個人」であり、第2フェーズは「個人→組織→制度」という方向で、組織内の個人たちが“企業文化”に影響を与えるフェーズである。上記に考察してきた総経理は、林（1995）がいうところの第2フェーズを実践したと捉えられる。

第3フェーズは、海外法人と日本本社が企業文化の調整・統一を図る、すなわちグローバルに統一されたコンプライアンスを構築するフェーズという。本研究では、複数名の経営者からコンプライアンスに関する語りが得られた。

ある経営者は、「企業にはガバナンスが必要であり、接待交際費などのルールもグローバルに統一すべきだ」という“普遍的な価値規範”を持ち、そうしたコンプライアンスの導入にチャレンジしてみると言った。ある経営者は、「中国は法も曖昧でよく変わる社会であり、行政担当官によって法運用も異なる。中国は“マニュアルがつくれない社会”」であり、「ノウハウを紙に書いて組織として共有できない。問題解決のマニュアルは人それぞれの方法でするもの」という“実践的な価値規範”を持って、文化の異なる日本社会と中国社会で同じマニュアルは作れないと言った。また、日本企業は「特定個人による意思決定」を信用しないと語る経営者や、「日本の稟議合議制度の文化（価値規範、行為戦略）では、中国ではスピードが遅すぎてやっていけない」と語る経営者もいた。

こうした中で、欧米などで海外赴任の経験のある「エース級の駐在管理者」が中国に送り込まれてくる新たな動向があるという語りがあった。「世界の市場」に送り込まれてくるキヤノンや日立製作所などの中国法人のトップは、日本本社の専務などを兼任している。また、サムソン社の「地域専門制度」に類似したプログラムで、中国に2年間の遊学経験をする、家族同伴の30歳前後を送り込んでくる企業が増えてきたという語りも複数名から聴こえた。いままでは、日本でひとつの企業だけに20年間の勤続をし、“文化の道具箱”の中の“文化のレパートリー”は、日本の“文化”に偏っていたものが駐在派遣をされる傾向があったことが、白木（2010）の統計資料から推察される。しかし、欧米などさまざまな国や社会でビジネス経験をし、“文化の道具箱”の中に、さまざまな“文化のレパートリー”が入っている駐在管理者を派遣したり、異文化社会の“文化”を柔軟に自分の“文化の道具箱”に容れられる30歳前後の人材を育もうとしたりという試みも日系企業で始められている。

以上、「道具箱としての文化」（Swidler:1986、出口:2004、佐藤・山田:2004）の概念理論にあたりながら、日本人経営者たちの中国移住後の異文化社会適応のストラテジー（ビジネスの行為戦略や価値・文化）について解釈し考察をした。

　日本で生まれ育った日本人ビジネスパーソンたちは、日本で体得した"文化"が、個々人の"文化の道具箱"の中に入っている。そして、中国移住後に"文化の道具箱"の中に、中国ビジネスで経験し学んだ"文化"が徐々に加えられていく。中国移住の期間が長ければ、中国で体得する"文化"も増えていくと論理的に考えられる。

　しかし、いつまでたっても馴染めない（中国人たちが持つ"文化"に馴染めない。自分の"文化の道具箱"の中にある、日本で長年生活して育まれた"文化"が使いやすい）と思う日本人ビジネスパーソンもいる。

5. 結語

　本研究のきっかけのひとつに、尖閣諸島（釣魚島）の領土問題から、日中関係がぎくしゃくしてしまったことがあると本稿の冒頭に掲げた。両国の政治家やジャーナリストたちは、エスノセントリズム（自文化中心主義）の態度で問題にあたり、相手方の主張や考え方に耳を傾け理解しようとする態度は少ないように受け取れる。一時は「東アジア共同体」が盛んに議論されたが、そうした機運は遠のくばかりである。

　そうした背景からも、「中国に越境した日本人ビジネスパーソンたちが、文化・規範の異なる中国で、どのようなトランスナショナルな活動をしているのか。どのような文化変容があったのか。中国人スタッフたちとどのような相互作用的な文化統合などの変容を起こしているのか」などについて探究をしたいと考えた。

　中国に越境し、ビジネスや生活をする日本人ビジネスパーソンたちは、中国移住後には日中の異なる"文化"に困惑を感じるが、個々人が持っている"文化の道具箱"に、中国ビジネスで経験して得た"文化"を加えていくことで対峙していると捉えられた。

　中国人は、中国での生活や就業環境で体得した"文化"が詰まっている"文化の道具箱"がある。いっぽう、日本人は、日本での生活や就業環境で体得した"文化"が詰まっている。中国人スタッフや顧客・取引先・行政担当官たちの考えや意識の"文化"について、「中国語でコミュニケーションをする」

や「中国のことは中国人に任せろ」などの日々の経験から得られる学びから、次第に"文化の道具箱"の中の"文化"をお互い充実させ共有をしていくということが捉えられた。

相手国の主権や主張に耳を傾け理解する態度を持たず、ナショナリズム、あるいはエスノセントリズムで、自分らが持つ"文化"（価値規範、習慣、歴史観、国家観、外交の行為戦略など）で常に物事を進め、論じようとする政治家やジャーナリストの人々には、上述した中国在住の日本人ビジネスパーソンのように"文化の道具箱"に相手側の"文化"のエッセンスを入れるのは無理かもしれない。しかし、国家組織には、柔軟な"文化の道具箱"を持つ人材がいるはずである。充分にいなければ、民間企業のように人材を派遣して育成すればいい。

本研究では、サムソン社の「地域専門家制度」に類似した遊学プログラムで、中国移住をした30歳前後の日本人ビジネスパーソンに多数出会った。国家組織でも、こうしたプログラムで人材育成がより行われるべきだと考えられる。各省庁のエリート課長補佐が内閣官房に集められて、人事交流の目的も含めて、プロジェクトチームを作ることがある。こうした取組み同様に、日中の行政組織で共同作業するプロジェクトチームを作れば、人事交流がもっと図られる。英語を用いた作業でも構わない。スポーツや産業物産展などのイベントを共同運営する。一緒の作業を通じて、それぞれの"文化の道具箱"に入っている"文化"をお互いに気づき、そして、それぞれが自分の"文化の道具箱"に相手の"文化"を足していくことができなければ、イベントは実施できない。"妥協（譲歩や交渉）"をしながら、共同で"文化"を構築し、お互いの"文化の道具箱"に入れていく。

こうした多様な"文化"が容れられる"文化の道具箱"を持つ人材を育成し、また、深い関係（Guanxi）を持つ人脈レパートリーを国家として拡充させ、両国の間で文化対立の問題などが発生したときに、その"文化"を用いた知恵が出せるように、国家組織として人材の充実をよりいっそう図っていくべきだと考える。

筆者の管見の限り、これだけの規模で現代中国に在住する日本人ビジネスパーソンの質的研究を試みた研究はない。本稿で示したデータと説明理論のモデルが、他の研究者に参照されるツールとなり貢献すると考える。

＊主要参考文献

佐藤郁也・山田真茂留（2004）、『制度と文化　組織を動かす見えない力』（日本経済新聞社）

白木三秀（2010）、「G-Map 報告書　日本人グローバルマネージャーのミッション達成の秘訣」（第6回早稲田コンソーシアム G-Map 資料）

Swidler, Ann（1986），"Culture in Action: Symbols and Strategies"，American Sociological Review Vol.51，

出口将人（2004）、『組織文化のマネジメント－行為の共有と文化』（白桃書房）

林吉郎（1994）、『異文化インターフェース経営：国際化と日本的経営』（日本経済新聞社）

堀内弘司（2012）、「中国に越境する和僑企業家のエスノグラフィー」、『アジア太平洋研究科論集24』

優秀賞

日中韓三国の排出権取引制度の リンクについて

立命館大学大学院政策科学研究科
博士課程前期2年

胡 優

1、初めに

　2015年9月に行われた米中首脳会談後、中国は気候変動に関する共同声明を出し、「2017年中に全国規模の排出権取り引きの仕組みを整え、運用を開始する」と発表した。中国では、2013年から7つの省・市で排出権取引のパイロット制度が開始されていた。これまで試験的に行っていた炭素排出権取引市場を全国規模で本格展開することになる。2014年5月の世界銀行の発表によると、中国の炭素市場は11億二酸化炭素換算トンで、欧州連合排出権取引制度（EU ETS）に僅差で迫る世界第二位の規模となっている。

　世界初の国際的な排出権取引制度であるEU ETSが2005年に実施されて以来、排出権取引制度は各国・各地域で開始されている。国と地域の排出権取引が拡大するとともに、世界の温室効果ガス排出権取引市場は急激に拡大し、EUや北米地域へと広がりをみせ、国際的な協調路線として、国際炭素行動パートナーシップ（ICAP）が創立された。排出権市場の国際的統合への期待は高まりつつある（阿部顕三，2008）。この先は「ほかの国際商品と同様、単一の国際市場に収斂すると考えられる」（高尾克樹，2008）。

　こうした排出権取引市場のグローバル化の中、日本、中国、韓国三国の排出権取引をリンクする構想がある。その理由はいくつか考えられる。第1に、北東アジアの3大経済大国である日本、中国、韓国は、温室効果ガス排出量において世界の15位以内に入っており、排出量緩和に向けた国際的な取り組みにおいて非常に重要な国である。第2に、日中韓三国の排出権取引制度が取引リンクのベースとなる。第3に、先進国と途上国のリンクで、総削減費用が下げられ、三国間にウインウインの関係をもたらすことができる。すなわち、限界費用の均等化による削減の効率化である。

　本稿は日中韓三国の排出権取引制度のリンクについて考察してみる。本稿の構成は、次の通りである。まずは排出権取引制度とその国際リンクの概要を紹介して、効率性や現状と課題から考察する。そして、日中韓三国のリンクの効率性を紹介し、排出権取引制度の設計要素から三国リンクについて考察を行う。最後に結びとして、日中韓三国の排出権取引制度のリンクを展望して、本稿の残された課題に言及する。

2、排出権取引制度とそのリンクについて

2.1 排出権取引制度のタイプと設計要素

　まず、排出権取引制度の方式について説明する。排出権取引制度は、キャップ・アンド・トレード（Cap and Trade、以下 C & T）型とベースライン・アンド・クレジット（Baseline and Credit、以下は B & C）型という 2 種類に大きく分けられる。C & T 型制度は、規制される主体の排出可能量全体に制限（Cap）が課せられ、それぞれの規制対象主体に割り当て、その過不足分を取引（Trade）できるようにする制度である。EU ETS が C & T 型制度にあたる。B & C 型は個々の主体に排出枠を設定しない。温室効果ガスの排出削減プロジェクトなどを行うことで、対策を行わなかった場合と比べた排出削減量クレジットとして取引する方式である（阿部顕三，2008）。クリーン開発メカニズム（CDM）、日本国政府が認証する国内クレジット制度等が B & C 型にあたる。

　排出権取引制度の設計要素に関しては、表 1 のように基本要素（基本的な枠組みに係るもの）と基盤整備（実施に係るもの）に大まかにまとめた。

表1　排出権取引制度の設計要素

	種別	内容
基本要素	①目標設定	絶対（総量）目標／相対（原単位）目標
	②参加方法	義務型／自主参加型
	③配分の問題	配分方式、対象ガス、参加部門、規制段階
	④費用緩和措置	バンキング、ボローイング、安全弁、外部クレジットの利用
基盤整備	⑤遵守枠組	インセンティブ、罰則、モニタリング、測定・報告・認証（MRV）
	⑥法的責任・主体	排出枠など決定主体、制度の実施・運営主体、遵守主体

出所：李態妍（2009）より作成

2.2 国際リンクの種類

　排出権取引制度のリンクの種類については、有村俊秀（2015）によると、直接リンクと間接リンクの 2 種類に分けられる。

　直接リンクでは 2 つの制度が直接的に結び付けられる。その中には一方的リンクと相互リンクの 2 種類がある。一方的リンクは 1 つの制度が他の制度の排出権の利用を認める制度であり、相互リンクは 2 つの制度を互いに認め合うというものである。

直接リンクに対して、第３国・地域での削減を媒介して２つの制度をリンクさせるのが間接リンクである。この間接リンクにも２つの方式がある。一つは第三国を通じた間接リンクであり、もう一つはCDMのような国際的なオフセットを通じてリンクする方式である。

2.3　国際リンクによる効率性

排出権取引制度の国際リンクは限界削減費用の異なる国同士を結び付け、その均等化を進め、削減費用を低減させるものと期待される。

有村俊秀・杉野誠・武田史郎（2011）は「国内排出量取引の国際リンクによる経済的影響に関する研究」の中で、２国間の直接リンクによる効率性を分析した。「国内排出量取引制度を直接リンクすることにより、売却・購入国ともに便益が得られる。これは、直接リンクすることにより、効率的に排出削減が行われたことに他ならない」と論じた。

李態妍（2009）では、理論的アプローチで３つ以上の国とのリンクによる排出権市場の動きを分析して、限界削減費用が異なる国内炭素市場のリンクは、売り手・買い手両方に利益をもたらすと述べた。

諸国のリンクによって、限界費用が均等化され、削減の効率化が実現できる。これは炭素市場のグローバル化、排出権取引の国際リンクの理論的な根拠である。

2.4　国際リンクの現状と課題

EU ETSでは、イギリスやデンマークの国内排出権取引を統一し、Ｃ＆Ｔ方式で共通的な排出権取引が行われた。2008-2012年の第２フェーズで、削減目標を達成するため、他国との排出権取引制度のリンクが導入された。例えば、2008年から、EU ETSがアイスランド、リヒテンシュタイン、ノルウェーの３つの国と直接リンクを開始している。また2012年に、同じＣ＆Ｔ型の豪州の排出権取引市場を2015年７月からリンクすると発表した。そのほか、CDM、JIなど国際的なオフセットを通じて他国と間接的なリンクもしている。

排出権取引のリンクは各国の排出権取引制度がベースとなる。表２は現在の世界における排出権取引制度に関する実施・検討状況である。

表2　各国の排出権取引制度に関する実施・検討状況

年月	国・地域	主要な動き	類型
2005年1月	EU	欧洲域内排出権取引制度 EU ETS を開始	C & T 型
2005年4月	日本	環境省自主参加型国内排出権取引制度 JV-ETS を開始	B & C 型
2007年10月	EU、アメリカ・カナダの数州、ニュージーランド等	国際炭素行動パートナーシップ（ICAP）を創設。各国各地域の制度を国際的にリンクするためのルール作りを開始。	―
2008年1月	ニュージーランド	国内排出権取引制度 NZ ETS を開始	C & T 型
2009年1月	アメリカ北東部9州	地域温室効果ガスイニシアティブによる排出権取引制度を開始	C & T 型
2010年4月	東京都	温室効果ガス排出総量削減義務と排出権取引制度を開始	C & T 型
2011年4月	埼玉県	目標設定型排出権取引制度を開始	C & T 型
2012年7月	オーストラリア	炭素価格付け制度を開始	C & T 型
2013年1月	アメリカカリフォルニア州カナダケベック州	州レベルの排出権取引制度を開始	C & T 型
2013年中	中国	排出権取引制度パイロット事業を開始、2017年全国規模で導入する予定	C & T 型
2015年1月	韓国	国内排出権取引制度を開始	C & T 型

出所：環境省（2013）により加筆

　現在実施、あるいは検討されている国内排出権取引制度では、絶対量目標を課すC＆T型が主流となっている。同じタイプの制度を認めることを通じて、連結しやすいかもしれないが、実際に排出権取引の直接リンクを行うには、いくつかの課題に留意しなければならない。

　李態妍（2009）により、国内排出権取引制度の多くは環境と経済への影響及び特定産業の国際競争力に配慮したものになっている。そのため、諸外国の国内排出権取引制度において自国産業の国際競争力に配慮した何らかの措置が取られているが、その詳細は国によって異なる。さらに、多くの国ではペナルティ規定が明確ではなく、厳格さにも差がある。排出権取引制度の構成要素から見ると、ペナルティ以外にも、排出権のキャップの水準や規制対象部門、制度運営の厳格さ、配分方式の違い、測定・報告・検証（MRV）の厳格さなどに、差が存在している。それらの差はリンクを困難にさせるかもしれない。そして、各国の制度の取引量や価格の市場状況も直接リンクを導入する際に考慮しなければならない。

　間接リンクの場合、京都議定書におけるB＆C型のCDM制度は間接リ

ンクの代表的なものの一つである。このCDMから発生する排出削減のクレジット（CER）の取引を通じて，各国の排出量取引が間接的にリンクすることの経済的なメリットがある。一方、効率性の悪さ、不確実性、地域間の不均衡などの問題点も存在している（有村俊秀、2015）。

　上記CDMの問題点を克服するため、日本政府からJCMという新しい削減メカニズムが提案されている。JCMとは、技術先進国の優れた省エネルギー技術や省エネルギー製品・システム等を利用して、発展途上国で温室効果ガスを削減しようという制度である。Sugino et al.（2014）では、JCM事業がもたらす日本経済への経済効果や排出削減効果の分析が行われている。同じ金額の補助金を用いても、製品・技術によって削減効果や経済効果が大幅に異なることが示されている。梅宮知佐・碓井健太（2014）により、署名国の差別化、日本側の資金源の多様化、ホスト国側のJCM運用に関するより積極的な参画等、いくつかの制度上の改善余地があることが指摘されている。

3、日中韓の排出権取引リンクの考察について

3.1　日中韓リンクの効果

　日本、中国、韓国は北東アジアの3大経済大国であり、温室効果ガス排出量においては世界の15位以内に入っている。排出量緩和に向けた国際的な取り組みは日中韓にとって非常に重要である。

　日中韓三国の間に排出権取引制度をリンクする場合、先進国と途上国間のリンクである。そのリンクの効果についていくつかの定量的な先行研究が行われてきた。例えば、時政勗・王鵬飛（2011）では、日本の6地域、韓国一国、中国の30省級別の行政地域が取引主体となるCO₂排出権取引を行うことを設定して、あるCO₂削減目標を達成するための取引状況が予測された。周瑋生ら（2014）は「『東アジア低炭素共同体』構想の具現化と『政策工学』の創成に向けて」の中で、G-CEEPモデルを開発して、日中韓の炭素取引シナリオの限界費用と総炭素削減量を推定した。その結果、日中韓の総削減費用をそれぞれ40.9％、41.5％、11.5％減少することを示し、日中韓のCO₂排出権取引制度のリンクは三国にウインウインの関係をもたらすと述べた。

　日中韓三国の排出権取引制度のリンクには経済的に効率性があるため、三国の排出権取引をリンクすべきと考えられる。

3.2 日中韓で実施されている排出権取引制度

これからは日中韓リンクの状況を考察していく。まず、日中韓三国でそれぞれ実施されている排出権取引制度を紹介する。

日本では、2005年度からB＆C型の自主参加型国内排出権取引制度（JV-ETS）を実施している。2008年10月から「排出権取引の国内統合市場」が一時期に試行されたが、今まで統一的な国内排出権取引制度はまだ形成していない。一方、東京都では2010年4月から「温室効果ガス排出総量削減義務と排出権取引制度」が開始され、埼玉県では2011年4月に「目標設定型排出権取引制度」が導入されて、自治体における排出権取引市場が活発化している。

中国では、2013年から北京市、上海市、天津市、重慶市、広東省など7つの省・市において炭素排出権取引市場がパイロット事業として開始され、2017年に全国でC＆T型排出権取引制度を建立する予定である。中国の炭素市場は11億二酸化炭素換算トンで、EU ETSに僅差で迫る世界第二位の規模となっている。

韓国の場合、2015年から全国のC＆T型の排出権取引制度が開始された。韓国はカザフスタンに続き、国レベルで排出権取引市場を開始したアジアで2番目の国となった。

3.3 日中韓リンクの考察

表1で示したように、排出権取引制度の設計要素は基本要素と基盤整備に大別され、6つの項目にまとめることができる。以下は日中韓でそれぞれ実施されている排出権取引制度の状況を踏まえ、5つの設計要素から三国リンクの課題について考察する。

表3　日中韓の排出権取引制度の比較

項目		日本	中国（パイロット）	韓国
①目標設定		相対	絶対	絶対
②参加方法		自主参加型	義務型	義務型
③配分問題	配分方式	（無償）	無償、有償	無償→段階的に有償
	対象ガス	CO_2	CO_2	CO_2を含む6ガス
	対象部門	エネルギー集約部門	エネルギー集約部門、工業、サービス業	年平均排出量が12.5万 t-CO_2以上の事業者、又は2.5万 t-CO_2以上の事業所
④費用緩和措置		バンキング、京都メカニズムクレジットの無制限利用	バンキング（上海市）、中国認証排出削減量CCERの利用	バンキング、上限付ボローイング
⑤遵守枠組		MRV	課徴金、MRV	課徴金、MRV

出所：日本・環境省「国内排出量取引制度について」（2013年）、中国各省市政府ホームページ、韓国・環境省「韓国温室効果ガス排出権取引制度の概要」（2013年）から作成。

①目標設定で、日本は相対目標、中国は韓国と同様に絶対量目標を課す。李態妍（2009）により、相対目標市場と絶対目標市場のリンクによって相対目標国において生産が増加する場合，総排出量も増加するとしている。ここで、三国の排出源は削減義務を常に遵守すると仮定する。例えば、経済成長などにより日本の排出権取引参加部門の排出量が増加した場合、原単位目標が達成されれば、遵守として認められる。日本は、中国と韓国から追加的に排出権を購入する必要がなく、三国の総排出量が増加する。しかし、日本が絶対目標を採用した場合、増加した排出量に見合う排出権を調達する必要があり、中国、韓国とのリンクによって国内より安い費用で排出権を調達し、目標を達成することができる。また、三国の参加部門の総排出量は、配分された総排出権に等しくなる。

②参加方式で、韓国と中国の参加方式は強制的、義務型であるが、日本は自主参加型である。義務型を自主参加型とリンクすれば、自主参加の企業が規則の緩い別の国に産業部門を移転してしまう、というカーボン・リケージ（Carbon Leakage）が発生する恐れがある。そのため、双方向の取引を可能にしなければならない。

③配分に関して、日本と中国のパイロット事業ではCO_2しか規制していないが、韓国ではCO_2を含む6種の温室効果ガスを対象ガスとしている。CO_2が共通的な対象ガスであるため、三国リンクの場合、最初はCO_2を対象ガスにすることが進行しやすいと思われる。

配分方式には無償と有償の2つの方式がある。無償方式にはまたグランドファザリング方式とベンチマーク方式2種類がある。塚越由郁（2011）により、無償配分方式を利用する場合、各参加部門の費用負担が小さいという利点がある一方、公平性が欠けている。それに対して、有償配分の場合、公平性が高い一方、各参加部門の費用負担が大きい。

また、有償導入への政治的抵抗性も考慮する必要がある。韓国では、最初の実施期間に100％無償で排出権を配分するが、第2期から段階的に有償方式を導入する。中国のパイロット事業のうち、広東省と深セン市が無償と有償方式をミックスして排出権を配分するのに対し、ほかの5つの省・市はすべて無償配分を利用している。日本の取引制度は自主参加型であるから、無償としている。このように、日中韓三国では主に無償配分方式が採用されている。最初にリンクを行う時も、無償配分方式を利用した方がよいと考えられる。

④費用緩和措置。排出権市場の価格変動がもたらす影響を小さくするため

に、バンキング、ボローイング、安全弁などの費用負担緩和措置が、多くの排出権取引制度に設けられている。収集した資料で見ると、日本と韓国はともにバンキングを導入しているが、中国のパイロット事業では上海市だけバンキングの措置を取っている。

そして外部クレジットの利用では、日本は京都メカニズムのクレジット、即ち ERU や CER を無制限利用できる。中国では中国認証排出削減量 CCER を部分的に利用できる。韓国では資料を見る限り、外部クレジットの利用は不明であるが、ボローイングの措置は持っている。

三国の費用緩和措置は大きく相違しているため、リンクに困難をもたらすかもしれない。異なる国の市場のリンクは、ほかの市場の総排出量、または経済に歪みをもたらす恐れがある（李態妍、2009）。そのため、三国間で費用緩和措置を調整する必要がある。

⑤遵守枠組。遵守枠組には、インセンティブ、ペナルティ、モニタリング、測定・報告・認証（MRV）などの内容がある。

モニタリングと測定・報告・認証（MRV）は、すべての割当対象者からの温室効果ガス排出量を正確かつ統一的に把握する必要がある。排出量取引市場の信頼性と安定性の確保に重大な影響を与えるからである。したがって、排出量のモニタリング、MRV の仕組み、あるいはそれらの要求精度レベル等は制度設計の際に明確にしておく必要がある。その仕組みについては、ISO14064-1（事業者からの温室効果ガス排出量の把握のあり方）による「GHG プロトコル事業者排出量算定報告基準」といった国際標準が策定されている。

一方、国によってその精度レベルや厳格さには差がある。日中韓リンクの際に、国際標準に準拠したモニタリングと測定・報告・認証（MRV）を策定・適用し、一定の精度レベルを確保すべきである。

インセンティブとペナルティについては、日中韓三国の規制が異なっているため、リンクの際に調整する必要がある。

以上のように、日中韓の排出権取引制度のリンクについて、5つの設計項目から考察した。三国の排出権取引制度の構成要素に大きな相違が存在していることが分かる。それらの違いや厳格さの差は三国の取引リンクを困難にさせるかもしれない。効率性を確保するため、各要素を調整する必要がある。

また、前に紹介したように、国際リンクには直接リンクと間接リンクの2つのタイプがある。日中韓三国の排出権取引制度の構成要素を明確にした上、以下は直接リンクと間接リンクの両タイプから、上記5つの設計項目以外に、

いくつかのことを追加して述べる。

　直接リンクの場合、第一に日中韓三国の取引単位の相互認証が必要である。取引単位の相互認証が国際リンクの前提であるため、リンクの方式に関わらず、単位認証の仕組みを立てるべきである。そして第二に、取引の流通段階で、CO_2の数量を定量的取引単位として、異なる排出権単位に対する交換率を決めるべきである。流通段階には、上流型と下流型の両タイプがあり、リンクする時、重複計算を避けるべきである（劉・賈・羅．2014）との見方がある。

　間接リンクの場合、既存のCDMやJCMを利用するのか、新たな媒体を作るのか、ということが一つの課題となる。そして、どの媒体を利用しても、まず取引単位を認証する必要がある。さらに登録メカニズムの面で、制度相手の登録簿に口座を作ることも不可欠である。取引の流通段階でも、異なる排出権単位に対する交換率を決めるべきである。

4、おわりに

　2015年6月、東アジアの主要国である日本、中国、韓国は相次いで2030年の温室効果ガス削減目標を発表し、自国の排出量削減目標を含む約束草案（INDC）を気候変動に関する国際連合枠組条約（UNFCCC）に提出した。温室効果ガス削減の目標を達成するため、排出権取引制度は重要かつ有効な手法として三国で検討・実施されている。先進国と途上国のリンクで、限界費用の減少による削減の効率化のため、日中韓三国間の排出権取引をリンクすることを推進すべきと考えられる。本稿は国際リンクの現状を踏まえ、日中韓三国が実施されている排出権取引制度をベースとして、日中韓三国の排出権取引制度のリンクについて考察した。

　排出権取引体系の基本要素の違いや厳格さの差は取引リンクを困難にさせるため、日中韓の現状を踏まえ、各要素を調整して、それを統一するのか、あるいは換算規則を通じてリンクするのか、整合的なものにしておく必要があると思われる。具体的には、絶対目標を課し、義務参加方式のC＆T型排出権取引制度とし、CO_2を対象ガスとする。配分法としては、最初は無償方式で配分するが、有償方式も基本的に行い、その比率を段階的に高くしていく必要がある。次に、日中韓の現有の費用緩和措置を廃止・統一する必要がある。また、モニタリングと測定・報告・認証（MRV）については、国際標準を策定・適用し、一定の精度レベルを確保すべきである。

しかし，その具体的な改善策やそれに伴う経済・環境への影響についても分析を行う必要がある。排出権取引のグローバル化のメリットは認められるものの、日中韓三国の経済的な動機によって市場が変容され、排出削減の目的が達成されない可能性もある。そのため、慎重な取り組みが必要であると思われる。

参考文献

高尾克樹（2008）『キャップ・アンド・トレンド』，有斐閣：p10

大阪大学　阿部顕三研究会（2008），国際化における日本の排出権取引について，WEST 論文研究発表会

李態妍（2009）「排出枠取引制度（EUETS）のグローバル化に向けての課題」，『龍谷大学経済学論集』，48（3/4）：137-174

李布（2010）「借鑒欧盟碳排放交易経験 构建中国碳排放交易体系」，『中国発展観察』2010・1：55-58

有村俊秀・杉野誠・武田史郎（2011）「国内排出量取引の国際リンクによる経済的影響に関する研究」，『環境研究』，NO161：95-102

時政勗・王鵬飛（2011）「中国各地域，日本，韓国間の CO2 排出権取引について」広島修道大学『経済科学研究』15（1）：49-66

塚越由郁（2011）「我が国における排出量取引制度の導入に向けた考察」，みずほ総研論集，2011年1号

環境省（2013）「国内排出量取引制度について」http://www.env.go.jp/earth/ondanka/det/capandtrade.html

劉自俊・賈愛玲・羅時燕（2014）「欧盟碳排放交易与其他国家碳交易衔接経験」，『世界農業』2014・2：21-27

Sugino, M., Arimura, T. H., Iwata, K. and Morita, M.（2014）"Economic Impacts and Emissions Reduction Effects of JCM: Analysis using a Disaggregated Input-Output Table," Waseda University, Institute for Research in Contemporary Political and Economic Affairs Working Paper, No. E1313

梅宮知佐・碓井健太（2014）「二国間クレジット制度（JCM）のレビュー：日本政府、途上国政府、国連気候変動枠組条約（UNFCCC）の三者の視点から」，IGES Discussion Paper NO.2013-09

周瑋生・任洪波・蘇宣銘・銭学鵬・山崎雅人・伊庭野健造・孫発明・加藤久明・芳賀普隆（2014），「『東アジア低炭素共同体』構想の具現化と『政策工学』の創成に向けて」，『立命館大学政策科学』21－3

世界銀行ホームページ（2014）「『炭素市場の現状と傾向』報告、炭素価格制度の広がりを指摘」、2014 年 5 月 28 日．http://www.worldbank.org/ja/news/feature/2014/05/28/state-trends-report-tracks-global-growth-carbon-pricing

有村俊秀（2015）「国内排出量取引の国際リンク及び関連経済分析の動向と展望」，『環境経済・政策研究』Vol. 8NO. 1：50-60

佳作

日中企業の評価制度比較と 企業経営への影響

明治大学経営学部4年
西野浩尉

I. はじめに

　国内市場が縮小していく昨今、日本企業が生き残っていくためには、グローバル市場への参入は不可欠であり、企業成長のための大きな鍵となっている。これまで、海外諸国へ進出した日本企業は数多く存在する。中国市場に日本企業が進出する最大要因として、生産コストの削減が挙げられる。中国の膨大な廉価労働力と豊富な資源を利用し、中国を「輸出生産拠点」として製造原価を低減すること、それによって同業界での競争力を高めることが一つの目的であった。[1] しかし、近年における中国経済の急速な経済成長によって政治体制の混乱や人件費の高騰が発生し、中国の経営環境は目まぐるしく変化している。13億人もの世界最大の人口大国における個人所得の増加は、中国が単なる「世界の工場」から「世界の消費市場」へと一転していることを意味している。

　昨今問題となっているのが、諸外国の企業経営スタイルは、自国の文化的特徴を背景に決定されるという事である。中国進出するためには中国の法制度や社会風土、中国人の考え方や価値観、中国文化と日本の文化との違いなどを理解した上で、その国の文化的特徴に適した経営方式を施行することが成功のためのキーポイントとなる。

　本論文の目的は、異文化経営の下で評価制度がどのように構成され、機能し、いかに効果をもたらしているのか、その実態を明らかにするものである。本論文の目的を果たすために在中日系企業である東莞 PIOLAX（以下 PIOLAX 社）、日中合弁企業である海信日立空調システム有限会社（以下ハイセンス社）の2社を研究対象とし、各企業の従業員に対するインタビュー、また社内資料に基づく分析を行った。

　次章では、評価制度に関する先行研究を通して、日本企業における評価制度の現状を把握する。

II. 評価制度

(1) 評価制度とは

　労働者は企業の指示に従い、自らの知識や技術等の能力を発揮して労働に従事し、賃金等の処遇を受ける。[2] 評価制度は、「人をマネジメントするため

1　　同上 51 ページ。

2　　戎野（2004）18 ページ

の手段の一つ[3]」であり、企業の事業運営をよりよくし、業績を向上させていくための人材マネジメントの手段である。

今野（1996）によると、評価の対象には仕事と人間に対する2つの側面が存在する。まず、仕事の成果を対象にした業績評価である。これは、一定期間にどの程度企業に貢献したかという「顕在的貢献度」が評価の対象である[4]。これを「定量評価」と呼ぶ。次に、人間を対象に行う評価として能力評価、情意評価がある。能力評価は、仕事経験や教育訓練を通して「ストック」された業務上の知識やスキル等の職務遂行能力を対象としている[5]。また、情意評価とは仕事に取り組む姿勢の事を指し、具体的には出勤や意欲などの勤務態度を対象にしている。以上の2つは数値化できない質的な要素によって評価する方法なので、「定性評価」と呼ぶ。したがって、人事評価制度はこのような多方面からの視点で判断され、より公平で適切な評価を行うことにより、その効果が期待できる。

(2) 評価制度の役割と効果

では、評価制度は、企業経営においてどのように位置づけられ、どのような役割を果たしているのだろうか。八代（2007）によると、評価制度の役割は、次の2つに集約できると述べられている。第一の役割が、従業員の能力開発を促進する事である。従業員の能力や仕事ぶりを評価して、それを被評価者にフィードバックすることによって改善を促し、成長を助けるのである。そして第二の役割が、従業員に「差をつける」ことである。評価によって昇給、昇格に差をつけることで、従業員にインセンティブを与え、人件費を効率的に配分するために不可欠であると述べている[6]。すなわち、評価制度の役割機能として、労働の成果を判定するだけでなく、企業の指示および処遇を通じて労働者の働き方の「基準」ないし「目標」を明示し、企業の要求するところを具体的に提示するものである[7]。したがって、評価制度は従業員の能力および勤務成績ないし貢献度を評価し、個人の能力開発を図り、組織の目標達成のための効率的な人事管理のため、公正な判断資料を提供するというところにその意義がある[8]。

3　高原（2008）36ページ

4　八代（2007）78ページ。

5　同上 77ページ。

6　八代（2007）76-77ページ。

7　戎野（2004）

8　安（1989）

Ⅲ．中国文化の諸特質

(1) 国民性

　その国の経済環境や市場環境は、文化的背景によって大きく影響を受けるため、本章では、日本と中国の文化的差異について触れていく。日本と中国は同じアジア圏に属しており、外見から判断すると髪の色、肌の色も同じである。このため日本人、中国人を見分けるのはなかなか難しい。しかしながら、日本文化と中国文化は言語だけではなく、さまざまな面で多くの違いが存在している。まず日中間の文化の大きな違いとして国民性が挙げられる。ホフステードによると、日本人は「集団主義的」、それとは反対に、中国人は「個人主義的」であると述べている。日本人は自己よりも何らかの組織や所属する集団に対して忠誠心を持ち、価値を置くのに対し、中国人は自己や家族を中心とし、組織に対する価値は希薄であり、信頼をおかない。日本と中国は、国民文化だけではなく、組織文化においても違いが存在している。

　以上から、日本人は所属意識が高く、仲間と組織を重んじる「集団主義」であり、消極的なコミュニケーションを行うが、中国人は自己と家族の利益を最優先に考慮する「個人主義」であり、明確に自己を表現する特質があるといえる。

(2) 転職社会

　ここでは、中国人の仕事に対する考え方を明らかにしていく。日本企業の雇用システムには、終身雇用の名残りがあり、長期雇用の慣行が強いことが特徴である。一方で、中国は、転職を重ねてキャリアアップをしていく志向が大変強く、発展空間（自分が昇進ないしはキャリアップできる場所）を非常に重視している[9]。中国企業が中国全土の 4000 人を対象として行った「転職に関する意識調査」によると、転職の目的で最も高かったのは「より挑戦的な仕事をしたい」が 50％、「給与が低い」が次いで 20％を占め、「職場の雰囲気」が 17％であった[10]。この結果から、自分のキャリアアップのために転職しており、中国人は仕事を自己成長の場と認識し、仕事に対して大きな期待を持っていることがわかる。また、中国人は日本人の組織を重んじる「集団主義」に対し、自己と家族を優先にする「個人主義」であることから、賃

9　　DIAMOND ONLINE http://diamond.jp/articles/-/16098?page=2（2013/9/29 アクセス）

10　　人材招聘網「転職に関する意識調査」http://www.cjol.com/（2013/9/27 アクセス）

金やボーナスなどの処遇、また職場の雰囲気が自分に適しているかどうかが仕事のやりがいに繋がっていると考えられる。このような志向がある中国では、自分に成長の機会を与え、能力判断を正しく行い、自分の業績に見合った処遇を施してくれる企業に転職することが当たり前であり、文化だといえる。

(3) 仮説

Ⅱ、Ⅲより、「在中日系企業では、個々の能力や業績を明確に評価する定量評価を中心に評価しているのではないか」という仮説を立てた。Ⅲで述べた「国民性」「組織文化」「転職社会」の３つの要因から、中国文化の諸特質に適合した評価制度を施行する必要があると予想する。まず、「国民性」という面では、中国人は個人や家族を優先する「個人主義」であり、意思をはっきり表示し、自己主張が強いことから、日本企業の特徴である曖昧な評価基準の評価制度では不満が生じ、しっかりと評価基準によって評価され、数値化された結果を求めていると予想した。

次に、「組織文化」の面では、中国企業では個人の能力を評価し、個人の利益を優先する特質があるため、日本企業の集団を評価し、組織を重んじる評価制度は中国人には合わない。最後に、「転職社会」の面では、仕事を自己成長の場と認識し、自分のキャリアアップのために転職を繰り返すため、個人の能力や業績をより明確に評価されたいという気持ちが強く、評価の透明性、公平性をより重視すると予想した。

以上から、中国においては、評価基準が明確で、数値化された評価である定量評価を実施することで、現時点での個人の課題を明示し、仕事へのやりがいへ繋げているということが考えられる。次章では仮説を明らかにするために、在中日系企業であるPIOLAX社と日中合弁企業である海信日立の評価制度について検証していく。

Ⅳ. 実証研究

中国における日系企業の評価制度の現状を把握するために、在中企業２社を訪問した。[11]訪問先はPIOLAX社とハイセンス社であり、研究方法としては、社長や各部門の部長や副部長、課長といった管理職の方々へのインタ

11　各企業概要は文末に記載。

ビューである。本章の内容はそのインタビュー内容と社内資料の内容に基づくものである[12]。Ⅳ章では、各企業の概要を述べ、両社が実際に施行している評価制度の内容を検証していく。

(1) 企業概要

PIOLAX 社は、中国広東省東莞市に 2003 年 8 月に設立された日系企業であり、従業員数は 660 名である。自動車産業および電機通信産業向けの精密金属ばねの生産からスタートし、合成樹脂を素材としたファスナー類の開発および製造を展開してきた。金属と樹脂のばねの両方を製造する世界で唯一のばねメーカーとして躍進し続けている。また、PIOLAX 社の調査日は 2013 年 4 月 13 日〜 19 日である。

次に、ハイセンス社は中国山東省青島市に 2002 年に設立され、従業員数は 1877 名である。中国発の超大型電子情報産業グループで、主要事業内容は家電製品、通信機器、情報機器の生産・販売である。また調査日は 2013 年 9 月 15 〜 20 日である。

(2) 評価制度

PIOLAX 社とハイセンス社の評価制度を調査したところ、両社の評価制度は共に、定量評価・定性評価の双方が使用されており、その割合は定性評価が大きく上回っていた。具体的な制度を挙げると、PIOLAX 社では目標管理制度と二段階評価制度、ハイセンス社では業績評価、360 度評価制度、インタビューという評価方法を実施していた。両社の評価方法は、どのような特徴を持ち、効果を発揮しているのか、各企業別にそれぞれ解説していく。

① PIOLAX 社の評価制度

a. 目標管理制度

業績評価は、評価期間の初めに被評価者である従業員本人と評価者である直属上司の間で業務目標を設定し、評価期間の終わりに目標の達成度により業績を評価する「目標管理制度」によって行う場合が多い[13]。PIOLAX 社においても、業績評価を行う際に、目標管理制度を実施していた。業務目標の設定は、各部門の管理者が部門の方針・計画・目標を設

12　これ以降、Ⅳ章に記述する内容は文末の「インタビュー概要」に記載する方々へのインタビューに基づく。

13　八代（2007）80 ページ。

定し、それを念頭において個人の業務目標が設定される[14]。PIOLAX 社では、1 年を上期と下期の 2 期に分割し、直属上司と面談を行いながら、それぞれの期首に目標設定し、期末に評価していた。PIOLAX 社の目標管理シートは、数値目標だけでなく、遂行業務のレベルアップ目標や能力向上目標などといった目標の項目を設け、定量的目標だけでなく定性的目標を細かく設定していた。PIOLAX 社では、上司と共に評価項目を確認し、査定した評価結果を本人にフィードバックする場である面談を非常に重要視していた。面談を行うことにより、目標達成できた部分とできなかった部分を上司と部下が話し合い、フィードバックすることで、評価の納得性かつ透明性を高めるとともに、次期にどう改善するのか、課題を再認識させ、従業員の挑戦意欲、仕事に対するモチベーションを向上させていた。

　つまり、PIOLAX 社は目標管理制度のなかに、定量評価と定性評価の両方をバランスよく使用することで、従業員に対して自己成長の場を提供し、仕事へのやりがいに繋げていたといえる。

b. 二段階評価

　PIOLAX 社が目標管理制度と合わせて施行していたのが二段階評価である。二段階評価とは、評価される際に一人の上司から評価されるのではなく、その上司のさらにもう一つ上の役職から評価されるという制度である。二段階評価の意義は、直属上司の一人から受ける評価だけではなく、もう一人の上司からも評価を受けることによって評価の偏りを減らし、かつ多面的な評価をすることができる。PIOLAX 社は、目標管理制度に加え、二段階評価を実施することで、評価の公平性を高めていた。

②ハイセンス社の評価制度

　次に、ハイセンス社の評価制度について説明する。ハイセンス社では、上述したように定量評価である業績評価、定性評価である年度評価報告、そして 360 度評価制度という評価方法を実施していた。

a. 業績評価

　ハイセンス社の評価制度において、業績評価が 30％の割合を占めている。業績評価とは、会社の売上や利益などの業績にどれほど貢献したかを図るための個人やグループ、事業部単位での評価であり、ある一定期間の

14　同上 80 ページ。

従業員の業績貢献度を評価する。ハイセンス社では、年度考課表に基づいて数値化できる定量的目標、さらには能力向上目標などの定性的目標を設定し、定量的目標はその目標が達成できれば評価され、定性評価についてはその目標を達成するまでのプロセスも評価の対象としていた。

b. 民主評価

　ハイセンス社の評価制度は、評価の 70％ が民主評価で構成されている。評価委員会を中心として、評価制度を実施し、運営制度はハイセンス社独自のものである。民主評価は、主にリーダーシップ、満足度、インタビューという 3 つの項目から構成されている。リーダーシップでは、従業員の能力、態度、人柄などを見ることでリーダーになれる器があるのかどうかを判断している。次に、満足度は、職場の雰囲気を最も重視し、部下に対して信頼心を持っているか、育成しようとする行動をとっているかなど、仕事に対する態度から他の従業員に対する細かな配慮までを評価の対象としていた。最後に、インタビューでは、同僚や他の部署の関係者に対して、匿名のアンケート形式で本人の行動や態度に関する質問をしていた。このように、民主評価は、業績評価の定量的な評価とは対照的に、従業員本人の能力や態度といった定性的評価を多面的に判断するために実施されていた。

c. 360 度評価制度

　最後に、360 度評価について解説していく。360 度評価は、直属上司のみでなく部下や同僚、顧客など会社に関わるさまざまな人間からの評価を行うこと[15]と定義づけられる。その効果として、複数者から多面的な視点で評価を受けることで、より公平性、客観性のある評価が期待できることである。ハイセンス社では、上司や部下、同僚などの評価者が評価項目ごとに点数をつけ、その平均を総合評価として算出していた。点数は一つの能力の項目につき、5 〜 25 点に分けられている。

　加えて、ハイセンス社では、評価項目を全従業員に公開していた。このように評価項目を公開することによって、従業員はどの部分に力を入れれば自分が良い評価を受けることができるかを認識する機会となり、一方で企業側は従業員にどのような働きをしてほしいかというメッセージを発信している。

15　遠藤（2002）11 ページ。

Ⅴ. 分析

実際に企業訪問を行い、実証研究を行った結果は、定量評価だけではなく定量評価・定性評価の双方を用いて、バランスの良い評価制度を行っている事がわかった。ではなぜ我々の仮説とは異なり、定性評価を用いているのだろうか。

私は、両社が定性評価を用いる理由は、企業の最終目的にあると考えた。企業の最終目的とは、モノ・サービスを提供し、その対価を得ることで利益を上げるというサイクルを回していくことである。そうやって企業は成長していくのである。そして、企業が成長していく上では、人材の質を高める必要がある。

では、どうすれば人材の質を高めることができるのだろうか？人材の質を高めるには、評価制度、特に人材の質を評価する"定性評価"が公平に機能していることが大切なのである。この項では、定性評価が、企業の成長にどう影響しているかについて分析していきたい。

（1）企業の成長に必要な要素とは

２社の例を見る前に、企業が成長するために必要な要素が何であるかについて確認したい。企業を取り巻く要素は数多くあり、一概に何が成長につながるかと断言するのは難しい。しかし、経営学者のチェスター・バーナード氏は、企業の成立・存続・成長のための最低限の要素は、「共通目標」「貢献意欲」「コミュニケーションの場」の３点であると述べている[16]。ここでは、この３点を企業成長に不可欠な要素としたい。

（2）定性評価と企業の成長の関係について

実証研究で見た企業で行われている評価制度には、人材の質向上に大きく影響している項目が３点あった。それぞれについて見ていきたい。

a. 評価項目の公開

前述の２社では、評価項目の公開を行っている。これによる人材の質への影響はどういったものだろうか。

通常、評価の項目をクリアすることは、従業員の賃金や待遇が上がって

16　飯野（1992）

いくことにつながる。そして、そこで設定される評価項目というものは当然に、企業が従業員に対して希望する"仕事の質や勤務態度"が現れるものだ。

つまり、評価項目とはそのものが、企業の"理想とする人材像"を表していると言える。そして、その"企業の理想像"とも言える評価項目を公開することによって、企業は従業員に、どのような働きをしてほしいか、どんな人材になってほしいかというメッセージを共有できるということになる。

そして従業員は、公開された評価項目を知ることで、どんな部分に力を入れれば自分が良い評価を受けることができるかを認識する機会となり、それこそが従業員全員の「共通目標」となるのである。

b. 公平な定性評価

中国企業へ実証研究を行ってわかったことは、定性評価を行う際に最も気をつけていた点は、"公平な評価を行う事"であった。そのため、前述の２社では、360度評価や二段階評価などを用いて評価の偏りが無いように工夫していた。

このように"公平な"評価を行う理由はなんだったのか。それはキャリアアップをより強く望む、中国人の国民性にある。Ⅲ章でも述べたように、中国人にはより自分を評価してもらえたり、自らのキャリアを高めていく事に関心がある。そんな中国人に対して、公平な評価制度を用いる事で評価制度に対する"安心感"を与え、評価項目を公開する事で、どんな仕事をすれば高く評価されるかを示す。これによって、従業員は高い意欲を持って企業の望む方向に努力するのである。

これらの事から、公平な定性評価を、中国人の国民性と評価項目の公開という２つの要素と組み合わせる事で、従業員の会社に対する「貢献意欲」が生まれるのである。

c. フィードバック

２社では評価の過程で、評価結果の伝達や改善の指示を行うフィードバックの機会を設けていた。

このフィードバックを行う事で、普段の業務ではコミュニケーションをとる事の少ない上司と部下というタテのつながりが強化され、またお互い

が意見を交換しあえる「コミュニケーションの場」が生まれるのである。

（3）分析のまとめ

以上で見てきたように、企業が成長するための最低限の要素として「共通目標」「貢献意欲」「フィードバック」の3点が挙げられた。そして、実証研究で訪れた2社は、評価項目を公開する事で評価の透明性を上げると共に、従業員の共通目標を作り出した。評価の過程では、フィードバックの機会を設ける事で、上司と部下が密な意見を交換できるコミュニケーションの場を設けた。これらの事により、キャリアアップを望む中国人従業員は公平な評価をしてもらえる安心感をもち、企業へと貢献する意欲を持つようになるのである。つまり、公平かつ透明な定性評価を行なう事で、企業が成長する3要素を満たしていたのである。

Ⅵ まとめ

本論文では、訪問企業の評価制度について述べてきた。制度の中で、定量評価がメインに使われているという仮説を基に、PIOLAX 社、ハイセンス社の二社を訪問し、実証研究を行ってきた。研究を進めていく過程で、評価制度、特に公平な定性評価が企業の成長につながるという事実が明らかになった。

両社の評価制度は我々の仮説とは異なり、定量・定性評価の両方をバランスよく使っていた。定量評価では売り上げなどの具体的な数量や量を用いて、従業員の行動の結果を評価している。定性評価を行う理由は、業績の評価ではわからない重要な情報を発見することが可能である事。それだけではなく、評価の項目を公開する事で、企業はどのような人材を求めているのかという具体的な方向性を従業員に示すことにつながるのである。

今回訪問した両社では、定量・定性評価を用いる事により、業績を評価すると共に、公平的に定性評価を用いることが、企業の成長に必要な3要素を満たすことがわかった。したがって、企業の評価制度が、ビジョンの共有に大きな影響を及ぼすという事が明らかになったのである。つまり、公正で公平な評価制度を確立し、運用していくことは、企業の成功に必要不可欠な要素である。評価制度を通して、企業の方向性を従業員に共有し、従業員の意欲を盛り上げることができれば、国や文化という壁を越えた企業の成功に繋がるだろう。

引用文献一覧

○文献

- ・廣石忠司・福谷正信・八代充史著（2004）『21世紀の評価制度 ‐ 評価・処遇システムの新展開 ‐ 』 社会経済生産性本部生産性情報センター。
- ・佐藤博樹・藤村博之・八代充史著（2007）『新しい人事労務管理』有斐閣。
- ・増地昭男（1999）『経営文化論』中央経済社。
- ・孫中山（1977）、『三民主義』、改造図書出版社販売株式会社。
- ・（財）雇用振興協会（1996） 『管理職人事考課制度事例集』、経営書院。
- ・畑中義雄、瀧田勝彦、山中麻衣子、春日直哉（2012）『人事労務の実務事典』第3巻。
- ・茅野宏行（1998）『人事考課がわかる本』日本能率協会マネジメントセンター。
- ・アーサーアンダーセン（2010）『業績評価マネジメント』生産性出版。
- ・内藤郁夫、市川達也、島川孝博（2002）『情報処理企業のためのキャリアパスによる人材育成・人事評価運用と実践』株式会社環境企画研究所。
- ・日経連広報部（1994）『目標管理制度事例集』。
- ・高橋俊介（2004）『ヒューマン・リソース・マネジメント』ダイヤモンド社。
- ・和田幸郎（2002）『360度評価制度事例集』日本経団連出版。
- ・周宝玲（2007）『日系企業が中国で成功する為に —異文化経営が直面する課題—』晃洋書房。
- ・高原暢恭（2008）『人事評価の教科書』労務行政。
- ・飯野春樹（1990）、『組織と管理』、文眞堂。
- ・飯野春樹（1992）、『バーナード組織論研究』、文眞堂。

○ウェブサイト

- ・DIAMOND ONLINE http://diamond.jp/articles/-/16098?page=2（2013/9/29 アクセス）
- ・人材招聘網、「転職に関する意識調査」http://www.cjol.com/（2013/9/27/ アクセス）

企業概要，インタビュー概要

表1：訪問企業およびインタビューの概要

訪問企業	創設年	訪問地	訪問期日	応対者
東莞百楽仕汽車精密配件有限公司（株式会社東莞パイオラックス）	1939年	中国広東省東莞市	2013年4月15〜17日	富田義彦総経理管理部門長李さん、人事部部長趙さん
海信日立空調系統有限公司（海信日立空調システム有限公司）	2003年	中国山東省青島市	2013年9月16〜18日	範副総経理人事部長張さん、人事部趙さん、従業員宋さん、ゴさん

| 佳作 |

戦後国民党対日賠償放棄の出発点についての研究

～蒋介石「以徳報怨」の方針と賠償請求権の放棄をめぐって

北京師範大学外国言語文学学院
4年

艾 鑫

第一章　はじめに

1945 年 8 月 15 日（昭和 20 年 8 月 15 日）、蒋介石が重慶放送を通じて発表した「抗戦勝利告全國軍民及全世界人士書」（抗戦に勝利し、全国の軍人・民衆および世界の人々に告げる書）には、「徳を以て怨みに報いる」とされており、その出典は、『老子』第六十三章の「報怨以徳」という有名な言葉である。その元の意味は、ひどい目に遭って恨みを抱くような相手でも、仕返しをするのではなく、許しの心を以って接し恩恵を与えることである。この放送では、中国に残る日本軍と日本の民衆に対する報復措置を止め、人道的な扱いを与えるという意味になろう。

重慶放送での彼の演説中のこの言葉は広く知られることになる。この演説には、以下の文章も記されている。「もし暴行を以って、かつて敵が行った暴行に応え、奴隷的屈辱を以ってこれまでの彼らの優越感に応えるなら、仇討ちは仇討ちを呼び、永遠に終ることはない。これは決して我々仁義の師の目的ではない」。しかし、「以徳報怨」の方針については、その字面だけを読む訳にはいかない。政治家である蒋介石の演説は、一定の政治的目的と原因があることは疑いようがない。つまり「以徳報怨」の方針は蒋介石の外交戦略なのである。

数十年が経過しても、蒋介石のこの演説中の「以徳報怨」という言葉と、それによる日本軍などの扱いに対しての論争が続いている。では、中国と日本の軍人・民間人にとって、この言葉は一体どう受け止められたのであろうか。中国においては、戦争賠償金の放棄の根本的原因は、この「以徳報怨」の方針にあると批判する人もいれば、日本においては、この言葉に感激し、蒋介石を美化し過ぎていると非難する人もいる。

ここでは、次の問題が浮上して来る。中国の立場から見ると、戦争賠償の放棄は単純に伝統的な道徳理念に主導されたのか、それともそれ以外の要因が存在するのかをめぐって論争が行なわれてきた。しかし筆者は、「以徳報怨」の方針と戦争賠償の放棄は関係性がない別の出来事であり、その時代背景もそれぞれ異なることから、区別して考えるべきだと考えている。

「以徳報怨」の方針を中心とする重慶放送は、1945 年 8 月のことであるが、戦争賠償の請求権の放棄は、国民党が敗北して台湾に兵を退いた後の 1951 年 9 月の「日台条約」締結時以降の政策であり、時間的な隔たりが存在するからである。従って、戦争賠償は「以徳報怨」の方針の一部にはならない。それゆえ以下の文章では、「以徳報怨」の方針と、賠償請求権の放棄を分けて検討を加えたい。

第二章　「以徳報怨」の方針

　「以徳報怨」という名セリフは、蒋介石本人によって発表された言葉ではなく、実は日本のマスコミの報道時に用いられた記事のタイトルであった。彼の演説の内容は「以徳報怨」という四字熟語にぴったりであったので、この語が当時の演説を表す言葉として用いられるようになった。蒋介石はこれに対して異論を持たず、その後も国民党政府によってよく引用されるようになった。

　蒋介石の「以徳報怨」の方針は、戦後において突如決定された方針ではない。戦争が終わる前にもさまざまな兆しがあった。例えば、1943年のカイロ会談においては、蒋介石は天皇制の存続は日本の国民が決めることだと表明している。戦争賠償を請求すると、戦争によって資金不足に陥っている日本政府は、間違いなく日本の一般民衆からその賠償金を搾り取ることになる。しかし、侵略戦争を発動した責任は日本の軍閥にあることから、日本の民衆に対して責任を追及する必要はなく、天皇制を存続させるべきか否かの問題についても日本国民自身に委ねるべきであると蒋介石は考えていた。

　ルーズベルトも蒋介石の考えに賛成した。よって、「カイロ宣言」では、日本の天皇制の存廃に関しては言及しておらず、これにより日本の天皇制の存続に基礎を築いたと考えられる。その後、1945年の「ポツダム宣言」受諾の際に、日本は天皇の憲法上の地位存続のみを降伏の条件とし、象徴天皇制の採択が決定されたのである。これ以前の蒋介石の態度は決定的役割を果たすことはできなかったかもしれないが、天皇の存続に反対するソ連などに対して、当時の中国は唯一の中立な態度を取る国家だったのである。また、戦後の「以徳報怨」の方針によって、日本人兵士、民間人の「無条件送還」が決定され、中国本土から「衣料品など当分の生活に困らない程度の荷物を持って帰ってきた（一人30キロまで許された）」者もいた。

　危険な境遇に置かれた日本人兵士・民間人にとって、この点だけを取っても、心を打たれたであろう。では、蒋介石はこれらの行動を通じてどのような政治効果を上げようとしていたのだろうか。その当時、国内外はどのような情勢にあったかを通じて、その詳細を明らかにしたい。深串徹は、台湾の台湾史研究者は、概して「以徳報怨」に言及していないか、あるいはその効力を否定的に評価するのが一般的だと指摘したが、本章では「以徳報怨」の方針が打ち出された目的と、その効力についても改めて若干の検討を加えたい。

第一節　中国共産党との戦いを優位に進めるため

　1945年9月9日、蒋介石の日記には「中国は現在、満州事変以来、最も大きな危機を迎えている」と書かれていた。当時、日本軍は降伏していることから、この「危機」は日本軍ではなく、中国共産党を指すであろうことは明確であろう。

　1927年、蒋介石は共産党と反目し始めた。それ以来、双方は協力することはあったが、第二次国共合作のように、当時の情勢によって止むに止まれずに協力したものが一般的であった。日本敗戦の初期には、西南部などの後方に軍隊が集結している国民党にとっては、華北と華中のように日本軍の勢力が直接及ぶ地区に於いて、日本の降伏を受けるのはそれほど容易ではなかった。逆に、華北のような共産党の勢力が及ぶ範囲では、共産党は日本軍の武器と機械装備などを降伏物資として受け継いだ。その他、山西省も共産党の勢力範囲であり、この地域の日本軍は1945年11月まで降伏はしなかった。それゆえ、国民党は自分の勢力があまり及ばない地区の治安を一時的に日本軍に維持させた上で、日本軍が国民党に対して降伏するのを待つという決定を下した。

　1945年8月8日、ソ連が日本に宣戦した。日本の敗戦を目前に控え、ソ連軍とモンゴル軍が中国の国境内に侵入、日本軍の降伏が次第に濃厚となった。このような状況下、降伏すべき相手は中国国民党、中国共産党、ソ連軍の三つの軍隊に分かれてしまった。その中で、日本が中国国民党を降伏の相手として選ぶことにしたのは当然の結果である。第一に、その当時のソ連は日本に対する侵攻という野心を抱いていたためである（この点は、第一章・第二節で詳述）。また蒋介石と日本は反共の立場で一致していた。内戦は未だ勃発していなかったが、国民党は共産党がソ連と手を組むことを恐れ、いろいろな手を打っていた。日本の軍人と民間人の心を打つ方針もその一つであった。第二に、抗日戦争を勝利に導いたのは国民党であり、当時の情勢から見ると、国民党政権は共産党に比較して中国を長期的に統治する可能性が高かったのは明らかだったからである。

　中国国内では、蒋介石のこの方針に関して不満な声が上がったが、日本軍がこの方針に感激すれば、国民党を裏切り中国共産党に寝返ることを回避することが可能となる。また共産党が占領していた国民党の勢力が及ばない地区においては、共産党の勢力拡大を牽制することが可能となるため、日本軍が共産党に降伏する可能性が殆ど無くなる。それゆえ、国民党は中国の内戦に勝利するためには、日本の軍人・民間人の好感を得る必要があった。従っ

佳作 ／ 艾鑫　173

て、この方針は後の中国共産党との戦いを有利に進めようとする政治的判断に基づくものであったと結論づけられる。

第二節　ソ連の領土拡大主義を抑制するため

　1937年8月、「中ソ相互不可侵条約」が締結された。ソ連は中国を操縦しようとしたが、それは不可能なことだという警告が受け入れられた。また1941年、ソ連と日本の間に、相互の領土保全と不可侵についての声明書である「日ソ中立条約」が締結された。しかしソ連は、1943年の「カイロ宣言」における「満州地区へのソ連軍の不出兵」という条項を遵守せず、満州地区への出兵が決定された。またカイロ会談終了直後、スターリンはテヘラン会談において、終戦後、日本に対して宣戦することを密約。これは事実上、満州への出兵を意味する。つまり、降伏しようとする日本軍が大陸から撤退する際、ソ連が日本のかつて統治していた地域を再び占領する恐れがあったためである。

　案の定、1945年8月9日、ソ連が日ソ中立条約を一方的に破棄して対日戦争に参戦、「ポツダム宣言」にも参加した。ソ連は満州国、朝鮮半島北部などに攻め込むだけでなく、日本軍の無条件降伏にあたって、北海道の一部領土を占領した。これは第二次世界大戦後の処理方針を制定した「カイロ宣言」の「領土不拡大」原則や、その実施における進捗を表した「ポツダム宣言」にも違反している。「新たなる恥の始まりである」と蒋介石が日記に記した理由の一つは、ソ連が領土拡張の野心を表明したことによるものであろう。

　一方で、中国共産党の毛沢東は、1945年8月9日、「日本侵略者に対する最後の一戦」という声明を発表、ソ連の対日宣戦を「熱烈歓迎する」として、これを支持した。蒋介石は中国共産党からの挑戦をはっきりと認識し、危機感を募らせることになった。前節に述べたように、蒋介石は中国共産党がソ連と結びつくことを危惧したため、国民党軍に対する日本軍の武装解除を円滑に行うことにした。中国共産党とソ連共産党が手を組むことにより、「アジアは社会主義に塗り替えられる」という、蒋介石の最も恐れる事態が起こる可能性があったためである。

　このような背景において、蒋介石は常に「反ソ」を「反共」と同じ概念として捉えていた。しかも、国民党と日本政府は同じく資本主義を信奉しており、イデオロギー的には差異がなかった。その他、ソ連の「日本の分割占領」という構想が日本の軍人・民間人を怖がらせた。この点より、中国国民党と日本は同じ立場に立っていたことが判る。上記から、蒋介石が「以徳報怨」

の方針により、反共陣営の同盟国の一員として日本を選択したのは当然なことであった。

国民党は、ソ連の領土拡大主義を明確に認識し、中国、日本、果ては世界中を新しい領土問題に巻き込んでしまうことは望ましくないと判断した。それゆえ、蒋介石はソ連の日本への出兵を阻止したのである。これは日本人民のためだけでなく、中国人民のためでもあった。

第三節　ドイツ戦争補償の教訓を汲み取るため

国民党は対日賠償金を取り下げたが、その代わりに、中間賠償、在外資産による賠償といった戦争賠償の形態が用いられた。戦争賠償の形態は、軍需工場の機械をはじめ、日本国内にある設備や施設などを日本から移動させ、戦時中に日本が支配した国に移転、譲渡することである。また中国国内に残った武器、弾薬などの軍需品、その他物資も中国から日本に持ち帰ることについても許可しない。即ち、賠償は実体のある金銭で支払わせるのではなく、実物の資産で払わせることが決定された。

戦争賠償金は放棄するが、他の形態による戦争賠償はある程度放棄しないという判断を導いたのは、第一次世界大戦後、ドイツに課せられた膨大な戦争賠償金がドイツを再び戦争に駆り立てたという事実である。これを反省材料とし、第二次世界大戦後にドイツの二の舞を演じさせないためにも、国民党は対日賠償金を放棄し、それが「以徳報怨」の方針の一部になった。しかしここで強調したいのは、当時の戦争賠償金の放棄は、後の国民党による賠償請求権の放棄には当たらない点である。これらの相違点と賠償金請求権放棄の原因に関しては、第三章で詳しく分析する。

第一次世界大戦終結直後、1919年1月に開始されたパリ講和会議で、敗戦国に賠償金を支払わせることが決定した。後の欧州連合加盟国、特にドイツが大きな戦争債務を負った。その結果、第一次世界大戦後に賠償を受けた諸国は、却ってドイツに経済的支援を供与し、自らも重い負担を担うことになったのである。1930年、ドイツは戦争賠償金支払いが困難だと訴え、再び戦争を企てた。だからこそ、第二次世界大戦後の1945年7月「ポツダム宣言」により、日本とその国民が一定の生活水準を維持することが重視された。

上記は蒋介石に影響を与え、結局彼の「以徳報怨」の方針決定の一つの理由になったと考えられる。日本の場合においても、戦争による損失の全てを日本に賠償させるとすれば、半世紀かかっても全額を返済することはできな

いかもしれない。それに、日本によって再び新しい世界大戦が勃発する可能性も決してないとは言えないのである。このような決断をもたらした背景として、中国もアメリカも日本が再び侵略を行い得る軍事的能力を解体しようとしていたことである。これに加え、蒋介石は賠償が中国の近代化、工業化の推進にどれほど有益かということについても考えていた。

第三章　賠償請求権の放棄

　国民党が賠償請求権を公式に放棄することを決定するのは、内戦で共産党に負け、台湾に撤退した後のことである。もし「報怨以徳」の方針が、自身の利益を最大化するために自発的に決定したことだとすれば、賠償請求権の放棄は、当時の国際情勢に基づいて止むを得ざるを得なかったことと言うことができる。それに「以徳報怨」方針の制定では国民党が主導権を握ることが出来たが、賠償請求権の放棄に関して国民党は完全に主導権を奪われる立場にならざるを得なかったのである。なぜなら、当時、国民党は国内でも敗戦の情勢が色濃くなっており、国際的にもアメリカ、日本などに賠償を放棄させられることを強要されていた。詳細は以下の二節で分析する。

第一節　アメリカが日本を占領するコストを削減するために

　原爆で日本の広島や長崎を襲撃したアメリカは、第二次世界大戦を勝利に導いた中心国だということができる。それに対して、ドイツを占領したことで、東ヨーロッパに勢力を拡大していくソ連も世界のもう一つの中心国になった。このような二極陣営に分かれた国際情勢を、1946年3月、チャーチルは「鉄のカーテン」の演説で、「冷戦」という言葉を用いて明らかにした。

　アメリカはソ連との冷戦に勝つため、冷戦構造にあるアジアの情勢を分析した上で、自国の国益に最も適うのは、日本の経済復興だという結論を導き出した。日本に対して大きな賠償債務が課されると、アメリカによる日本の占領コストは増加する。日本が経済不況になれば、アメリカに対してかかるコストはより高くなる。逆に、日本経済が安定成長すれば、アメリカに対するコストは必ずや低くなるのである。コスト削減のために、日本経済において確保すべき基準が繰り返し検討され、日本を経済的に復興させるべきであるとの結論が導き出された。

　その根拠の一つとして、1948年1月、アメリカの陸軍長官であったロイヤルは、「日本は共産主義に対する防御壁である」とし、日本の地位をより

明確に述べたのであった。1950年6月、朝鮮戦争勃発後、朝鮮特需によって、アメリカ軍は日本に対して発注した物資を通じ、日本経済の復興を明確に支援した。これにより、戦後の日本経済は勢いを取り戻すことができた。日本が敗戦した1945年から、連合国による日本占領が開始され、サンフランシスコ平和条約が発効する1952年4月まで占領が継続することになる。1951年9月、サンフランシスコ平和条約が署名されると同時に、「日本国とアメリカ合衆国との間の安全保障条約」、いわゆる旧日米安保条約が取り決められた。この条約によって、日本の安全を保障するためにアメリカ軍の日本国内駐留が定められた。これは連合国による日本占領が終わったとしても、アメリカによって、日本に対する制約を別の形で加えることができることを意味する。

　アメリカが大きく影響力を行使したもう一つの機関は、アメリカが主導的地位を占めていた極東委員会であった。極東委員会の決定権はアメリカ、ソ連、イギリス、中国の四つの国家で決められることになっていたが、これら四つの国家の中で否決する国が一つでもあれば、可決できないという形式であった。国家の利益が各国で異なるため、全ての国家の要求を満たす法案はめったになかった。従って、極東委員会内での争いは続き、賠償については決められないままとなり、中国のように、侵略によって大きな被害を被った国家が被害者になった。

　その結果、アメリカは自国の利益に基づいて、中華民国政府か中華人民共和国か、どちらの中国政府と戦後の講和条約を結ぶかという最大の課題と権利を、最も決定権がない日本に任せた。1951年10月、これに関して、当時の日本首相であった吉田茂は、「日本は現在、依然として講和の相手を選択する権利を持っている。この権利を行使するにあたっては、客観的環境と中国の情勢を考慮すべきで、中国と日本の将来の関係は軽々しく決定すべきではない」というアメリカを驚かせる発言をした。

　1951年12月、アメリカは国務省対日講話問題顧問であったダレスを特使として日本に派遣した。ダレスは吉田茂に対し、「中華民国政府は中国の合法政府であり、アメリカおよびその他の国家から承認されている。また、台湾は極東の軍事戦略上、極めて重要である」と表明した。吉田茂は、中華民国政府の代わりに中華人民共和国と貿易するほうが日本にとってより国益に適うはずだと考えていたが、結局、中華民国政府と条約を締結することにした。

　中国を代表する政府としてアメリカと日本に選択された中華民国政府の

蒋介石は、上述の厳しい現実に直面し、自らの意思と国益に反し、アメリカをはじめとする国際社会の承認を取り付けるために、無理やりアメリカに取り入ることにした。致し方のないことだろう。その結果、「賠償」が放棄され、「日台条約」が調印された。

第二節　中国共産党が唯一の合法政府として承認されるのを恐れる

　抗日戦争に勝利した後、毛沢東の指導する中国共産党は、幅広い政権参加を呼びかけた連合政府論や「耕者有其田」（耕す者が土地を持つ）等の方針を通じて、国民党による独裁に代わり、中国を民主化に導くことを国内外に期待させることに成功した。その結果、共産党が国民の人心を得て、内戦に勝利したのである。

　1949年8月1日から、中華民国政府の中枢機関の一部は台湾への移動を開始した。同年10月1日、北京において中華人民共和国が成立、翌2日、同じく共産党が政権を握るソ連は、中華人民共和国を中国を代表する政府として承認した。同月4日、アメリカは中華人民共和国の政権の正当性を否定したと発表した。1950年1月、イギリスは台湾と国交を断絶し、中華人民共和国と国交を結んだ。このように、中華人民共和国と外交関係を樹立する国家が世界中で増えていった。それと同時に、アメリカは台湾に対する資金供与等の支援を徐々に減らしていった。

　上記から、どちらの中国を承認するかは当時の国際社会での最大の対立点の一つであったことが判る。どちらの中国が代表なのか、国際社会において同一見解に達しなかったため、1951年9月に行われたサンフランシスコ講和会議には、中華民国、中華人民共和国とも招聘しないことが決められた。しかも、アメリカ国務省の対日講話問題顧問であったダレスにより、「どちらの中国を選ぶかは、日本の自主的な選択に任せ、別途、二国間条約を結ぶ」という代替案が提起された。日本によって主導された侵略戦争によって、最も大きな被害を被った中国にとって、これは極めて不公平なことであったと言える。

　当然のことながら、蒋介石は大きな危機感を抱くこととなった。ここから、中華民国政府の政治的課題は「大陸反攻」となり、台湾の国際社会における地位も複雑になった。この政治的課題を達成するために、蒋介石は戦争賠償請求権を放棄することにしたのである。賠償請求権の放棄は、中国にとって、国民や国家の利益に適わないばかりでなく、世界にとっても、日本経済の早過ぎる復興を可能にするであろうことは、蒋介石、顧維鈞を始めとする

国民党員は皆わかっていたが、中国共産党の勢力が拡大するにつれて、国際的に広範的に承認される合法性のある政府になるためには止むを得ない選択であった。「日台条約」の署名により賠償請求権を放棄したことは、自らの政権をアメリカをはじめとする国際社会に認めさせることと引き換えの決断だったのである。

第四章　おわりに

　国民党の対日賠償放棄に関しては、さまざまな研究が行われてきた。その中で、蒋介石の「以徳報怨」の方針が、日本に対してどのような主導的役割を果たしたかについて検討する論文は数多く存在しているが、その方針を制定する際の、国内外の情勢や、背景を詳細に分析する論文は比較的少ない。以上の分析によって、「以徳報怨」の方針とその後の戦争賠償金請求権の放棄は、当時の中国、特に国民党政府にとっては賢明な選択であったことが判るが、長い目で見れば、この決断は将来に禍根を残したと言えるだろう。なぜなら、当時、賠償請求権の放棄が決定されたからこそ、現在の釣魚島などの領土問題が未決の議題として残されたからである。領土問題において、我々は歴史的な証拠を明らかにし、理性的に相手を説得すべきだと考えている。本研究を通じて、「以徳報怨」の方針と、賠償請求権の放棄の原因やその背景に着目した新たな知見を他の研究者に提示することにより、この分野の研究の発展に寄与することと、その上で、本研究は対日賠償放棄の原因を明らかにすることをも目的としている。また本研究を通じて現在の中日関係の発展と改善に示唆を与えることを期待するものである。

参考文献

＊趙国鋒「浅談蒋介石没有公开投降日本的原因［J］」（南都学坛、1992,04:82-87）

＊卫金桂「抗战结束后蒋介石为何放弃日本的战争赔偿［J］」（民国春秋、1997,02:7-9）

＊王莹「论战后日本未向中国缴付战争赔款中美国的作用［J］」（西安联合大学学报、1999,03:74-76）

＊陈奉林「蒋介石与战后日本天皇制［J］」（史学集刊、2003,04:77-83）

＊家近亮子「日中関係の基本構造［M］」（日本：晃洋書房、2003.120-159）

＊杨凤霞「论蒋介石对日外交中的"和平"策略［D］」（吉林大学、2004）

＊家近亮子・松田康博・段瑞聡「岐路に立つ日中関係［M］」（日本：晃洋書房、2007.86-108）

＊汪兴涛・刘静「日本政府逃脱侵华战争赔款的过程及原因 [J]」(江汉大学学报（人文科学版)、
　2009,03:109-112)

＊深串徹「戦後初期における台湾の政治社会と在台日本人 [J]」(日本台湾学会報（14)、
　2012,06:47-69)

＊黄自进「蒋介石的日本经验与对日决策 [N]」(中华读书报、2013-03-06010)

＊尤淑君「战后台湾当局对琉球归属的外交策略 [J]」(江海学刊、2013,04:155-164)

＊褚静涛「1951 至 1972 年蒋介石政权的琉球政策 [J]」(安徽史学、2013,05:75-85)

＊杨天石「蒋介石：日本人最怕什么，我就先做什么 [J]」(报刊荟萃、2013,03:8)

＊戚景「中国对日战争索赔问题研究 [D]」(华中师范大学、2014)

佳作

21世紀初頭における日本経済界の対中認識について

北京外国語大学北京日本学研究センター
社会コース博士課程前期2年
盧 永妮

一　はじめに

　中国と日本は世界第2、第3の経済大国であり、アジアにおいて最も影響力のある隣国でもある。グローバル化に伴い、両国の互恵関係はアジアと世界の平和、安定、繁栄にとって重要な意義を有している。ところが、現在の日中関係は、靖国神社参拝、尖閣諸島をめぐる問題が発生し、国交正常化以来最悪の状態に陥り、両国の世論が相互に不信感を抱く事態となっている。この現実は、私たちにそのような日中関係をどのように改善するのか、その改善の糸口はどこにあるのかなどのことを考えさせる。

　ところで、歴史を振り返ると、日本経済界は中国との国交正常化を促す大切な担い手であり、経済ばかりでなく日中関係の発展において巨大な促進作用を果たしたことが分かる。日中関係が悪化している現在、日本経済界は再び日中関係をよくしていくのか。その問題に答えるには、現在日本経済界の中国認識つまり日本経済界がどのように中国を認識しているのかということを研究しなければならないと思う。

二　先行研究

　「日本の中国認識」研究は日本においても中国においても早くから行われていた。日本においては、アメリカ学者のジョシュア・A・フォーゲルに影響されて、シノロジスト、歴史学者が古代中国を研究対象として研究を進めており、近年来中国史学者の小島晋治によって編集された『幕末明治中国見聞録集成 20 巻』、『大正時期中国見聞録集成 20 巻』及び政治思想史学者の野村浩一の『近代日本の中国認識』などの成果がみられる。時間の推移にともない、国際関係研究者などは現代中国に注目するようになってきた。その研究成果としては、馬場公彦の『戦後日本人の中国像：日本敗戦から文化大革命・日中復交まで』、『現代日本人の中国像：日中国交正常化から天安門事件・天皇訪中まで』及び天児慧の『日本人の見た中国』などが挙げられている。

　中国においては、日本の清末中国（1840-1911）、民国（1912-1949）に対する認識を多く研究し、近年来、新中国に対する認識も研究視野に入り始めた。また、ソフトパワー理論の登場につれ、文学界も積極的に日本を含んだ「西方の中国形象」研究に力を入れ、「海外漢学研究ブーム」を引き起こした。それから国際問題研究界、特に中日関係研究界も現在の日本における対中認識を盛んに研究している。現在、上述の研究界の成果は、日本史学界の楊棟

梁の『近代以来日本的中国観』、文学界の呉光輝の『日本的中国形象』、国際問題研究界の蒋立峰の『中日両国的相互認識』などである。

　「日本」の中国認識研究と比べて、「日本経済界」の中国認識についてのモノグラフはそんなに多くないようである。その代表的な研究は次のとおりである。李廷江は『日本財界与辛亥革命』において、日本財界の対中国政策制定・執行過程における役割を研究した。田慶立、程永明は『近代以来日本的中国観第六巻』において、社会学の社会階層論を利用して、中日国交正常化以来政界、経済界、国民の中国観の変遷軌跡と発展特徴を考察した。李恩民は『転換期の中国・日本と台湾—1970年代中日民間経済外交の経緯』において、1970年代に日本経済界の対中認識及び中日関係発展過程における作用を論じた。朱建栄は「日本各階層是怎么看待中国的？」において、日本人の対中認識を考察した。管秀蘭は「国交正常化以来日本経済界の対中認識研究」において経済界の対中認識の生成・変動メカニズムを研究した。李彦銘は「小泉政権期における日本経済界の対中認識—「政冷経熱」現象に関する一考察」において、小泉政権期における日本経済界の政策要求、政治関係に対する役割及びその形成要因を明らかにした。

　以上の先行研究は研究方法と研究対象においてヒントを与えてくれた。日本の中国認識は単一的なものではなく、多元、多様なものであり、また、階層によってその外交関係に対する影響力も異なっている。したがって社会階層論を利用して、経済界の対中認識を研究することが有意義である。それにもかかわらず、先行研究は主に二つの問題点がある。一つは、伝統的な文学、歴史学のテキスト分析方法を用いて、ある経済人或いは何人かの経済人の中国認識を研究したが、その代表性が不十分なのではないだろうか。もう一つは、文献資料が単一で、一貫性がなく、説得力が少し欠けている。

　上記の現実の需要と先行研究に基づき、本稿は経済団体の機関誌・報告書、経済専門誌、新聞などの資料を利用して、2000年代に入ってからの日本経済界の対中認識とその形成背景を明らかにするものである。

三　21世紀初頭日本経済界の対中認識の内容

（一）「経済界」の定義

　「経済界」とは何か。学者によって、それについての理解が違っている。緒方貞子によれば、経済界は「財界」、「業界」、「企業」の三つの層によって構成された人的集団であり、「財界」は経済団体連合会（経団連）などを中

心とする経済団体とその指導者を指す。緒方氏の狭義的な理解に対して、程永明は広義的な考え方を示す。程氏によると、経済界は経済関連団体・業界・企業界の人的集団、経済研究関連学者と経済関連省庁に属する人などを指す。本稿では程氏の広義の定義を用いることにする。

（二）この時期における経済界の対中認識の内容

本稿では、この時期における日中関係の大事件に基づき、経済面における「中国脅威論」と靖国神社参拝などの歴史問題による日中緊張関係に対する経済界の反応からその中国認識を検討してみよう。

（1）中国経済発展についての認識：「中国脅威論」から「中国特需」へ

「中国脅威論」は20世紀90年代から軍事面に始まり、次第に経済分野にも波紋を投げ、21世紀の初めごろより一層高まっていた。経済界の「中国脅威論」は日本の対中投資と中国の対日貿易という二つの方面からなっていた。

日本の対中投資における「中国脅威論」は製造業で加速する中国進出による日本の「産業空洞化」に対する認識である。「日本国内での工場閉鎖が続く中で、中国への投資が拡大して日本の産業基盤が崩れようとしている」との認識はその代表的な考え方である。

国際協力銀行の2001年の調査によれば、「海外事業を強化・拡大する」と回答した企業は2000年の54.5％から71.6％へ、「海外生産が国内生産を代替するために国内生産は減少する」と答えた企業が2000年の13.6％から22.5％へ大幅に増えた。第一生命経済研究所の試算によれば、日本企業の1997年から2000年にいたる中国投資の増加は、国内雇用の減少とデフレを助長させる結果となっていた。また、日本の製造業の中国移転はその経済停滞の主因であるという米国の研究結果も発表された。家電事業、ＩＴ関連産業などの製造業が特に顕著で、その工場の海外移転によるコストダウンが国内雇用の空洞化を引き起こした。

もう一つの中国の対日貿易における「中国脅威論」は「中国から低価格の製品が入ってくることで、日本の産業が大きな被害を受けている」という認識であった。日本貿易振興会（JETRO）が2001年8月に行った「日本市場における中国製品の競争力に関するアンケート調査」によると、中国製品の日本進出に対し、21％の企業が「いま脅威を感じている」と答え、29％が「近い将来脅威を感じる」と答えた。また、競争力の弱い農産品、繊維業界は中

国製品に対するセーフガードの発動という保護主義的な措置を日本政府に求め、その結果2001年4月にネギ、シイタケ、イグサに対する暫定発動が行われた。

ところで、上記の「中国脅威論」に対し、経済人と経済団体からの反論が早くから存在した。経済人では、2001年後半に中国は「脅威ともチャンスともなりうる」との議論が提出された。2002年頃には「個別企業にとっての中国脅威論とは一線を画する」との議題が展開された。脅威論が過大評価であり、空洞化という発想そのものがもはや時代遅れであり、中国抑制策は意味のないことといった主張もあった。空洞化論に対し御手洗冨士夫（2006年5月～2010年5月日本経団連会長）は、「脅威論を唱える人がいるけれども、これは70年代、80年代に日米間に起きたことを考えてみればよい」、「日米間で起きた貿易摩擦と同じことが、いま、日中間で起きろうとしている」との見解を示した。

「中国脅威論」に対する批判は、経済人の反論のほかに、経済団体の提出した意見書にもそれが窺える。旧経団連が2001年に提出した意見書「21世紀の日中関係を考える―日中の相互信頼の確立と経済交流拡大のための提言―」では、中国の製造業の成長が及ぼすプラスの影響の可能性を指摘した。続いて、2002年に中国委員会企画部が「中国製造業の台頭とアジアの国際分業体制に及ぼす影響」について検討したうえで、「中国の発展は脅威ではなく、日中は共存共栄が可能だ」との結論を出した。そして、2002年にアジア・大洋州地域委員会企画部会が整理した中間報告「ASEAN諸国との経済連携強化に関する基本的考え方」の中でも、中国の発展を歓迎し、中国との関係はチャレンジかつチャンスであると認められた。

このように、2004年になると、「中国脅威論」はだんだん静かになり、それに代わって「中国特需」が主流の認識となっていった。当時のみずほコーポレート銀行頭取は「日本の今の景気回復の要因を……五割は中国特需」と考え、「その特需は三年前から始まり、今後も続き、日本にとって不可欠」だと語った。この時期に経済団体の中で「日中企業アライアンス」などの包括的提携関係も提案された。その認識の下で、2000年代後半から2010年代前半にかけて、これまでとはかなり様相が異なる第四次中国投資ブームが起こっている。

（2）日中歴史問題と日中政治問題の関係についての認識：日中関係の改善をより一層求める

小泉政権期において、首相・閣僚の靖国神社への参拝や歴史教科書の記述など歴史認識に関わる問題の発生につれて、日中の政治関係が冷えていった。この状況下で、経済人は国益を考慮したうえで、自分の意見を発表した。

　小泉首相の靖国参拝をめぐっては、当時経済同友会代表幹事の小林陽太郎が2001年から慎重な態度を示し、2004年に記者会見で「個人的にはやめていただきたい」と発言し、2005年に同友会が靖国参拝の中止を要請するまでに至った。経済同友会としても2006年、「参拝を控えた方がいいということで提言した。日中両国の国民が対立的な感情を持つことは安全保障の観点でも好ましくなく、経済の安定的な発展もない」との見解を示した。当時日本経団連会長だった奥田碩も2006年に、小泉首相の靖国参拝には「近隣諸国への配慮が必要」などと、懸念を表明している。そのほか、経済人だけでなく、経済団体も意見書などを通して、首相の靖国参拝の中止を要請するのである。日中経済協会21世紀日中関係展望委員会は2003年に発表した意見書「日中関係の進化を求めて」のなかで、「歴史認識を明確にし、未来創造に挑む信頼関係を確立する」と主張した。

　また、歴史認識をめぐる問題など日中間の政治的摩擦現象をよりよく解決するために、日本の政権交代の2006年になると、各経済団体が今後の日中関係について次々と提言を行った。

　2月に関西経済連合会と関西経済同友会によって開催された「関西セミナー」では、中国・韓国との関係改善が強く訴えられ、6月に企業の共通意見「企業のアジア戦略・五つの視点」を政府に提言した。そのセミナーでは、中国について、「今後もグローバル競争の拠点」となり、「現地の文化や歴史を理解しながらビジネスを展開する」などのことが述べられた上で、「東アジア自由経済圏の実現」が提案された。

　4月に関西経済同友会は提言「歴史を知り、歴史を超え、歴史を創る」のなかで、近現代史教育を強化すべきこと、未来志向と戦略的取り組み、幅広い人的交流を展開することを提唱した。経済同友会は5月9日に、小泉首相の靖国神社参拝に再考を促すことなどを盛り込んだ「今後の日中関係への提言」を提出した。日中経済協会21世紀関係展望委員会も9月に「新内閣の発足にあたり、日中関係に望む」を発表した。

　そして、現政権との対立をできるだけ避けようとする伝統を持っている経団連は、2001年2月に「21世紀の日中関係を考える—日中の相互信頼の確立と経済交流拡大のための提言」という意見書を提出し、そのなかで歴史認識や台湾問題など政治に関する問題にも言及するのである。

2006 年 10 月の安倍晋三首相の訪中と 2007 年 4 月温家宝総理の訪日は両国の戦略的互恵関係発展を進め、ここ数年続いた「靖国参拝問題」による日中間の政治的不正常な状態も未来に向けて新展開を辿るように見えたが、また 2012 年から尖閣諸島をめぐる外交上の問題が発生し、日中関係はかつてない厳しい困難に直面している。

日中経済協会 21 世紀関係展望委員会は 11 月に緊急提言「日中友好の大局に立ち不正常な事態の早期打開を」を提出した。日中友好の大局に立った早期の事態収束に向けての外交努力、経済関係の速やかな正常化、戦略的互恵関係の創造的な発展、強固な相互信頼の再構築との四つの提言を発信した。そして、2013 年 11 月に提言「揺るぎない日中関係を目指して」において、「信頼関係を再構築し深遠な日中関係を目指そう」と再び呼びかける。また、2014 年 9 月に提言「日中相互信頼への回帰を望む」の中で、日中首脳会談の早期実現、日中ハイレベル経済対話等の早期再開、民間ベースの交流拡大、地方との交流強化という四つの提案を出した。

四　この時期における経済界の対中認識の形成背景

上記からみれば、日本経済界における中国経済の急速な発展に対する認識は、「中国脅威論」から「中国特需」へと変わっていった。歴史問題による日中関係の悪化に対する認識は、歴史認識を明確にし、再び相互信頼の関係を構築するよう望むようになっていった。そのような対中認識の形成背景は何か。次はこの問題について分析してみよう。

中国は 1978 年の改革開放に始まり、2001 年の WTO 正式加盟を経て、製造業を中心に飛躍的な経済成長を遂げた。経済規模は、2001 年には日本の 3 分の 1 程度であったが、2009 年に日本を追い抜き世界第 2 位の経済大国となり、2014 年には日本の 2 倍強に拡大した。

中国経済の飛躍的な発展は、日本経済に巨大なインパクトを及ぼしていることは言うまでもない。バブル崩壊後の日本では、消費者ニーズに応えた中国製品への嗜好が急増し、1990 年代後半には中国製消費財が日本に向けて大量に輸出された。中国製品の日本市場への進出に伴い、競争力を維持しようとした日本企業の海外移転も急増し、そのため、中国経済の台頭は日本の産業空洞化の一因とされた。またデフレに直面する日本では、安価な中国製品がデフレを加速化させたとして、中国の「デフレ輸出」が批判の的となった。こうして 20 世紀末には、特に競争力の弱い農産品、繊維業界では中国

脅威論が高まることとなった。

ところが、中国の WTO 加盟前後から、中国経済が「いざなぎ越え」と呼ばれた日本の長期景気拡大を支えるようになると、「中国脅威論」はまもなく沈静化することとなった。日本経済は「中国特需」に沸き、中国の景気拡大が資源輸入を促し、資源輸送の増加が船舶・造船需要を拡大させ、さらには鉄鋼生産を回復させた。このように、日本で久しく「構造不況業種」と呼ばれてきた産業が、「中国特需」で息を吹き返したのである。また中国の建設ブームや自動車ブームは、日本国内の建機・自動車産業に火をつけ、工場の新・増設も相次いだことから、国内の建設需要をも活性化させた。

中国経済が 2000 年代半ばに 5 年連続で 2 桁成長を遂げたことで、日本経済の中国依存度は急速に上昇した。2009 年に中国は日本の最大の輸出市場となり、生産拠点のある中国が東アジアの輸出生産ネットワークに組み込まれることにより、日中間でも産業・企業内貿易の比率が一段と高まった。日中貿易の構造は、垂直貿易から水平貿易へ、また水平貿易の中心は繊維から機械へ、そして機械貿易の内容は最終財から中間財へと高度化しつつある。

日本経済の牽引車となった感のある日中経済関係であるが、中国の改革・開放 30 年を経て、これまでのように日本のモノ、ヒト、カネが一方的に中国に移転してきた関係から、文字通り双方向の経済関係が構築されつつある。

2005 年度の『通商白書』では、国際分業において日本・NIEs が中間財を生産し、中国・ASEAN が中間財を輸入して最終財に組み立て、最終消費地の欧米へ輸出するという「三角貿易」がすでに成立したと指摘された。

要するに、日本と中国は競合関係ではなく、補完関係にある。日本経済界、特に経済団体はそのことがはっきり分かるから、東アジア共同体を念頭におき、アメリカ・東南アジアとの関係や日本の成長戦略を考慮したうえで、首相の靖国参拝を批判したり、日中関係の改善を求める行動を取ったのである。

五　終わりに

本稿は 21 世紀初めにおける日中関係の大事件に基づき、経済面における「中国脅威論」と靖国神社参拝・教科書などの歴史問題による日中緊張関係をめぐって、経済界の対中認識とその形成背景を検討してきた。

20 世紀末には、中国経済の台頭による安価な中国製品の日本進出のため、競争力の弱い農産品、繊維業界では「中国脅威論」が高まることとなった。しかし、中国の WTO 加盟による日本の長期景気拡大につれて、「中国脅威

論」に代わる「中国特需」が主流となった。グローバル化が急速に進んでいる現在、日本経済界、特に経済団体は日本と中国の補完関係を十分に認識し、また、東アジア共同体を念頭におきアメリカ・東南アジアとの関係を考慮したうえで、国益に基づき、歴史問題による日中関係の悪化の改善を政府に訴えたのである。上記のことから、現在、日本経済界の動きが日中関係の改善の糸口になりうるといえるだろう。日中友好のために、改めて日本経済界の役割を重視しよう。

参考文献

伊藤元重「中国脅威論に惑わされるな」、『産経新聞』、2002 年 8 月 1 日。

「インタビュー　御手洗冨士夫キャノン社長」『エコノミスト』2002 年 4 月 8 日、p.8 ～ 9。

大橋英夫「日米中関係の中長期的展望」、財団法人日本国際問題研究所、2012 年。

緒方貞子「日本対外政策決定過程と財界」、『対外政策決定過程の日米比較』、東京大学出版会、1977 年。

国吉澄夫「中国企業の虚像．実像と日本製造業」、『日中経協ジャーナル』、2002 年 2 月。

経済産業省『通商白書 2005 年版』。

公益社団法人経済同友会「今後の日中関係への提言—日中両国政府へのメッセージ」、2006 年。

斎藤宏「今月の視点：副会長に聞く」、『日中経協ジャーナル』、2004 年 9 月、p.3。

佐藤雄二朗「空洞化という考えが時代遅れ」、『エコノミスト』、2002 年 2 月 4 日、p.40 ～ 41。

立石信雄「21 世紀に残された巨大なフロンティア」『エコノミスト』2002 年 2 月 4 日、p.42 ～ 43。

「日中経済交流と日本の戦略（特集／中国経済）」、『 関経連四季報 68 』2002 年、p.26 ～ 31。

李彦銘「小泉政権期における日本経済界の対中認識—　『政冷経熱』現象に関する一考察」、『法学政治学論究』88 号、慶應義塾大学大学院法学政治学研究刊行会、2011 年、p.111 ～ 138。

矢吹晋「中国経済と脅威論」、『NHK 視点論点』、2002 年 2 月 6 日。

日中経済協会 21 世紀日中関係展望委員会各年度提言書 http://www.jc-web.or.jp/JCCont. aspx?SNO=001&b=548&s=560&k=562

田庆立《试析中日复交以来日本各界对华认识的主要特征》,《南开日本研究 2013》,世界知识出版社、2013 年。

田庆立·程永明著《近代以来日本的中国观第六卷（1972-2010）》江苏人民出版社、2012 年。

张季风主编《中日友好交流三十年（1978-2008）经济卷》,社会科学文献出版社、2008 年。

程永明《复交以来日本经济界的对华认识》,《东北亚学刊》第 6 期、社会科学院东北亚研究所·天津社会科学院出版社有限公司、2013 年。

佳作

中国人の爆買いをめぐる一考察

広東外語外貿大学東方言語文化学院
日本語言語文化研究科博士課程前期1年
宋鄧鵬

はじめに

ここ近年、特に 2015 年以来、「爆買い」と呼ばれる中国人の購買行動が大きな話題となっている。新聞記事などでもよく見られる。2012 年、日本の「アベノミクス」の実施を皮切りに、中国人による猛烈なこの行動が日本人を驚かせた。とりわけ 2015 年になると、「爆買い」は社会現象ともなり、いよいよ中国人のイメージを代表する一つになってきた。

「爆買い」についての評価も両極に分化している。中国人の消費能力の向上を認める一方で、中国産の製品に対する不信感も「爆買い」に伴い、明らかになってきた。

この「爆買い」という現象に着目し、その正体を解明するのが本稿の主旨である。「爆買い」の現状、出現の要因、中日両国の経済実態、両国への影響及び今後の趨勢について、分析してみたい。また本稿を通して 21 世紀の中日関係、いわゆる「政冷経熱」についても再考していく。

1、「爆買い」とは

「爆買い」とは文字通り「爆発的に」話題になった現象で、一度に大量に買うことを表す俗語であり、実質的には中国人観光客による旺盛な消費行動を表している。[1] 2015 年になって中国人が大量に商品を購入するという行動はいっそう目立ち、以前より見られた「爆買い」という言葉が新聞記事などで桁違いに多く使われるようになった。

簡単に言い換えれば、「爆買い」という言葉は本来の意味と異なり、とくに来日した中国人による猛烈な購買行動のことを指している。ある面では、中国人に対しての軽蔑という気持ちを表すと言っても過言ではない。

2、「爆買い」の現状

2.1 訪日人数の増加

中国の人民網によると、2015 年の 1 月から 7 月まで、中国大陸部から日本への観光客は延べ 275 万 5500 人と、昨年の二倍以上に達した。日本の観光客受け入れ国では、初めて韓国を超え、中国がトップとなった。10 月 1

1　「爆買い」ウィキペディアによる。

日から 7 日までのわずか七日間の国慶節期間中だけでも、訪日の中国観光客は 40 万人を突破した。[2]

2.2 中国人の消費実態[3]

日本国土交通省が発表した平成 27 年版観光白書によると、2014 年には、訪日外国人消費総額は 2 兆 278 億円と史上最高を記録した。2012 年には 1 兆 849 億円だったので、わずか 2 年で倍増している（図表 1）。

図表 1　訪日外国人の消費総額推移　　　　　　　　　　　　単位：億円

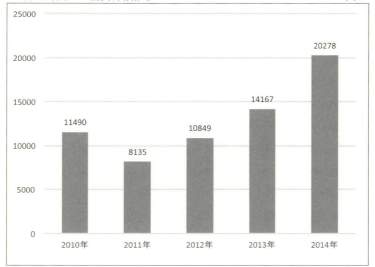

出所：平成 27 年版観光白書（日本国土交通省）

国別に消費額を見ると、1 位は中国で 5583 億円、全体の 27.5% を占めている（図表 2）。中国は、2010 年以降、消費額が毎年 1 位である。2013 年にはやや減少しているが、全体は増加傾向にある。

2　「2015 年上半年访日游客数创新高　中国人居多」『人民日报』2015 年 8 月 19 日
3　『観光白書』日本国土交通省　平成 27 年（2015 年）版

図2　国・地域別の消費状況

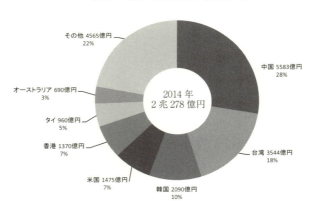

出所：観光庁「訪日外国人消費動向調査」

　「訪日外国人消費動向調査」の最新データ[4]によると、2015年度の第二四半期（4－6月）に、中国大陸部からの観光客の1人当たりの消費額は28万160円に達した。前年同期比で26.2％の伸びである。国別の一位を占め、平均よりほぼ10万円多い。ショッピングでの支出額を比べると、中国人の旺盛な消費はさらに顕著で、全体の平均消費額が8万738円に対し、中国人訪日客による消費額は17万38円にも達し、前年同期と比べ29％も伸びた。香港や台湾と比べても倍以上であり、中国人がいかに「爆買い」しているかが分かる。
　携程網[5]が発表した『2015年のゴールデンウィーク[6]における訪日旅行報告』によると、一人当たりの平均消費は50万円となっている。40万人の中国観光客は約2000億円を消費すると推測される。[7]

4　日本観光庁が2015年7月末に発表した最新データである。
5　携程旅行網の略称で、中国のオンライン旅行会社である。
6　10月1日から7日までの7日間、中国の国慶節である。
7　「2015年黄金周中国赴日本旅游報告」『携程旅游』2015年10月15日

3、「爆買い」の形成要因

3.1 中国側の要因

3.11 総合国力の充実

　1970 年代末から中国政府が提唱した改革開放政策及び今現在の最高指導者のリーダーシップのもとで、中国の経済は飛躍的に発展し続けてきた。したがって、国民の生活水準と生活環境も向上してきた。今、およそ 2 億人は年収が 50 万人民元を超えた。経済と福祉など多方面で「総合国力」の充実を成し得た。「中国という獅子はすでに目覚めた」と習近平主席が 2014 年 3 月フランスで述べている。

　中国の総合国力の充実という事実は全世界に公認された。それでは、総合国力の充実と「爆買い」にいったいどんな関係があるか。

　一言で言えば、最も関係があるのはビザではなかろうか。ビザは入国が許可される証明書である。ビザがなければ、入国できないのは当然である。2014 年 11 月、日本外務省は中国人に対するビザ発給要件緩和の運用を 2015 年 1 月 19 日に開始すると発表した。[8]中日間の人的交流が更に一層活発化することが期待された。

　総合実力の向上があるからこそ、日本外務省は中国人に対するビザ発給要件緩和という政策を実施しているのではないかと言いたい。ビザがなければ、「爆買い」はこんなに盛んにはならないであろう。

3.12 経済成長による消費能力の上昇

　改革開放の 30 年余りの努力で中国経済の実力が強まり、国内総生産も大幅に伸び、対外開放レベルが新たな段階に進んでいる。中国は 2008 年に国際金融危機を乗り切って、チャンスを正しくとらえ、2010 年に日本を超え、世界二位の経済ブロックになった。いまも約 7％の国内総生産成長率を保持している。2013 年、中国経済を高成長から中成長に軟着陸させるために一連の経済政策を打ち出し、「リコノミクス」と呼ばれている。これは李克強首相が現存の経済問題を国情に沿って賢明に判断した結果と言われている。

　普通の中国人は経済繁栄のもとで、最低賃金も絶え間なくアップしてきたと感じている。広州の最低賃金を例としてあげよう。1993 年から 2015 年にかけて、最低賃金は最初の一カ月 250 元からいまでは 1895 元となり、わず

8　「中国人に対するビザ発給要件緩和」外務省 2015 年 1 月 6 日

か23年の間に7.58倍も増加した（図表4）。そして、ニューメディア、オンラインショッピングなどという新しい産業が興ってきた。それら産業がより多く、よりよいポストを提供し、無形の市場を通じて知らぬ間に消費を刺激し、より多くの中国人の財布を豊かにし、海外旅行に行くチャンスも熟し始めている。このように、経済成長のおかげで消費能力が上昇するということは「爆買い」の形成の重要な一因と言えるだろう。

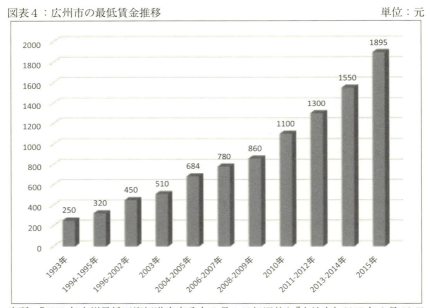

図表4：広州市の最低賃金推移　　　　　　　　　　　　　　単位：元

出所：「2015年广州最低工资标准官方公布5月1日起调整」『本地宝』2015年2月18日

3.13 人民元の切り上げ

　2010年、中国人民銀行は「人民元相場の弾力性を強化する」という声明を発表した。ここ近年、いくつかの要因が重なって人民元は小幅ながらゆるやかに上昇し、市場に大きな衝撃を与えている。

　人民元の為替相場は大体2005年7月の1米ドル＝8.28元から2015年10月には1米ドル＝6.3488元となり、約23％切り上げたのである。人民元の切り上げに伴い、10000日本円＝522.7501人民元となって、今までのところ日本円は人民元に対し史上最安値を更新している。2005年の10000日本円＝約700人民元と比べてみると、日本での人民元の消費レベルは新たな段階に達したといえる。

つまり、中国人は日本で消費するとき、これほど値打ちがあるのかという感じを持つであろう。1万人民元はほぼ20万日本円に等しくて、わずか1万元でお金持ちという気になってしまうのだ。

要するに、人民元の切り上げにともなって、普通の中国人にとっては海外での購買力が大幅に高まりつつある。だからこそ、ここ数年の「爆買い」を可能にしてきたのである。

3.14 株価下落

中国上海、深圳の両株式市場では2015年6月中旬以降、大幅に株価が暴落した。中国経済の不安定さが原因との見方もある。中国経済減速が鮮明化していることは認めなければならない。上海総合指数の下落率は一時30％超にまで達した。今回の中国における株式市場の暴落は、言うまでもなく、株式の個人投資家に大きな打撃をもたらし、商売の元手をすべて失うと言っても過言ではない。

しかし、中国当局の調査によると、中国人にとって、株式は家計の総資産の5％にしか過ぎない。そして、株式投資は中産階級・富裕層に偏っている。株式を保有している世帯数は全体の8.8％にとどまっている。つまり、株価の暴落で衝撃を受けた人の数は少ないのである。

一方、株価下落の影響を受け、航空会社のチケット代は大幅に値下げとなった。中国南方航空のサイトで調べると、2015年の7月には広州から東京、京都、大阪へのチケット代の値下げは顕著である。

スペインで、旅行関係の調査を専門的に行うシンクタンク・フォワードキーズがこのほど発表した「上海株式市場の指数下落が与えた中国からの海外旅行需要へのインパクト（原文は英文）」によると、2015年3月中旬から3カ月間の国際線航空券の予約数は前年同期比21％伸びていた。ところが、株価下落傾向が顕著となった6月中旬からの2カ月間は1％の伸びと、一気に減速した[9]。

確かに予約が減少したという事実はあるが、全てを株価下落のせいにすることはできない。中国の株安が「爆買い」に影響するというのは、一方的な憶測に過ぎないという批判がある[10]。以上述べたように、多少の影響を受けるといった程度であろう。

9　「株価下落でも「中国爆買い団」が減らないワケ」『東洋経済』2015年10月2日

10　柳林：「中国株安は訪日観光に影響するのか」『Asia Monthly』による。

3.2 日本側の要因
3.21 経済低迷で外国人消費を誘引する政策

　周知のとおり日本経済は1991年2月から約20年以上にわたり低迷している。「失われた20年」とも呼ぶ。今もマイナス成長が続いていて、経済回復の兆しはほとんど見えない。指導者としての日本政府は消費を刺激し、観光客をさらに呼び込もうと、外国人消費を誘引するような政策を打ち出した。それが「爆買い」を引き起こすひとつの原因ではないかと思われている。

　過去、日本のビザ取得はかなり難しいと思われた。現在、観光立国の政策によって、中国人も観光ビザが簡単に取得できるようになった。そして、訪日した外国人には90日の滞在を認めると定めている。しかし、消費額の大きい富裕層の外国人観光客が長期滞在できれば、日本国内の経済をより刺激できるはずである。その故に経済発展を刺激するために、日本政府は1年を上限に長期滞在を認める制度を創設する方針を明らかにした。「日本再興戦略」によると、資産など3000万円以上、民間医療保険を加入した60歳以上の夫婦が滞在期間を今の最長で90日間から1年間に延長できる。日本政府は観光客が東京、京都などの人気観光スポットのほか、別の町へ消費に行くことを期待している。

　一方、増加し続ける訪日観光客の購買力をアップするために、免税店開設の動きが加速している。日本の観光庁は2013年12月に「外国人旅行者向け消費税免税制度の改正」を発表した。もともと、免税対象は家電、装飾品、衣類などに限られていたが、その他の消耗品も一定の条件のもとで免税販売の対象となった。2015年、免税対象がさらに拡大された。4月現在の免税店は日本全土に1万8779店舗あり、2014年4月の5777店の3倍超に増加してきた。[11] 免税店が大幅に増えているのは、日本政府が観光客をさらに呼び込み、日本経済を刺激しようとして打ち出した政策の結果である。

　こうした日本政府による外国人消費を誘引する政策がなければ、中国人の「爆買い」という現象が現れなかったと言っても過言ではない。

3.22 アベノミクスが導く円安

　アベノミクスとは、安倍晋三首相が2012年に再び登場した時、掲げた一連の経済政策に対して与えられた言葉である。「安倍」と「エコノミクス」を合わせた造語である。もっとも目立つのはアベノミクス「3本の矢」のひ

11　「訪日外国人増加：空港、地方商店、コンビニ…免税店化加速」『毎日新聞』2015年10月21日

とつの大胆な金融政策である。金融緩和で流通するお金の量を増やし、デフレマインドを払拭し、円安を加速させるという政策だ。

アベノミクスが始まる前に、2011年には1円＝0.0838人民元だったが、2015年6月には、人民元が日本円に対して13年ぶりの最高値を記録した。1万元は約20万円と等しく、日本に買い物に行くことは得になる。だからこそ、多くの中国人は円安のうちに、日本に買い物に行こうと思っている。

人民元の切り上げもあって、人民元はより値打ちを持つようになった。増加を続ける訪日中国人は大量に買い物をする。2012年以来、日本の経済を刺激し続け、2015年の10月に今までの最盛期になった。

円安は「爆買い」に決定的な影響をもたらしたと言ってもよかろう。円が人民元に対してさらに安くなれば、「爆買い」もますます激しくなると大胆に推測できる。

3.23 信用性の高い日本製品

訪日した中国人の人気は、主に「炊飯器」「魔法瓶」「温水洗浄便座」「セラミック包丁」と呼ばれている「四宝」に集まっている。2015年のはじめから、温水洗浄便座は中国人が買いあさったことが話題になっていた。炊飯器から肩掛けかばんまで、化粧品から医薬品まで、日本製品が飛ぶように売れ、高い人気となっている。大量の商品の値段は中国産の製品と比べて、決して安いと言えないが、あちこちで売り切れの店が出てきた。

それがなぜかというと、一言で言えば、日本製品は高品質ではないかと思われている。

ここ近年、中国メーカーの品質トラブルが増えている。中国産の製品の安全性を疑問視する報道が多数見られている。たとえば、最近暴露された偽薬問題と別荘品質問題は再び中国人を失望させた。さらに、メディアに報道されなかった品質トラブルもたくさん存在するのである。

そのため、中国では「ものに対する不信感」が広がっており、中国製品を敬遠し、日本の高品質の製品を購入する中国人が増加しつつある。今現在、中国富裕層だけでなく、一般の中産階層においても、多少高くても日本製品を購入することがブームになってきた。

もちろん、多くの中国産の製品は信用できるという事実を認めなければならない。全ての中国製品が品質基準を満たしていなかったと判断することは不当である。日本産の製品を信用すると同時に、中国産の製品もいずれはよくなると期待できる。しかし、数少ない品質トラブルが「メイド・イン・チャ

イナ」に信頼できないとのレッテルを貼ってしまう。

「爆買い」現象が生じたのは、日本製品の品質が信頼できることが最も重要な一因と言える。こういう原因について、われわれ中国人は考慮する必要があるだろう。

3.24 地理的優勢及び安全性

周知のとおり、中国と日本は東アジアに位置し、隣国の関係である。交通機関の発展にともない、中国の沿海地域の大都市から東京、京都、大阪までの飛行時間は、およそ3時間でしかない。中国国内の大都市間の飛行時間より短い。だからこそ、中国と日本の距離は本当に近いという感じになってきた。朝8時に飛行機に搭乗した後、うたた寝し、正午前には日本の上空に到達してしまう。ヨーロッパの各国と較べて、搭乗時間が短い。中国からの観光客の数がかなり多くなったのは当たり前だろう。

一方、日本は世界的に見て安全な国だと言われている。2015年2月、英国雑誌『エコノミスト』は「世界の安全な都市ランキング50」を発表した。[12]そのランキングで、東京が堂々の1位、そして大阪も3位になるという結果だった。

世界経済フォーラムが2015年5月6日に発表した「旅行・観光競争力レポート2015」[13]によるランキングで、日本は世界141か国・地域のうち過去最高の9位となった、さらに安全（Safety and Security）面で「テロ発生率の低さ」の項目で首位を獲得している。[14]2014年の14位と2013年の22位と較べて、画期的と言っても過言ではない。

以上のランキングから分析してみると、日本の国内環境は安全と確信できる。観光客を引きつけるのは当然のことである。

日本の安定している国内環境に反して、韓国は中東呼吸器症候群（MERS）で多くの中国人観光客が韓国旅行を取り消した。韓国当局によると、2015年6～8月の韓国観光業の損失が19億ドルに達した。MERSが終息局面に入った10月も、中国人観光客は昨年同期と比較し、減少していると分かる。香港も同じ状況である。

12 　「世界安全な都市ランキング50が発表‼ 総合1位は東京！ 大阪が3位という結果」『朝日新聞』2015年2月5日

13 　「Travel and Tourism Competitiveness Report」の和訳である。

14 　「世界141か国の観光競争力ランキング2015、日本は9位で過去最高、安全やおもてなしが高得点―世界経済フォーラ」『トラブルボイス』2015年5月7日

2015 年 1 月 22 日、国際人材コンサルティング会社の ECA インターナショナルが今年の世界の「住みやすい場所ランキング」を発表した。香港が昨年の 16 位から 33 位に下がった。[15] セントラル占拠によって、香港の安全性と国際的なイメージが傷ついた。「ショッピング天国」という美称も相応しくなくなる。

安定している国内環境と観光業の間に密接的な関係があると指摘したい。日本は地理的な優位さに加え、安定した国内環境を造りだし、これによって「爆買い」に必要な条件を備えた。

4、両国への影響

4.1 中国への示唆

メディアによる大げさな報道のため、富裕層のみでなく、中産階層の一般庶民まで、日本旅行及び日本製品購買の興味がますます沸いている。一方、「爆買い」に関するデータによると、中国の中産階級・富裕層が日本製品へのこだわりと中国産の製品に対する不信感を持っていることが、中国の主管部門を強く刺激した。そのうえ最近、観光詐欺事件も多発している。観察者網が 10 月 29 日に発表した『2015 年「十一」[16]国内旅行世情分析報告』によると、10 月 1 日から 11 日までわずか 10 日間に、マイナスイメージをもつ観光事件が少なくとも 63 件あったという。[17] 安定した購買天国と呼ばれた日本と比べて、中国の観光業界が反省し、体制整備をしなければならないことも明確である。

「爆買い」は、中国産の製品のイメージを回復させるうえで、触媒の役割を果たしている面もある。李克強首相は「中国製造」から「中国智造」に方向転換すると指摘した。中国は生産大国から生産強国に変化しなければ、国際市場への進出の面で、劣勢に立つに相違ない。

今年から焦点になった爆買いは中国当局にとって、チャンスともいえる。今後中国は、中国産製品の品質改善に取り組むとともに、関連法律も完備し、「メイド・イン・チャイナ」に対する中国人および外国人の信頼を取り戻していかねばならない。中国産製品の魅力を見せなければならない。

また、観光関連部門は必ず観光詐欺事件の問題を解決しなければならな

15　「世界の住みやすい場所ランキング、香港の順位下落」『ヤフーニュース』2015 年 1 月 26 日

16　10 月 1 日から 10 月 7 日までの 7 日間を指す。

17　「2015 年十一国内旅游輿情分析報告」『観察者』2015 年 10 月 29 日

い。中国は法治社会であり、法律に背く行為は決して許せない。観光詐欺事件にも適正に処置しなければならない。処置は終点ではなく、闇の源から手を入れて、道徳教育と法律教育の両方面で観光業を浄化するように努力する必要がある。

　視点を変えてみれば、「爆買い」は中国観光関連産業の皮肉と言ってもいいと思う。ここでは、批判ではなく、現象だけを考察し、理性的に裏の本質を見抜かなければならない。

　いつの日か「爆買い」は日本から中国に移り、本格的な「メイド・イン・チャイナ」を購入、使用するという光景に期待しよう。

4.2 日本への影響

　日本の実質 GDP 成長率は依然としてマイナス[18]である。日本当局は訪日外国人客が突破口になると期待している。訪日外国人客による消費が個人消費にもたらす効果に注目して、「観光立国」を指導方針としている。人口が減少しつつある日本では、国内消費が増えるように一連の政策を実施した。日本にとって、波及効果の大きい観光産業はかつての力強い経済を取り戻すための極めて重要な成長分野で、日本経済に頼りの綱の役割を果たしている。

　日本の各地方政府は爆買いにマイナスイメージを持っている民衆と違い、今後に大きな期待を持っている。中国人は「爆買い」の主力で、今後中国観光客を呼び込む新しい政策を打ち出す可能性がある。訪日ビザの発給条件の緩和・免税措置の拡大だけでなく、いずれはビザ免除という効果のある政策も打ち出すと信じている。

　地域活性化、雇用機会の増大などの効果がある観光業は、日本当局にとって難関を乗り越える切り札である。日本観光庁は 2015 年度 7 ～ 9 月の外国人客消費額が 1 兆円を突破したと発表した[19]。中国をはじめとするアジアからの訪日客による「爆買い」は、輸出不振の一部を補う構図になる。そして、連鎖反応のように約 30 万人の雇用を生み出した。

　前述のように、「爆買い」は日本にとって、外国人からの褒美とも言える。競争が激しい国際市場において、観光関連産業は「爆買い」を通じて日本に新しい競争とチャンスをもたらすかもしれない。

18　2015 年 4 ～ 6 月期に続いて、日本の 7 ～ 9 月期の実質 GDP（国内総生産）もマイナスになる。

19　「訪日客の消費額、7 ～ 9 日 1 兆円突破　四半期で初訪日客数、1 ～ 9 月 1448 万人」『日本経済新聞』2015 年 10 月 21 日

4.3 今後の趨勢

前章で述べたように、「爆買い」は単なる一つ或いは二つの偶然の要因で起きたものではなく、複雑な環境のもとに、長年にわたってたくわえてきた産物である。それでは、形勢がめまぐるしく変わる状況のもとで、「爆買い」はどうなるだろうか。

中国経済は目覚しい成長の一方で、外部からは「中国経済は想像以上に減速している」というような発言が時々ある。中国国家統計局が発表した2015年7～9月期の国内総生産（GDP）[20]は、実質ベースで前年同期比6.9％増にとどまって、6年ぶりに7％を割り込み、中国政府目標の7.0％増に届かなかった。中国の景気減速は確かだが、あまりにも不謹慎な発言は、リスクを増大させるばかりである。

世界一の経済力を持つアメリカも国内総生産が実質ベースで2.8％増にとどまると予測されている。中国の6.9％の成長率と較べると、非常に低いと言える。しかし、アメリカの経済に関する破綻リスクのうわさは絶対聞いたことがない。2020年には中国のGDPはアメリカの80％に達すると経済学者の楊帆[21]は述べている。つまり、経済状況を判断するのは成長率だけではなく、経済総量であり、中国経済は危ういというような発言は根も葉もない。一定の好成績を収めたら、適度な減速は当たり前であろう。

「爆買い」は経済の発展の産物と言える。経済の発展状況と奥深い関係があることも明確である。好景気下の購買力が爆買いを支えた。しかし、「爆買い」は重なった複雑な原因によって発生したもので、単なる経済要因だけで「爆買い」を分析するわけにはいかない。中国経済が減速すれば「爆買い」は続かないと結論を下すのは不適切ではなかろうか。中国人の「爆買い」はそんなに簡単に終わることではないと断言したい。

「爆買い」は中国関連部門を強く刺激した。プライドを呼び起こした。長所を取り入れ短所を補い、いつか「爆買い」も中国本土に移ってくると信じている。結論を言うと、「爆買い」は新たな方向に変化するというのが、今後の成り行きである。

20　「前三季度国民経済運行総体平穏」中華人民共和国国家統計局 2015年10月19日
21　楊帆、中国政法大学教授である。

終わりに

「爆買い」の現状、中日両国の影響及び今後の趨勢について、述べてきた。要するに、21 世紀の中日関係の「政冷経熱」のもとで、「爆買い」が出現できたのは偶然でもあり、必然でもある。

「政冷経熱」とは、中日の政治的関係は冷え込んでいるが、経済的な関係は熱いという意味である。[22]ここ数年以来中日関係を表す時、よく使われた言葉である。2011 年、釣魚島事件及び歴史問題により、中日関係が国交正常化後の最も厳しい時期に入った。4 年を経ても、中日関係は依然として困難な状態に陥っており、政府間の交流も行き詰まっている。

一方、経済面で、中日両国は理性的に対応して、政経分離の方針を打ち出し、特に民間交流も順調に進んでいる。だからこそ、中国人による猛烈な購買行動という「爆買い」が出現できたと言える。そのゆえ、中国人による猛烈な購買行動という「爆買い」が出現できたのは偶然でもあり、必然でもあると言える。

「はじめに」で述べたように、本稿は「爆買い」という中日両国にかかわる社会現象に基づいて、定義、実態から形成原因及びもたらした影響に至るまで分析し、その上、「爆買い」についての今後の趨勢を予測した。「政冷経熱」こそが本質である。

参考・引用文献

陈言（2015）「赴日"爆买"」商周刊，第 4-5 期 42-43

陈言（2015）「赴日"爆买"：中国制造尴尬」中国经营报 2015 年 3 月 2 日第 A08 版

刘荣虎（2015）「国人出国"爆买"国产货图啥？」工人日报 2015 年 3 月 22 日第 003 版

谢勇（2015）「带回的不仅仅是马桶盖」商周刊，84

藤沢宗輝（2010）「訪日中国人旅行の現状と課題、総合調査『世界の中の中国』」215-227

柳林（2015）「中国の景気回復はずれ込む見通し」Asia Monthly，2

柳林（2015）「中国株安は訪日観光に影響するのか」Asia Monthly，4－5

观察者网「2015 年十一国内旅游舆情分析报告」

〈http://www.guancha.cn/Scence/2015_10_29_339312.shtml〉

22　「冷え込む日中経済、今後「政治関係は冷たいが、経済関係は熱い」にもどれるか」『Record China』2015 年 2 月 10 日

携程旅行网「2015 年黄金周中国赴日本旅游报告」2015 年 10 月 15 日.

〈http://www.199it.com/archives/394583.html〉

ウィキペディア「爆買い」〈https://ja.wikipedia.org/wiki/爆買い〉

コトバンク「爆買いとは」

〈https://kotobank.jp/word/爆買い-1713329#E7.9F.A5.E6.81.B5.E8.94.B5mini〉

国土交通省（2015）「平成 27 年版観光白書」〈http://www.mlit.go.jp/common/001095743.pdf〉

瀬口清之（2015）「日中関係を再び『政冷経熱』へと導く民間交流促進策」

〈http://jbpress.ismedia.jp/articles/-/39959〉

外務省（2015）「中国人に対するビザ発給要件緩和」〈http://www.mofa.go.jp/mofaj/press/re-lease/press4_001624.html〉

佳作

中日関係における国家中心主義及びその衝撃

北京外国語大学北京日本学研究センター
社会コース博士課程前期2年
李書琴

はじめに

　21世紀に入ってから、「中日関係」は小泉、安倍両政権の歴史に対する姿勢や領土問題もからみ、足踏み状態が続いている。積極的で友好的な交流を一時的なものにしないためにも、お互いどう向き合うかが問われている。「中日関係」は中日両国が付き合う前に、必ず答えなければならない問題となってきた。

　いったんいわゆる「中日関係」が悪い状態に落ち込むと、中国でも日本でも、ナショナリズムのイデオロギーが前面に出て、極端な発想や行動が取られやすい。例えば、2013年、中日両国の釣魚島をめぐる紛争のため、中国国内では日本ブランドの自動車販売店や衣料品店を破壊したり、焼いたりする事件が各地で発生した。もっと極端なのは在華日本人が殴られるといったことも時に耳にした。日本では、そういったことはないが、中国に対して良い印象を持っている人は減少しつつあり、マイナスの評価が優位になった。

　一見したところ、中日両国の政府は絶対的な権力を握り、社会を隅々までコントロールでき、国民全体のイデオロギーを把握し、強力な国家イメージを作ったように見えるが、果たして政府のパワーはそれほど大きいのだろうか。

　2013年に中国国内で起きた日本ブランド製品を破壊したり、焼いたりする事件を例として見ると、そういった行為は社会各界の批判を招いた。インターネットでも、伝統的なマスコミでも、乱暴な振る舞いであり、愛国という名目のもとでの犯罪行為に他ならないと批判された。2015年の中国国慶節の期間中、中国人旅行者が日本に殺到した。高額な日本商品を多量に買い込む現象を、日本のマスコミは「爆買い」と描写したが、これに対し中国の伝統マスコミである中国共産党機関紙「人民日報」は、「爆買い」でも決して国を愛さないわけではないと報じた。一方、いくら中国に良くないイメージを持っていても、日本人の卒業生より、中国人の留学生を雇う日本の会社は少なくはない。

　そう見ると、簡単に「中日関係」を良いか悪いかと決定するのは、もはや無意味になるのであろう。なぜなら、「中日関係」は、社会関係と異なり、いくら一衣帯水の地縁があっても、本体がなく、制度、処罰・奨励のメカニズム、物質基礎、同一のイデオロギーや規範もなく、想像したものでしかないためである。

　ところが、いつも話題になる「近年の中日関係が悪い状態に陥った」と

いう社会輿論や国際関係学会の定説は、「中日関係」に対してどのような背後仮説を設定したのであろうか。2014年11月、北京で行われたＡＰＥＣ首脳会議で、習近平主席と安倍首相との微妙な握手画面は、以上のいわゆる「中日関係」の縮図と言ってもよかろう。簡単に言えば、「中日関係」というと、すぐ両国政府の関係を思い出し、政府はここで全社会、全国民の意識を代表し、強力なものだとする設定が見られる。しかしもし国家はそれほど強力なら、社会側面の交流はどうやって実現できるのか。さらに、経験の側面から、旅行、留学、貿易、文化交流などの交流活動は、「悪い中日関係」という神話を打破し続ける。それは「悪い中日関係」を打破するだけでなく、「中日関係」論における国家中心主義という背後仮説をも打破するのである。

1. 国家中心主義としての「中日関係」

1.1　学界の「中日関係」研究の国家中心主義的伝統

　「中日関係」はいつから固定名詞になったのか。考証したことはないが、「中日関係」は第二次世界大戦以後、中国にとっても、日本にとっても敏感な政治的話題となった。戦争のため、中国も日本も国家の建て直し問題に直面しながら、国家社会関係については全然考慮に入れなかった。「国家＝社会」というロジックに陥った。また戦争によって造られたナショナリズムから解放されていなかったと言えよう。この70年間、「中日関係」の善し悪しが次第に両国政府首脳、外交当局の付き合いを印とするようになった。

　そういったロジックは学界でよく見られる。日本側から見れば、学界で「中日関係」に関する研究は通常、両国の首脳間、外交当局にしか焦点を絞っていない。戦後から、1990年代までの「中日関係」は「現代日本人の中国像」と固く繋がっている。換言すれば、中日両国の首脳と外交当局の関係が現代日本人の中国像を代表できるというわけである。

　それに関する詳細な論証は馬場公彦の『戦後日本人の中国像』、『現代日本人の中国像』といった二冊の論著の中で取り上げられている。彼は学界で主流を占める雑誌及び影響力のある学者に取材して、日本人の、特に、学界の「中日関係」に関する認識経路をまとめた。彼は「従来の日中関係史研究は政府間関係と首脳層の権力分析に特化しすぎてきた嫌いがある」と結論付けている。馬場の集計によれば、中国の政治大事件が「中日関係」の主旋

1　馬場公彦『戦後日本人の中国像』新曜社 2010年 p21

律となったのである。例えば、1956 年から 1964 年まで、中国国内のスターリン批判、中ソ対立、台湾海峡危機、中印紛争、核実験の試練、一連の政治大事件が日本の学界の中国認識となった。それに伴って、学界では中国に対する政策や態度がただちに論争になり、中国敵視か、親中かによって亀裂が走った。また、70 年代以降も、「中日関係」に対する認識は中日復交、冷戦崩壊、天安門事件、天皇訪中などの大事件をめぐって展開したのである。

　馬場は「中日関係」が岐路に立つことを批判し、その矛先を政府及び外交に向けるが、国家中心主義までは言及していない。それは狭隘な国家中心主義のイデオロギーが支えている。国家はここで政府、政府の首脳、外交当局といった三つの機構に絞り、領土問題、歴史問題が国家の衝突の焦点であり、いったん歴史問題と領土問題が発生したら、いわゆる「中日関係」が膠着状態になる。

　国家という概念からはマックス・ウェーバーが指摘した概念が読み取れる。つまり、国家とは、固定した領域の中で暴力を合法的に使う人類共同体というものである[2]。国家はここで、巨大で能力ある共同体と想像されている。全体の国民の意識を統括し、「至上の権威」を代表するのが、国家の機能だという仮説である。だが、もしその仮設が成立するなら、世界各地で発生した革命、社会運動などをどう解釈すればいいのか。結局、「合法的」という言葉は機能の発揮を保証できず、「至上の権威」を代表するというのも、目的でしかなく、結果ではない。その「至上の権威」に対して、分離や疑念が提出されることはよくある。「中日関係」の善し悪しを両国の政府、政府首脳、外交当局に帰結するのは、無論その国家の至上の権威を信じ、国家の全国民の意識を代表できることをも信じるものなのである。

　日本だけでなく、中国の学界でも、そういう傾向が見られる。中国側の学界は、「中日関係」に対して、いつも巨大な興味を寄せている。中国最大の論文データベース「中国知網」で、「中日関係」というキーワードを入力すると、35 万 3544 件の結果が出てくる。専門著作も百冊あまりある。日本より、量的にも膨大な研究成果を取り上げられる。

　それにしても、「中日関係」に対する認識も相変わらず国家中心主義が見られる。『日本学刊』という日本研究の専門雑誌を例とすると、釣魚島、安倍政権、靖国神社、歴史などのテーマに関する「中日関係」の論述が一番多

2　　乔尔・S・米格代尔《社会中的国家》江苏人民出版社 p14。アメリカの学者 Joel S.Migdal の中国語訳である

く見られる。それらの問題は社会でもホットな話題である。いったん釣魚島を巡る紛争が起きたら、世間で領土をめぐる国家のイメージが浮き上がり、日本を悪く評価し、日本製品を排除しようとする輿論も相次いで起きた。2014年のAPECで、両国首脳が握手をした画面も「中日関係」の風向計となり、習近平主席が日本と米国の首脳に対する食い違った態度は、圧倒的な中国民衆の拍手を得ることになった。習近平政権は反腐敗キャンペーン、改革の深化、積極的な外交など一連の実績をふまえて、習近平主席はもはやカリスマのような首脳になった。これと相まって、中国では学界から社会まで国家中心主義は日本より甚だしいといえよう。

1.2　国家中心主義の理論的欠陥

　国家中心主義は中日両国の「中日関係」に対する共同の仮説だと見られる。そこに現われた国家中心主義は一体何であろうかというと、以下のようにまとめられる。両国の関係は国家の政府、政府首脳、及び外交当局の意思によって決められ、国家はここで両国国民の対中（日）態度、認識を成功に総轄できるというイデオロギーである。

　だが結局、国家は国民全体の意思や認識を統轄できるのか。あるいは、国家の権威は分離されたり、争議の対象にされたりすることはないのか。決してそうではなかろう。いくら日本ブランドの自動車や衣料の販売店を破壊したり、焼いたりしたことがあっても、かなり多くの中国人は日本ブランドの便座の蓋や炊飯器を買うために日本に殺到し、それ以外にも日本の化粧品、生活用品などを買い込むニュースがよく新聞に掲載される。それどころか、日本に住む中国人や中国国内の国民が日本の商品を中国で販売し、ネット通販に従事していることはもはやニュースではなく、普通に見られることになった。経済活動のほか、留学、日本語の学習、観光、ないし婚姻などの手段を通じて、頻繁な交流が行われるなかで、国家は国民の対日姿勢をコントロールできなくなってきた。日本側でも、いくら外国に対する姿勢に関する世論調査が行われても、中国に対して好感を抱き、中日両国の交流活動に従事している組織が頻繁に両国の間で活躍している。以上の活動を通じて、人々の社会資本はもう同胞に限らず、領域を跨がって、拡大しつつある。

　それはなぜか。国家能力は高く評価されると逆に、社会の力は無視されるとは言えないまでも、軽視されて縮小したといえよう。国家は社会の隅々までコントロールしようとし、色々な制度、政策を設定しているが、それらの制度、政策の実行される過程で、それぞれの社会の力で引き裂かれ、国家能

力はその過程で分解されてしまう。ここで社会の力というのは、社会の習俗、伝統、人間関係、ないし個人的な価値観、審美などのマクロとマイクロの相互作用の力なのである。中国の腐敗問題を例とすれば、その多くはただ一人の道徳観、紀律観の問題だけではなく、家族ないし親戚、愛人などまで巻き込んで、集団的な問題になる。要するに、国家の目標と国家の実効との間に齟齬がある。国によっては、その齟齬はある程度磨かれるが、削除できない。

アメリカの政治学の学者、ジョエル・S・ミグダルがいったように、国家能力には限界があり、国家は国家の国家ではなく、社会の国家なのであり、社会における国家なのである。国家中心主義はイデオロギーとして国民の対日（中）態度に影響しようとしても、経験上からみれば、なかなかできないのである。「中日関係」における国家中心主義はイデオロギーに止まり、行動にはどうしても実現できないのである。なぜかというと、「国家中心主義」は国内の社会の力でコントロールされると同時に、グローバル化の国際的環境も相まって、社会の力をより深く強めるのである。

2. 国家中心主義の衝撃

「中日関係」における国家中心主義は自身の理論的な欠陥どころか、グローバル化の国際的環境にも深く影響を受けている。グローバル化の影響は、ふたつの面から展開している。つまり、資本のグローバル化及び、情報のグローバル化の影響がとりあげられる。この二つの国際的大環境は国家中心主義に理論及び経験の両面で衝撃を与える。

資本のグローバル化というと、中日両国ばかりか、多数の国々まで巻き込んだ貿易、資本の協力が必要になる。日本の街でも、中国の街でも、互いの国の会社の看板や製品が見られる。中国の安い人件費、原材料などの資源を十分に利用しようと、日本の企業は1980年代から中国に殺到した。近年、中国の人件費の上昇によって、インドネシアなどの東南アジアに転移した日本企業はあるが、日本企業を吸引できる中国市場の優位性は依然として存在する。また、日本の社会でも、中国と貿易を行うために、中国語、日本語、ないし英語も上手な中国人の人材の人気が高い。日本の技術的な優位性は、いつも中国の企業を吸引しつつある。

互いに両国の市場、技術、人材の利用が深化するに従って、国家中心主

3　前掲書 p101—120

義のイデオロギーは放置されるようになり、国家より社会資本のほうが重視されるようになる。ここで社会資本とは、社会ネットワークに存在し、行動者に投資されたり、利用されたり、自分の目標を実現する社会資源という意味である。[4] ここでいう社会は国境の内部に限定されるわけでなく、もはや拡大されたものである。具体的にいうと、社会規範はまだ統一されていないが、小さな交流主体の間ではもはやそれなりの共通認識が達成されているといえよう。したがって、社会資本も資本のグローバル化により、国内だけで蓄積されるわけではなく、国境を跨り、隣国と繋がり、拡大しつつある。社会の境、国家の境は徐々にぼんやりしていくようになってきた。その背景のもとで、国家中心主義はどれほど通用できるのかは疑問というべきである。

　資本のグローバル化ばかりか、情報のグローバル化はより一層、国家中心主義のイデオロギーを引き裂き、社会の境をぼんやりさせる。フェイスブック、ツイッターなどインターネットでコミュニケーションサービスを使いながら、中国、日本両国だけでなく、世界中の人々とも交流できる。そればかりか、インターネットで爆発するほどの情報も得られる。それらの情報によって、個人の固有のイデオロギーに巨大な衝撃を与える。

　中国の「we chat」というネットコミュニケーションサービスを例として挙げよう。このサービスには「友達圏」という機能がある。その機能は自分の友達と情報を分かち合えるだけでなく、関心のある公共機関の情報も分かち合えるのである。例えば、北京の日本大使館の「we chat」の番号を登録すれば、日本に関する文化、中日友好などの情報を自分の「友達圏」に発信し、「友達圏」の人々に了解させることができる。もし、興味がある情報ならば、再びほかの友達によって、友達の「友達圏」に発信することもできる。そうして、幾何級数的に多くの人々はそういう情報を読むことができ、先入観や固有の国家中心主義のイデオロギーに衝撃を与えるのである。このほか日本に行った旅行や留学の体験談もちょくちょく「友達圏」で見られる。それらの情報によって、日本という国はもう神秘的な存在でなくなっている。その背景のもとで、「中日関係」における国家中心主義はどうやって成立するのか、どうやって持続しつつあるのか。

　理論的にも、経験的にも、資本のグローバル化と情報のグローバル化は国家、社会の境をぼんやりさせるようになった。国家能力の発揮はどれほど阻まれるのかは測定できないが、国家中心主義のイデオロギーを引き裂くの

4　燕継栄《社会資本与国家治理》北京大学出版社 p92

は確かである。「中日関係」に対して、国家中心主義のイデオロギーを抱くのは決して賢明な選択ではない。社会の力を排斥し、極端に走る危険がある。

3. 関係より本体

「中日関係」における国家中心主義はもう一つの問題がある。いままで、「中日関係」を重視しすぎるため、中日両国の本体がだんだん「関係」に覆われるようになった。中日両国の本体をどうやって認識すべきかは、まったく考慮に入れなかった。

中日関係、対中外交政策における中国より、中国それ自体を客体として分析するという立場を取る学者はいた。日本人の学者、京都大学の高坂正堯は「中国問題とはなにか」という論文を書いたが、それは 1960 年代のことで、その後、後継者はめったに見えなかった。関係でなく、正真正銘に両国自体に目を向けるのは 21 世紀に入って以後のことである。例えば、日本側では、早稲田大学を始め、東京大学、慶應義塾大学、京都大学、法政大学、愛知大学などいくつかの機構からなる人間文化研究機構（ＮＩＨＵ）が中国研究を進めている。中国側でも、中国社会科学院日本研究所、北京日本学研究センター、南開大学日本研究院、北京大学亜太研究院など幾つかの日本研究の専門機構が成立した。ところが、日本や中国それ自体に注目しても、「中日関係」という命題はすぐに消えてしまうわけではない。

国家関係といえば、本体があるからこそ存在できるのではないか。ところが、学界でも、社会でも、本体より、関係のほうが重視され、本末を転倒する傾向が見られる。関係というものは制度、規範、信仰などの価値観の保証がなければ、持続できず、脆いものである。関係より、両国の実在こそ本体で、把握できる。その本体を認めないと、いくらしばらく良い両国関係であっても、政府の首脳が変われば、再び悪化する可能性が高い。関係より本体を無視するのは、戦後中日両国が直面する最大の問題であろう。

上述した通り、中日両国とも、関係に傾く嫌いがある。本当に、中国は中国として、どういうような存在なのか。日本は日本として、どういうような存在なのか。これらは中日両国の学界でいつも避ける問題だった。「中日関係」としての中国はどういう存在なのか、「中日関係」としての日本はどういう存在なのかは、国家中心主義のイデオロギーのアプローチであり、ロジックであった。それに対する批判は日本人の学者、溝口雄三も指摘したので、ここでは展開しない。

終わりに

「中日関係」はいつのまにか固有名詞になってきた。それが誕生して以来、中日両国の政府にとっても、中日両国の国民にとっても、最大の関心事になる。日本では、中国というと、すぐ日中関係を考え出し、中国では、日本というと、また中日関係を考え出すといった思考ロジックが相次いで誕生してきた。それはなぜか。「中日関係」を創造した責任はその背後には、国家中心主義のイデオロギーが潜んでいることが見て取れる。その国家中心主義のイデオロギーの起源はどこにあるのか、どうやって形成されたのかはここで検討していないが、学界で存在するのは確かなのである。

ところが、それは単に思想上、あるいは理論上のことであり、経験と全く一致しないといえよう。なぜなら、中日関係はただ政府、政府首脳、外交当局のことだけでなく、中日両国の国民のことである。両国の国民の交流活動から見れば、「中日関係」が悪いか良いか、簡単に判断できないのである。国家も社会を統轄できず、社会における国家は理論上でも経験上でも成立する。また、資本のグローバル化、情報のグローバル化によって、国家や、社会の境がぼんやりになり、両国の国民にとって、社会資本がもはや拡大しているのである。そういったことは両国の貿易、文化交流、旅行、留学などの交流活動によって確証できる。一方、中国人はいつも「反日」と言われるが、日本を訪問する外国人の中で、中国人は一番多いという事実はもうマスコミで報道されている。

いくら国家中心主義というイデオロギーが国民全体の意識をコントロールしようとしても、それぞれの社会の力によって、いつでもそれを引き裂く可能性は非常に高い。従って、中日両国は「中日関係」より、中日両国自体をじっくり考えるのが急務なのである。残念ながら、20世紀までの中日学界で、本末を転倒するような傾向が見られる。21世紀に入ると、ある程度好転する傾向が出てきたが、まだ不十分であり、中日両国の学界の協力と努力が必要である。

付録

日中関係学会主催「第4回宮本賞（学生懸賞論文）」募集

2015年6月

　日中関係学会では以下の要領で、「第4回宮本賞（学生懸賞論文）」の論文募集を行います。若い世代の皆さんが日本と中国ないし東アジアの関係に強い関心を持ち、よりよい関係の構築のために大きな力を発揮していただきたい。また日中関係学会の諸活動に積極的に参加し、この地域の世論をリードしていってもらいたい。宮本賞はそのための人材発掘・育成を目的とし、2012年からスタートしました。

　論文のテーマは政治、経済、文化など幅広い分野を対象としています。専門性の高い研究論文ももちろん歓迎しますが、それだけに限りません。実践報告や体験談をレポート形式でまとめていただいても構いません。オリジナリティがあり、明確なメッセージを持った論文・レポートを期待しています。

　応募は「A：学部生の部」と「B：大学院生の部」に分かれており、審査によってそれぞれから最優秀賞1本、優秀賞若干本を選びます。また応募者多数の場合には、佳作若干本をそれぞれに設けます。最優秀賞には副賞として10万日本円、優秀賞には3万日本円、佳作には5000日本円（図書券）をそれぞれ贈呈します。また受賞者論文集を発刊予定です（第3回宮本賞では、日本僑報社から発刊しました）。

　昨年の第3回宮本賞には、「A：学部生の部」に29本、「B：大学院生の部」に20本、合計49本の応募がありました。この中から「A：学部生の部」では最優秀賞1本、優秀賞3本、佳作3本を選びました。また、「B：大学院生の部」では、優秀賞3本、佳作2本を選びました（最優秀賞は該当者なし）。

　このほか、受賞者全員に日中関係学会への入会資格が与えられます（卒業まで年会費無料）。また、中国国内の大学から応募し、受賞した方の中から、特に優れた1名を東京での受賞者発表会に招待します（4月に開催予定。交通費・宿泊費は学会が全額負担）。昨年は北京の中国人民大学から優秀賞を受賞した陸小璇さんを招待しました。

　皆さん、奮ってご応募ください。

1　募集内容

（1）テーマ：日本と中国ないし東アジアの関係に関わる内容の論文、レ
　　　　　　ポート。政治・外交、経済・経営・産業、文化・教育・社会、
　　　　　　環境、メディアなどを対象とします。

（2）応募資格：
　　　A：学部生の部＝大学の学部生
　　　B：大学院生の部＝①大学院の修士課程学生、博士課程学生、聴講
　　　　　　　　　　　　生、研究生
　　　　　　　　　　　②学部・大学院を卒業・修了・満期退学後3年
　　　　　　　　　　　　以内で、研究職に就いていない人

　A・Bともにグループによる共同執筆も可能です。また、海外からの投稿も大
いに歓迎します。もちろん、非会員の方でも投稿できます。
　昨年は日本大学商学部の高久保ゼミから3つのグループの共同執筆論文が応募
され、そのうちの1つが優秀賞を獲得しました。明治大学商学部の郭燕書ゼミで
は、ゼミ生の研究活動の一環として、応募を義務づけています。
　また、中国国内からは北京、上海を中心に13の大学から合計23本の応募があ
りました。

（3）執筆言語：日本語で執筆してください。

（4）字　　数：字数には図表、脚注、参考文献を含みます。
　　　A：学部生の部 ＝ 約 8,000 字
　　　B：大学院生の部 ＝ 8,000 ～ 15,000 字

（5）応募方法：
　　●応募の申請（エントリー）：
　　　応募を希望される方は、以下の項目を全て記載し、応募の申請
　　　を 2015 年 9 月 30 日（火）までに行ってください。
　　　①氏名（フリガナ）②大学名・学部名・学年／大学院名・研究科名・
　　　学年③性別　④指導教員　⑤住所・郵便番号　⑥電話番号　⑦
　　　メールアドレス
　　●論文・レポートの提出：
　　　応募者は 2015 年 10 月 31 日（土）までに、論文・レポートを提
　　　出してください。期限を過ぎますと応募資格を失いますので、
　　　ご注意ください。なお提出の際に、論文・レポートとは別に、
　　　論文・レポートの要約（約 400 字）を作成し、添付してください。

●応募の申請先、論文・レポートの提出先：

　　受付係（藤村幸義、北原基彦）にメールで送って下さい（アドレス略）。

（6）その他：

　①投稿論文は未発表のものに限ります。他に投稿した原稿と同一の場合は不可です。

　②最優秀賞受賞者と優秀賞受賞者は、受賞者発表後に同一原稿を他に投稿することを一定期間控えるようにしてください。

　③受賞論文は、学会のニューズレターおよびホームページに、全文あるいは要旨を掲載します。

　④受賞論文集を発刊する予定ですので、あらかじめご了解ください。その場合の論文の著作権は、日中関係学会に属します。

　⑤投稿された原稿は返却しません。

　⑥受賞者の発表はご本人に直接連絡するほか、ホームページ上に掲載します。

2　表彰および副賞

　　　　Ａ：学部生の部＝最優秀賞１本（表彰状および副賞10万日本円）、優秀賞若干本（表彰状および副賞３万日本円）を選びます。また応募者多数の場合には、佳作（表彰状および図書券5000円相当）を設けることがあります。

　　　　Ｂ：大学院生の部＝最優秀賞１本（表彰状および副賞10万日本円）、優秀賞若干本

　　（表彰状および副賞３万日本円）を選びます。また応募者多数の場合には、佳作（表彰状および図書券5000円相当）を設けることがあります。

3　審　査

審査委員長　：宮本雄二（元駐中国大使、日中関係学会会長）

審査委員　　：佐藤　保（元お茶の水女子大学学長、日中関係学会顧問）

　　　　　　　大久保勲（福山大学名誉教授、日中関係学会顧問）

　　　　　　　杜進（拓殖大学教授）

　　　　　　　江原規由（国際貿易投資研究所チーフエコノミスト、日中

関係学会監事)
加藤青延(NHK 解説委員、日中関係学会副会長)

4 その他
(1) 受賞者全員に、日中関係学会への入会資格が与えられます。卒業まで年会費無料の特典が付きます。
(2) 中国国内の大学から応募し、受賞した方の中から、特に優れた1名を東京での受賞者発表会に招待します。国際航空運賃・東京での宿泊費は、学会が全額負担します。

第3回宮本賞については、様々なマスコミで取り上げられております。毎日新聞、中日新聞、NHK ラジオ、人民日報、チャイナネット、ダイヤモンド・オンラインなどです。詳細は以下のサイトでご覧になってください。
(受賞論文一覧や参加大学一覧なども見ることができます)
　　　　　http://www.mmjp.or.jp/nichu-kankei/
また第3回宮本賞の受賞論文集(日本僑報社)を購入希望の方は、以下のサイトをご覧になって、申し込んでください。
http://www.mmjp.or.jp/nichu-kankei/miyamotoshou/150413chuumonnhouhou.html

---

宮本賞実行委員会
　　委員長:加藤青延、
　　委員:藤村幸義、江越眞、川村範行、青木俊一郎、林千野、北原基彦

<これまでの主な応募大学一覧>　　順不同

(中国大陸の大学)
　　●中国人民大学(北京)　●北京外国語大学(北京)
　　●北京理工大学(北京)　●北京師範大学(北京)　●中国政法大学(北京)
　　●首都師範大学(北京)　●上海商学院(上海)　●上海外国語大学(上海)　●東華大学(上海)　●青島濱海学院(山東)　●青島大学(山東)
　　●浙江工商大学(浙江)　●三江大学(江蘇)　●南京師範大学(江蘇)
　　●中国江南大学(江蘇)　●広東外語外貿大学(広東)
　　●西南大学(重慶)●吉林華僑外国語学院(吉林)

(日本国内の大学)
　　●東京大学　●東京外国語大学　●神戸大学　●山梨県立大学
　　●愛知県立大学　●静岡県立大学　●早稲田大学　●立命館大学
　　●同志社大学　●明治大学　●日本大学　●中央大学　●愛知大学
　　●麗澤大学　●京都外国語大学　●大東文化大学　●関西大学
　　●名城大学　●明星大学　●二松学舎大学

第4回宮本賞：審査委員会・推薦委員会・実行委員会メンバー

＜審査委員会＞
　審査委員長：宮本雄二（元駐中国大使、日中関係学会会長）
　審査委員　：（あいうえお順）
　　　　　　　江原規由（国際貿易投資研究所チーフエコノミスト、日中関係学会監事）
　　　　　　　大久保勲（福山大学名誉教授、日中関係学会顧問）
　　　　　　　加藤青延（NHK解説委員、日中関係学会副会長）
　　　　　　　佐藤保（元お茶の水女子大学学長、日中関係学会顧問）
　　　　　　　杜進（拓殖大学教授）

＜推薦委員会＞　（あいうえお順）
　　　　　　　王敏（法政大学教授、日中関係学会評議員）
　　　　　　　岡田実（拓殖大学教授、日中関係学会評議員）
　　　　　　　郝燕書（明治大学教授、日中関係学会会員）
　　　　　　　梶田幸雄（麗澤大学教授、日中関係学会会員）
　　　　　　　川西重忠（桜美林大学教授、日中関係学会理事）
　　　　　　　菅野真一郎（東京国際大学教授、日中関係学会会員）
　　　　　　　小島末夫（国士舘大学教授、日中関係学会会員）
　　　　　　　周瑋生（立命館大学教授、日中関係学会会員）
　　　　　　　杉田欣二（立命館アジア太平洋大学教授、日中関係学会評議員）
　　　　　　　諏訪一幸（静岡県立大学教授、日中関係学会会員）
　　　　　　　高久保豊（日本大学教授、日中関係学会理事）
　　　　　　　張厚泉（東華大学教授、日中関係学会会員）
　　　　　　　張兵（山梨県立大学教授、日中関係学会会員）

　　　　　　服部治（松蔭大学教授、日中関係学会会員）
　　　　　　細川孝（龍谷大学教授、日中関係学会会員）
　　　　　　馬場毅（愛知大学名誉教授、日中関係学会評議員）
　　　　　　範雲涛（亜細亜大学教授、日中関係学会評議員）
　　　　　　水野一郎（関西大学教授、日中関係学会会員）
　　　　　　安室憲一（大阪商業大学教授、日中関係学会会員）
　　　　　　結城佐織（大東文化大学非常勤講師、日中関係学会会員）
　　（注：このほか中国の各大学の諸先生や宮本賞の過去の受賞者など
　　　　の方々にも、論文推薦のご協力をいただきました）

＜実行委員会＞
実行委員長：加藤青延（NHK 解説委員、日中関係学会副会長）
委員　　　：藤村幸義（拓殖大学名誉教授、日中関係学会副会長）
　　　　　　川村範行（名古屋外国語大学特任教授、日中関係学会副会長）
　　　　　　青木俊一郎（一般社団法人日中経済貿易センター理事長、日中関係学会副会長）
　　　　　　林千野（日中関係学会理事）
　　　　　　北原基彦（日中関係学会評議員）

＜第１回宮本賞受賞者（2012 年）＞

最優秀賞（1 編）
　謝宇飛（日本大学大学院商学研究科博士前期課程２年）
　　アジアの未来と新思考経営理論―「中国発企業家精神」に学ぶもの―

優秀賞（2 編）
　宣京哲（神奈川大学大学院経営学研究科博士後期課程修了）
　　中国における日系企業の企業広報の新展開―「期待応答型広報」の提唱と実践に向けて―

　馬嘉繁（北海道大学大学院経済学研究科博士後期課程）
　　中国国有企業における民主的人事考課の実相
　　―遼寧省における国有銀行の事例分析―

奨励賞（3編）

　周曙光（法政大学大学院人文科学研究科修士課程2年）
　　清末日本留学と辛亥革命
　　—留学ブームの成因及び辛亥革命への影響の一考察—

　長谷亮介（法政大学大学院人文科学研究科博士後期課程1年）
　　現状において日中関係を阻害する要因の考察と両国の将来についての
　　展望

　山本美智子（中国・清華大学国際関係学研究科修士課程）
　　日中国交正常化以降の両国間の経済貿易関係
　　—日中経済貿易関係に影響を与える政治要因を分析する—

努力賞（1編）

　沈道静（拓殖大学国際学部4年）
　　尖閣問題を乗り越えるには

＜第2回宮本賞受賞者（2013年）＞

最優秀賞（1編）

　江暉（東京大学学際情報学府Ⅲ博士課程）
　　中国人の『外国認識』の現状図　〜8ヶ国イメージ比較を通じて日本
　　の位置づけに焦点を当てて

優秀賞（3編）

　長谷川玲奈（麗澤大学外国語学部4年）
　　中国人富裕層をターゲットとするメディカルツーリズムの可能性
　　〜 亀田総合病院の事例研究を中心に 〜

　周会（青島大学日本語学部3年）
　　冬来たりなば春遠からじ　−中日関係への体験談−

　佐々木亜矢（愛知大学現代中国語学部卒業、中青旅日本株式会社中部営業本部勤務）
　　華僑・華人のアイデンティティについて−変化し続けるアイデンティティ−

佳作（4編）

鈴木菜々子（明治大学経営学部4年）
　中国における日系小売業の企業内教育に関する一考察
　―CIY社の事例より―

劉暁雨（立命館アジア太平洋大学アジア太平洋学部4年）
　心の繋がりからみる東アジア平和的な未来

桑建坤（西南大学4年）
　中日両国の社訓に関する対照考察

龔癸珑（上海外国語大学研究生部修士課程卒業）
　中国市場におけるユニクロの成功要因　―ブランド構築を中心に―

＜第3回宮本賞受賞者（2014年）＞

最優秀賞（1編）

間瀬有麻奈（愛知県立大学外国語学部中国学科4年）
　日中間の多面的な相互理解を求めて

優秀賞（6編）

佐々木沙耶（山梨県立大学国際政策学部3年）
　日中間における歴史教育の違いに関する一考察

陸小璇（中国人民大学4年）
　日本人の『甘え』心理の働き方――漫画『ドラえもん』を中心に―

韓静ほか6人（日本大学商学部3年。）
　日本における外国人学生の就職と大学の支援施策に関する一考察

陳嵩（東京大学大学院学際情報学府博士課程後期課程5年）
　尖閣諸島（釣魚島）問題をめぐる反日デモに対する中国民衆の参加意
　欲および規定要因に関する所得階層ごとの分析

丁偉偉（同志社大学大学院社会学研究科博士後期課程2年）

日中関係促進とテレビ番組の役割に関する一考察
——中国中央テレビ『岩松が日本を見る』の分析を例に——

王鳳陽（立命館大学・政策科学研究科・D2）
　食品安全協力の視点から日中関係の改善を考える

佳作（5編）

丸山健太（早稲田大学政治経済学部国際政治経済学科3年、北京大学国
　　　　　際関係学院双学位留学生）
　中国における非効率的市場の存続
　——売り手の行動に着目したゲーム理論的分析とその原因の考察——

渡辺航平（早稲田大学法学部3年、北京大学国際関係学院）
　僕らの日中友好＠北京活動報告レポート

耿小蘅（中国人民大学日本語学科13年卒業）
　日本メディアの中国進出についての研究
　——『朝日新聞中文網』の中国報道記事を中心に——

王暁健（中国人民大学国際関係学院外交学系大学院1年）
　中日協力の視点から見る東アジア経済一体化の可能策

張鶴達（神戸大学大学院法学研究科国際関係論研究生）
　日本の対中政策における支援と抑止－長期的戦略と短期的目標－

【監修者紹介】宮本雄二（みやもと　ゆうじ）

1969年京都大学法学部卒業後、外務省入省。
以降3度にわたりアジア局中国課に籍を置くとともに、北京の在中華人民共和国日本国大使館駐在は3回を数える。90年から91年には中国課長を、2006年から10年まで特命全権大使を務める。このほか、85年から87年には軍縮課長、94年にはアトランタ総領事、01年には軍備管理・科学審議官、02年には駐ミャンマー特命全権大使、04年には沖縄担当大使を歴任。現在は宮本アジア研究所代表、日中友好会館副会長、日本日中関係学会会長。著書に『これから、中国とどう付き合うか』（日本経済新聞出版社）、『激変ミャンマーを読み解く』（東京書籍）、『習近平の中国』（新潮新書）。

【編者紹介】日本日中関係学会

21世紀の日中関係を考えるオープンフォーラムで、「誰でも参加できる」「自由に発言できる」「中国の幅広い人々と交流していく」をキャッチフレーズに掲げている。主な活動としては、①研究会・シンポジウムを随時開催、②毎年、「宮本賞」学生懸賞論文を募集、③学生を中心とした青年交流部会を開催、④ビジネス実務者による中国ビジネス事情研究会の開催、⑤ホームページ「中国NOW」で、中国の政治・経済などの情報を提供、⑥newsletter（年3回）の発行、などがある。会員は約400名。

日中経済交流の次世代構想

2016 年 6 月 23 日初版第 1 刷発行

監修者　　宮本雄二
編　者　　日本日中関係学会
発行者　　段景子
発売所　　株式会社日本僑報社
　　　　　〒 171-0021 東京都豊島区西池袋 3-17-15
　　　　　TEL03-5956-2808　FAX03-5956-2809
　　　　　info@duan.jp
　　　　　http://jp.duan.jp
　　　　　中国研究書店 http://duan.jp

2016 Printed in Japan.　ISBN978-4-86185-223-7　C0036

日中関係学会会員の本

若者が考える「日中の未来」Vol.1
日中間の多面的な相互理解を求めて
―学生懸賞論文集―

宮本雄二 監修
日本日中関係学会 編

2014 年に行った第 3 回宮本賞(学生懸賞論文)で、優秀賞を受賞した 12 本を掲載。若者が考える「日中の未来」第一弾。

A5 判 240 頁 並製 定価 2500 円＋税
2016 年刊 ISBN 978-4-86185-186-5

中国の"穴場"めぐり

日本日中関係学会 編

宮本雄二氏、関口知宏氏推薦!!
「ディープなネタ」がぎっしり!
定番の中国旅行に飽きた人には旅行ガイドとして、また、中国に興味のある人には中国をより深く知る読み物として楽しめる一冊。

A5 判 160 頁 並製 定価 1500 円＋税
2014 年刊 ISBN 978-4-86185-167-4

上海万博とは何だったのか
日本館館長の 184 日間

江原規由 著

上海万博で大人気を博した日本。その人気の秘訣はなんだったのか? 中国の経済、社会、そして、人々のダイナミズムとエネルギー、中国と世界の関係など、上海万博をフィルターにして論じる。

A5 判 232 頁 並製 定価 1800 円＋税
2011 年刊 ISBN 978-4-86185-121-6

NHK特派員は見た
中国仰天ボツネタ&マル秘ネタ

加藤青延 著

中国取材歴 30 年の現 NHK 解説委員・加藤青延が現地で仕入れながらもニュースにはできなかったとっておきのボツネタを厳選して執筆。

四六判 208 頁 並製 定価 1800 円＋税
2014 年刊 ISBN 978-4-86185-174-2

日中関係が困難なときだからこそ
中国潮流

杉田欣二 著

中国社会と日中関係の目まぐるしい変化を観察し、日中ビジネス専門紙に連載したコラムを一冊に収録。現在の日中関係を把握するうえでぜひ読んでおきたい一冊。

A5 判 208 頁 並製 定価 1500 円＋税
2013 年刊 ISBN 978-4-86185-154-4

日中関係と ODA
対中 ODA をめぐる政治外交史入門

岡田実 著

菱田雅晴・法政大学教授推薦!!
中国との関係をどう結ぶか、具体的な対処案を真剣に描こうとするひとびと、あるいは、日中関係を、国交正常化以来の歩みとして基礎から学ぼうとするひとびとに、本書を薦めたい。

A5 判 224 頁 上製 定価 3800 円＋税
2008 年刊 ISBN 978-4-86185-081-3

新中国に貢献した日本人たち

中日関係史学会 編
武吉次朗 訳

元副総理・故後藤田正晴氏推薦!!
埋もれていた史実が初めて発掘された。登場人物たちの高い志と壮絶な生き様は、今の時代に生きる私たちへの叱咤激励でもある。
― 後藤田正晴氏推薦文より

A5 判 454 頁 並製 定価 2800 円＋税
2003 年刊 ISBN 978-4-93149-057-4

なんでそうなるの?
―中国の若者は日本のココが理解できない

段躍中 編

第 11 回中国人の日本語作文コンクール上位入賞作を一挙掲載した本書には、一般の日本人にはあまり知られない中国の若者たちの等身大の姿や、ユニークな「生の声」がうかがい知れる力作がそろっている。

A5 判 272 頁 並製 定価 2000 円＋税
2015 年刊 ISBN 978-4-86185-208-4

日本僑報社好評既刊書籍

アメリカの名門 CarletonCollege 発、全米で人気を博した
悩まない心をつくる人生講義
—タオイズムの教えを現代に活かす—

チーグアン・ジャオ 著
町田晶（日中翻訳学院）訳

元国連事務次長 明石康氏推薦!!
悩みは100%自分で消せる！
難解な老子の哲学を分かりやすく解説し米国の名門カールトンカレッジで好評を博した名講義が書籍化！

四六判 247 頁 並製 定価 1900 円＋税
2016 年刊 ISBN 978-4-86185-215-2

日中中日翻訳必携　実戦編Ⅱ

武吉次朗 著

日中翻訳学院「武吉塾」の授業内容を凝縮した「実戦編」第二弾！
脱・翻訳調を目指す訳文のコツ、ワンランク上の訳文に仕上げるコツを全36回の課題と訳例・講評で学ぶ。

四六判 192 頁 並製 定価 1800 円＋税
2016 年刊 ISBN 978-4-86185-211-4

中国人の価値観
—古代から現代までの中国人を把握する—

宇文利 著
重松なほ（日中翻訳学院）訳

かつて「礼節の国」と呼ばれた中国に何が起こったのか？
伝統的価値観と現代中国の関係とは？
国際化する日本のための必須知識。

四六判 152 頁 並製 定価 1800 円＋税
2015 年刊 ISBN 978-4-86185-210-7

第六回日本人の中国語作文コンクール受賞作品集
Made in China と日本人の生活
中国のメーカーが与えた日本への影響

段躍中 編

駐日特命全権大使 程永華氏推薦!!
両国のより多くの人々がお互いの言語と文化を学び、民間交流の促進と友好関係の増進に積極的に貢献されるよう期待しております。
－程永華氏推薦文より

A5 判 216 頁 並製 定価 2000 円＋税
2011 年刊 ISBN 978-4-86185-110-0

春草
～道なき道を歩み続ける中国女性の半生記～

裘山山 著、于暁飛 監修
徳田好美・隅田行子 訳

東京工科大学 陳淑梅教授推薦!!
中国の女性作家・裘山山氏のベストセラー小説で、中国でテレビドラマ化され大反響を呼んだ『春草』の日本語版。

四六判 448 頁 並製 定価 2300 円＋税
2015 年刊 ISBN 978-4-86185-181-4

中国式コミュニケーションの処方箋

趙啓正／呉建民 著
村崎直美 訳

なぜ中国人ネットワークは強いのか？中国人エリートのための交流学特別講義を書籍化。
職場や家庭がうまくいく対人交流の秘訣。

四六判 243 頁 並製 定価 1900 円＋税
2015 年刊 ISBN 978-4-86185-185-8

現代中国カルチャーマップ
百花繚乱の新時代

孟繁華 著
脇屋克仁／松井仁子（日中翻訳学院）訳

悠久の歴史とポップカルチャーの洗礼、新旧入り混じる混沌の現代中国を文学・ドラマ・映画・ブームなどから立体的に読み解く1冊。

A5 判 256 頁 並製 定価 2800 円＋税
2015 年刊 ISBN 978-4-86185-201-5

同じ漢字で意味が違う
日本語と中国語の落し穴
用例で身につく「日中同字異義語 100」

久佐賀義光 著
王達 中国語監修

"同字異義語"を楽しく解説した人気コラムが書籍化！中国語学習者だけでなく一般の方にも。漢字への理解が深まり話題も豊富に。

四六判 252 頁 並製 定価 1900 円＋税
2015 年刊 ISBN 978-4-86185-177-3

華人学術賞受賞作品

- **中国の人口変動―人口経済学の視点から**
  第1回華人学術賞受賞　千葉大学経済学博士学位論文　北京・首都経済貿易大学助教授 李仲生著　本体 6800 円+税

- **現代日本語における否定文の研究**―中国語との対照比較を視野に入れて
  第2回華人学術賞受賞　大東文化大学文学博士学位論文　王学群著　本体 8000 円+税

- **日本華僑華人社会の変遷**（第二版）
  第2回華人学術賞受賞　廈門大学博士学位論文　朱慧玲著　本体 8800 円+税

- **近代中国における物理学者集団の形成**
  第3回華人学術賞受賞　東京工業大学博士学位論文　清華大学助教授楊艦著　本体 14800 円+税

- **日本流通企業の戦略的革新**―創造的企業進化のメカニズム
  第3回華人学術賞受賞　中央大学総合政策博士学位論文　陳海権著　本体 9500 円+税

- **近代の闇を拓いた日中文学**―有島武郎と魯迅を視座として
  第4回華人学術賞受賞　大東文化大学文学博士学位論文　康鴻音著　本体 8800 円+税

- **大川周明と近代中国**―日中関係のあり方をめぐる認識と行動
  第5回華人学術賞受賞　名古屋大学法学博士学位論文　呉懐中著　本体 6800 円+税

- **早期毛沢東の教育思想と実践**―その形成過程を中心に
  第6回華人学術賞受賞　お茶の水大学博士学位論文　鄭萍著　本体 7800 円+税

- **現代中国の人口移動とジェンダー**―農村出稼ぎ女性に関する実証研究
  第7回華人学術賞受賞　城西国際大学博士学位論文　陸小媛著　本体 5800 円+税

- **中国の財政調整制度の新展開**―「調和の取れた社会」に向けて
  第8回華人学術賞受賞　慶應義塾大学博士学位論文　徐一睿著　本体 7800 円+税

- **現代中国農村の高齢者と福祉**―山東省日照市の農村調査を中心として
  第9回華人学術賞受賞　神戸大学博士学位論文　劉燦著　本体 8800 円+税

- **近代立憲主義の原理から見た現行中国憲法**
  第10回華人学術賞受賞　早稲田大学博士学位論文　晏英著　本体 8800 円+税

- **中国における医療保障制度の改革と再構築**
  第11回華人学術賞受賞　中央大学総合政策学博士学位論文　羅小娟著　本体 6800 円+税

- **中国農村における包括的医療保障体系の構築**
  第12回華人学術賞受賞　大阪経済大学博士学位論文　王崢著　本体 6800 円+税

- **日本における新聞連載 子ども漫画の戦前史**
  第14回華人学術賞受賞　同志社大学博士学位論文　徐園著　本体 7000 円+税

- **中国都市部における中年期男女の夫婦関係に関する質的研究**
  第15回華人学術賞受賞　お茶の水大学大学博士学位論文　于建明著　本体 6800 円+税

- **中国東南地域の民俗誌的研究**
  第16回華人学術賞受賞　神奈川大学博士学位論文　何彬著　本体 9800 円+税

- **現代中国における農民出稼ぎと社会構造変動に関する研究**
  第17回華人学術賞受賞　神戸大学博士学位論文　江秋鳳著　本体 6800 円+税

経済学者が読む「中国の将来計画」 第13次五カ年計画

中国の「国情研究」の第一人者であり政策ブレーンとして知られる有力経済学者が読む「中国の将来計画」

中国の百年目標を実現する

胡鞍鋼・著、小森谷玲子・訳
判型　四六判 二二〇頁
本体 一八〇〇円+税
ISBN 978-4-86185-222-0

華人学術賞応募作品随時受付！！

〒171-0021 東京都豊島区西池袋 3-17-15
TEL03-5956-2808　FAX03-5956-2809　info@duan.jp　http://duan.jp